告别无效的家庭教育200问

郝东 著

南方传媒
全国优秀出版社
全国百佳图书出版单位
广东教育出版社
·广州·

图书在版编目（CIP）数据

告别无效的家庭教育：200问 / 郝东著. -- 广州 ：广东教育出版社，2025. 1（2026. 3重印）
ISBN 978-7-5548-5628-4

Ⅰ. ①告… Ⅱ. ①郝… Ⅲ. ①家庭教育—问题解答 Ⅳ. ①G78-44

中国国家版本馆CIP数据核字（2023）第236900号

告别无效的家庭教育　200问
GAOBIE WUXIAO DE JIATING JIAOYU　200 WEN

出 版 人：朱文清
责任编辑：彭思雅　唐俊杰
责任技编：刘宏亮
装帧设计：朱冰瑞
责任校对：王惠贤
出版发行：广东教育出版社
（广州市环市东路472号12-15楼　邮政编码：510075）
销售热线：020-87615809
网　　址：http://www.gjs.cn
邮　　箱：gjs-quality@nfcb.com.cn
经　　销：广东新华发行集团股份有限公司
印　　刷：广州小明数码印刷有限公司
（广州市天河区高普路83号B栋C5号）
规　　格：787 mm × 1092 mm　1/16
印　　张：24.25
字　　数：430千
版　　次：2025年1月第1版
2026年3月第2次印刷
定　　价：89.00元

序　一

收到郝东老师新著《告别无效的家庭教育：200问》，心中甚为欣喜。欣喜一，郝老师从事心理教育和家庭教育20年的高质量实践经验终于凝结为成果面世了；欣喜二，此书是省内外许许多多学校和家长期待已久的专著；欣喜三，这是一本独树一帜的家庭教育专著；欣喜四，作为郝老师20年的老朋友，我是拜读此书的第一读者。

郝老师是广东省知名的心理学教师和家庭教育指导师。他曾经担任东莞中学松山湖学校心理教师、东莞市教育局中小学心理健康教育指导中心督导老师、东莞市教育局心理健康研究会常务理事、东莞闻理教育研究院院长。他是国家高级心理咨询师，广东省华南信息化教育研究院家庭教育研究室项目负责人，广东省家庭教育讲师团金牌讲师，广东省妇联家庭教育讲师团讲师。

2005年进入东莞中学松山湖学校担任心理教师之前，郝老师自己开设了心理辅导机构，辅导过很多家长和学生。2010年—2014年，东莞市教育局安排郝老师担任东莞市教育局中小学心理健康教育指导中心督导老师，负责全市中小学家庭教育指导工作。2018年从东莞中学松山湖学校辞职后，又创办了闻理教育研究院，2019年创立郝东教育科技有限公司，专注心理辅导和家庭教育技术的研发，这就丰富了他心理辅导和家庭教育指导的样态，既积累了大量的社会辅导案例，也积累了中小学海量的工作实例。2009年之前，东莞中学松山湖学校是有小学、初中和高中三个学段的，而且，市内外很多学校请他培训，很多教师向他请教，很多家长向他求助。这不是一般心理教师所能拥有的历练，也不是一般机构教师所能拥有的资源。这个特殊的工作经历，造就了他在家庭教育领域卓越的教育品质和专业高度：具有超强的专业功底，具有敏锐的观察能力，具有独到的专业眼光，具有出色的辅导效果。

郝老师是全国“超级老师”。陕西卫视《超级老师》栏目是全国卫视当中第一档现场教学比赛栏目，对参赛教师的专业知识、综合素养和教学智慧要求非常高。2015年，郝东老师参加第一季比赛，经过多轮比拼，他展现了我们广东教师的专业风采和非凡实力，获得了全国比赛冠军。

郝老师家庭教育和心理教育专题讲座深受省内外学校和家长的欢迎。仅适合学校领导和教师的专题讲座就有“学生危机事件的心理学分析与应对”“解决问题从认知开始”“建设高效的家校合作平台”“让自己做好准备”“如何让家长与校方更好合作”“校园管理中的心理学应用”“校园常规心理课对提升学习动力的帮助”等，市内外学校争相预约郝老师，他的讲座工作安排表密密麻麻，排满了学校名称，一天安排三场讲座是他的工作常态。举办方常常需要提前一个月才能预约到理想的讲座时间，可见其讲座的质量之高和受欢迎的程度之深。认识二十年来，据不完全统计，郝老师在省内外应邀主讲家庭教育专题讲座和心理辅导专题讲座超过20000场，这个领域的这个数据就我掌握的情况来说应该是广东省第一人。可以说，郝老师为东莞市乃至广东省的家庭教育和心理教育付出了辛勤努力，产生了巨大影响，作出了显著贡献。

2022年4月，我在韶关市南雄市支教期间，邀请郝老师到南雄传经送宝，他毫不犹豫答应了，不辞辛苦来到南雄支持我的支教工作，一天主讲了四场市级和校级专题讲座，引起了轰动。与会的全市中小学校长代表、德育副校长、德育主任、名班主任和心理教师交口称赞。

由于郝老师的心理教育和家庭教育业绩突出，效果显著，很多学校、镇街乃至县市直接找他签订协议，请他负责全校、全镇乃至全县的心理教育或家庭教育培训。如东莞市道滘镇、虎门镇、寮步镇、横沥镇、桥头镇、大岭山镇、长安镇等三十几个镇街，服务内容包含：家庭教育讲师团专业培训、心理教师专业培训、家庭教育指导师培训、骨干班主任培训、名班主任培训、校长班专业授课等项目，还有长达4年的东莞市教师心理健康C证、阳江市心理教师C证授课等。

2019年11月，我曾经受郝老师之邀利用两个周末参与定南县全县中小学班主任培训。感受到当地教育主管部门对郝老师的信任，感受到当地班主任对郝老师的信服。

郝老师在心理教育和家庭教育领域能有这么快的成长，能有这么大的影响，除了自己的专业功底和学习悟性之外，也跟东莞中学松山湖学校肥沃的成长环境有莫大关系。2005年东莞中学松山湖学校创校时，核心管理团队全部来自百年名校东莞中学。校长黎德文是全国优秀校长，主管教学的副校长王健后来升任东莞市教育局副局长、现任东莞中学校长，主管德育的副校长柴松方在担任副校长之前，被誉为全市中小学最优秀的德育主任。创校仅仅几年，学校就成为全市公办学校中数一数二的优质学校，创造了东莞市办学的奇迹。俊彦济济，名师辈出。2015年十周年校庆时，就已经为全市培养了40多名校级领导；到2021年，学校有正高级教师1人，特级教师1人，省市名师工作室主持人8人，市学科带头人46人，市级以上教学能手93人。东莞中学松山湖学校卓越的培养能力，为东莞教育发展提供了强有力的干部支撑、名师支撑，因此，学校被同行誉为东莞教育界的“黄埔军校”。郝老师从创校时即入职学校，就在这样的教育环境中疾速成长。而且，学校领导非常大气，非常大度，不仅支持他在工作之余给兄弟学校做家庭教育专题讲座，甚至允许他在完成本校教学和辅导之外，也帮助兄弟学校进行心理教育专题培训，让郝老师的能力可以惠及更多的学校和学生。如此，郝老师才能有更多的个案辅导，才能有更多的历练机会。让人叹服的是，学校领导的站位非常高，气魄非常大，这样，优秀的郝老师不仅属于东莞中学松山湖学校，也属于东莞教育。从2005年到2018年，东莞中学松山湖学校，是郝老师职业成长的宝地。

郝老师还是深受学生喜爱的心理教师。我儿子周捷乐就是郝老师的学生。捷乐就读东莞中学松山湖学校时，经常回家讲郝老师在学校所做的各种有趣的心理学实验，并介绍实验带来的启示。捷乐说，同学们都非常喜欢上郝老师的心理课。毕业后，捷乐与郝老师保持了密切联系，与郝老师亦师亦友。

郝老师创办的郝东教育科技有限公司位于东莞市教育高地松山湖高新区，设施完备，团队精锐，技术先进。处于家庭教育困境中的许多家长慕名而来，满意而归。

2019年，我建议郝老师将自己深刻的理论思考和丰富的教学及辅导实践总结出书，这样可以对广大家长和教师起到切实帮助。他说正有此意，正在积累材料。经过几年的不断修改打磨，精雕细琢，今天终于问世了。

郝老师新著《告别无效的家庭教育：200问》，从厘清无效的家庭教育概念出发，在大量的实践案例的基础上，从心理学、教育学、行为学各个角度，对家庭教育存在的误区进行了抽丝剥茧的阐释，并给家长提供了清晰明了的指导意见，涵盖学生学习、电子产品管理、情绪管理、家庭关系、青春期教育、科学求助等诸多方面，既具有高度的科学性，更有很强的实操性——提供了针对各种家庭教育问题的工具，这就与一般的家庭教育著作拉开了距离，实为现阶段很多家长解决家庭教育问题必备的工具书，也是教师指导家长解决家庭教育问题的参考书。

相识廿载，郝老师学识让我受教，郝老师人品让我受益。今天，郝老师大作付梓，我非常开心，并引以为豪。

欣喜之余，我笃定，郝东老师的这本厚实的专著，必将给广大家长和教师带来实实在在的帮助。

是为序。

周琼平

2024年10月8日

周琼平：东莞伊顿教育集团副总裁、总督学，东莞市海逸外国语学校校务总监；东莞市松山湖实验中学创校副校长，中学语文正高级教师。东莞理工学院文学与传媒学院特聘教授，广东省教育厅专家库成员。东莞心理咨询师协会家庭教育专业委员会常务理事，香港心理咨询和家庭教育协会名誉会长。

序　二

想写这本书实际上有些年头了，那还是2003年在北京的时候，当时应邀给“高级心理保健师培训班”讲课，我主讲的课程是“咨询心理学实践中的应用与发展”。

照理说，这个课程是专业性很强，有明确目标指向的课程，是一个“从业资格培训”，也就是说学员应该是抱着学习理论知识、技能应用，以便自己将来为社会服务的目的来学习的。可实际情况却是，参加课程的学员是带着很多困惑来学习的，其中最多的困惑就是关于家庭教育方面的。

主办方当时还特意组织了一个“见面会”，相当于发挥了“学前教育”的作用，在会上几位讲师会介绍课程简介、学习方法、职业发展规划等相关内容。在最后提问解答环节，学员问得最多的也是家庭教育问题。

比如：

“我孩子学习不努力、不上心怎么办？”

“我孩子不去上学一学期了，我们怎么才能帮到他？”

“孩子不喜欢数学老师，数学课现在不听课，我该怎么办？”

…………

从某种程度来看，这些学员（父母）陷入焦虑、无助、恐慌，他们的心理状态的确需要帮助，他们本身就是我们这个职业帮助的对象。不过，他们并没有调整自己心理状态的意愿，更多的是想解决家庭教育问题。

那时，我就发现“心理咨询需求大，市场小，而家庭教育需求和市场都大”。也就是说，人们知道自己需要心理辅导，但会忍下去。可孩子的教育问题，却一刻都不能忍。

于是，从那时候开始，我就刻意往这个方向发展，积累个案及其解决方案。我的观点是，父母不一定都需要学习家庭教育知识，但是他们都需要解决问题的方案。

在解决问题的过程里，其实家长也在学习、提高。也有人表达过担心，担心家长会对我们形成依赖。从实际情况来看，真正形成依赖的并不多，关键在于我们怎么引导。

另外，怎么使用好这本书呢？

首先，你要仔细阅读第一章“你知道哪些是无效的教育吗？”。这一章节可能会让你关于家庭教育的理念和方法受到冲击，这是好事情。毕竟，在日常生活中，多数人缺少专业的训练，他们很难辨别“李鬼”和“李逵”。

第二章是“关于学习动力，你了解多少？”，为什么安排这个内容在首要位置，因为动机基本相似，但是动力却相差甚远。孩子的学习更是如此，他们不缺学习动机，缺的是实现目标的动力和信心。

第三章是“学习表现”，主要介绍学习过程中发生的各种问题，帮助你更好地做好孩子的“高级顾问”。

第四章是“电子产品如何管理？”，这是一个几乎所有父母都头疼的事情，也是在这个时代无法回避的问题。该不该管理？管理什么？怎么管理？这些都在这一章节展开讨论，也是利用家长们提出的各种问题帮助你学习。

第五章是“情绪管理”，之所以把它放在这里，是因为情绪往往不是决定因素，而是事情的影响因素。人在成年后应该能管理好自己的情绪，使它不干扰大脑的理智工作。只不过，情绪本身自有规律，这一章节就是帮助你了解情绪相关的规律。

第六章是“家庭生活”，在这一章节，我把日常生活中有关家庭教育的问题处理集中在此，目的是帮助我们更好地处理生活中的各种状况。也可以说，这一章节是一个综合应用的章节。

第七章是“家庭关系”，家庭关系的地位有点类似于情绪的地位，它并非决定因素，但绝对是重要因素之一。不过，关于家庭关系，很多父母对其误解很深。很多人过于看重亲子关系的亲密程度，但是孩子早晚单飞、远离父母，那么亲密的关系到底是有情感价值呢，还是有“建设性价值”？

影响家庭亲子关系的重要元素中，排在第一位的是“信任”，排第二位的是“安全”，排第三位的才是“亲密”。

第八章是“青春期教育”，我把它安排成一个独立章节，因为孩子的青春期是每个家庭都会遭遇的阶段，也是出现问题比较集中的阶段。同时，从一个人的成长来看，其青春期是最关键的时期，青春期的发展决定了后来多年的发展变化。

第九章“科学求助”，这一章节主要是帮助那些想求助的父母，掌握正确的流程、步调，使求助获得最理想的效果。

当然，家庭教育还有很多具体的领域，我们为何没有专门涉及呢？比如：阅读、早教、情商，等等。因为我把家庭教育分为两个阵营，一个是“塑造营”，教家长如何培养孩子的各种素养、能力。另一个阵营是“脱困营”，教家长如何分析问题、解决问题的。

本书的出发点、目标属于第二阵营，也就是帮助家长分析问题、解决问题的。

至于本书没有提及的部分，我计划把它放在第二本书里，同时也欢迎你提出宝贵意见，更欢迎你提出“问题”，我会在第二本书里进行解答。

本书里涉及的个案，都是经过对方同意，并做了必要的个人信息调整，才进行整理出版。如有雷同，纯属意外。

最后，在此还要感谢一直支持“郝东教育”的各位领导、同行、学员，以及社会各界朋友。篇幅有限，在此就不一一感谢，还望各位理解。本书还提供了更多电子案例以飨读者，扫描封底勒口二维码即可观看。

郝东

2024年10月写于韶关

目　　录

第一章　你知道哪些是无效的教育吗？ …………………… 1

第一类　鸡汤类无效教育 …………………………………… 2

第二类　错误类无效教育 …………………………………… 5

第三类　个人经验类无效教育 ……………………………… 17

第二章　关于学习动力，你了解多少？ ……………………21

问题1　什么是学习的原动力？ ……………………………22

问题2　学生不去上学有几类情况？ ………………………23

问题3　学习动力和学业成绩下降让孩子不想上学，怎么办？ …35

问题4　孩子因为不喜欢班主任而不去上学，怎么办？ ………38

问题5　“双减”后，面对学习动力要求，我们父母该做些什么呢？ ……………………………………………40

问题6　成绩好的孩子不想去上学，父母要怎么处理？ …… 44

问题7　当孩子说“不想上学”时，父母怎么回应？ …………46

问题8　怎么和孩子聊学习的意义？ ………………………51

问题9　临近中考，孩子与室友出现矛盾，父母怎么处理？ …53

问题10　孩子失去学习动力后，家庭面临的四个阶段任务是什么？……54
问题11　孩子与老师起冲突了，我该怎么办？……56
问题12　孩子成绩不好，父母想给他补习，怎么操作才好呢？……59
问题13　为什么有些学生成绩好却不自信呢？……63
问题14　假如孩子中考失利了，父母需要做些什么？……65
问题15　假如孩子学习习惯并不好，但是中考考得不错，父母需要做什么？……67
问题16　父母觉得孩子学习没动力，专家却认为是父母给的压力太大，这怎么办？……69
问题17　孩子中途要转学，父母怎么操作更好？……71
问题18　孩子放学回来说老师坏话，父母该如何处理？……74
问题19　父母如何高效利用学校的开放日公开课？……79
问题20　孩子成绩始终一塌糊涂，父母如何应对？……80
问题21　孩子换了老师，怕孩子不适应影响学习，我该怎么办？……83
问题22　孩子做出一些不冷静决策，父母直接找班主任好吗？……87
问题23　经历重大事件之前、之后需要做什么准备呢？比如：复读、休学后重返校园……88
问题24　高中生觉得学习没什么意义、价值，父母怎么回应？……94

第三章　学习表现 …………………………… 97

问题25　一年级孩子写作业拖沓，我该怎么办？ ……………98

问题26　养成孩子良好的作业习惯，父母做哪些事情是关键？ ……………………………………………………… 100

问题27　孩子在学习中总是讲条件要奖励，父母应该满足吗？ ……………………………………………………… 104

问题28　情感陪伴式督促孩子写作业，有什么风险？ …… 105

问题29　唠叨抱怨式陪伴孩子写作业，有什么风险？ …… 107

问题30　暴力式陪伴孩子写作业，有什么风险？ ………… 108

问题31　辅导作业时忍不住打孩子，父母该如何处理自己的焦虑？ …………………………………………… 109

问题32　怎样为孩子创建良好的作业环境？哪些细节父母需要注意？ …………………………………………… 110

问题33　如何检查孩子的作业？发现了错误怎么处理？ … 111

问题34　孩子一直在看动漫版数学书，我该不该给他看呢？ 115

问题35　孩子和父母说要学画画，父母该怎么办？ ……… 116

问题36　老师投诉孩子上课不认真，父母怎么办？ ……… 119

问题37　孩子考差了，你是“高级说教者”还是“建设型父母”？ …………………………………………… 121

问题38　孩子考好了，父母如何利用这个机会让孩子成长？ 125

问题39　试卷档案分析怎么操作？ ……………………… 127

问题40　如果孩子抄同学作业，父母该怎么办？ ………… 130

问题41　孩子初三、高三，父母如何引导孩子缓解焦虑？ …131

问题42　孩子作业是和父母一起预习新课，可是我不会，怎么办呢？ …… 132
问题43　三年级孩子偷偷用计算器做题，被老师没收，父母应该怎么办？ …… 134
问题44　一个孩子不写作业，背后的动机是什么？（冲突化解的标准流程） …… 136
问题45　遇到这样的投诉，父母怎么回复？ …… 139
问题46　孩子写作业拖拉敷衍，我们应该怎么帮他培养好习惯呢？ …… 141
问题47　孩子觉得自己考试成绩下降造成情绪沮丧，不想上学，这是真相吗？ …… 142
问题48　孩子胆小不敢给父母检查数学作业，怎么办呢？ 144
问题49　发现孩子在学校卖玩具赚钱，如何教导？ …… 146
问题50　孩子是班干部，但是同学不听他的，怎么办？ … 148
问题51　如何帮助孩子学会借助“同学资源”来做班级管理事务？ …… 150

第四章　电子产品如何管理？ …… 153

问题52　有人说这个时代了，不该管孩子使用电子产品，我们怎么看待这一观点？ …… 154
问题53　孩子想买手机，也给父母写了承诺书，到底该不该给孩子买呢？ …… 156
问题54　为什么父母随意和孩子签“电子产品使用承诺书”会造成二次伤害？ …… 157

问题55 孩子暑假玩手机玩过头了，即将开学，手机收不回来，该怎么办？ …… 160
问题56 该不该给孩子看短视频？ …… 161
问题57 孩子手机被父母摔了，离家出走，父母怎么处理？ … 163
问题58 孩子睡前玩电脑、手机时间过长，该怎么办？ … 164
问题59 孩子长时间待在家里，电子产品上瘾怎么办？ … 165
问题60 孩子在六一儿童节组团打游戏，父母该怎么办？ 168
问题61 哪种情况下，孩子的手机不能随便收？ …… 170
问题62 在收孩子手机、电脑时，孩子哭闹要挟怎么办？ … 171
问题63 初中生睡前总是用手机下棋，而且不守时、屡教不改，父母该怎么处理？ …… 173
问题64 家境一般的高中生一直没有手机，宿舍同学都有了，孩子为此表示不想上学，怎么办？ …… 175
问题65 职中学生因成绩垫底辍学在家，玩手机上瘾，父母该怎么办？ …… 178
问题66 孩子即将过生日，亲戚想给孩子买手机，父母该怎么办？ …… 181
问题67 孩子上学后，父母是否就应该少看电视、少用手机，不能打游戏？ …… 182
问题68 小学生私自拿父母的钱给游戏充值，该怎么处理？ 185

第五章 情绪管理 …… 187

问题69 父母情绪失控摔东西后，怎么善后？ …… 188

问题70　孩子以发脾气来要挟父母陪伴写作业、睡觉等，父母该怎么办？ …… 188
问题71　孩子哭着打电话给父母，父母该怎么办？ …… 190
问题72　是不是所有情绪都要关注和处理？ …… 192
问题73　情绪管理中，“安慰”和“理解”有什么不同？ 194
问题74　如何设置“情绪冷静区”？ …… 195
问题75　孩子不能控制情绪，乱打人，怎么办？ …… 197
问题76　孩子发脾气怎么办？ …… 198
问题77　孩子有时候通过发火来操纵父母，你意识到了吗？ 201
问题78　孩子不愿意剪头发，且每次剪完头发都嫌剪得太短而发脾气，怎么办？ …… 203
问题79　孩子心情不好，不想写作业，因为被老师处罚了，孩子觉得老师处理得不公平，怎么办？ …… 206
问题80　小学生、中学生的情绪管理策略都一样吗？ …… 210
问题81　专家建议我们关注孩子的情绪，我们怎么做才合适？ …… 211
问题82　有人说孩子有情绪的时候，先要“冷处理”，这样对吗？ …… 212
问题83　孩子脾气暴躁，总是给自己惹麻烦，总是被老师投诉，怎么办？ …… 213
问题84　处理孩子情绪时，父亲和母亲的共情一样吗？ … 214
问题85　孩子的“起床气”怎么处理？ …… 217
问题86　孩子回家吐槽在学校不爽，他的情绪我们怎么处理更好呢？ …… 218

第六章 家庭生活 …………………………………… 221

问题87 孩子总是半夜惊醒，跑去父母卧室，不敢自己一个人睡，孩子出了什么问题？ ………………………… 222

问题88 如何看待孩子日常犯的错误？ ………………… 223

问题89 孩子大了，父母希望他独自睡觉，该怎么操作？… 224

问题90 你是在和孩子“讲道理”，还是在“辩论”？ … 226

问题91 为什么父母喜欢和孩子辩论？这样做的危害是什么？怎样操作更好？ ……………………………… 228

问题92 为何父母喜欢翻旧账？父母翻旧账会伤害什么？怎么操作更好？ ……………………………… 230

问题93 孩子在外面玩耍，不小心伤到旁边的陌生人，怎么办？ ………………………………………… 231

问题94 “借事教育”需要注意什么？ ………………… 232

问题95 孩子不让别人轻易进她房间，父母怎么办？ …… 233

问题96 出去玩，两个孩子争吵起来，父母该怎么办？ … 235

问题97 带孩子去朋友家玩之前，父母需要做什么？ …… 236

问题98 父母让孩子几岁开始考虑“我将要过怎样的生活”，如何做到？ ………………………………… 238

问题99 我经常恐吓孩子，有哪些地方做错了，该如何改正？………………………………………………… 240

问题100 宝宝不爱吃蔬菜，我怎么讲道理引导都没用，请问怎么办？ ………………………………… 242

问题101 孩子经常咬手指，怎么戒掉？ ……………… 242

问题102　孩子总是不好好睡觉，该怎么办？ …… 246
问题103　叫孩子起床有什么技巧？ …… 247
问题104　孩子放学总是买零食，怎么办？ …… 249
问题105　我女儿对死亡很恐惧，怎么办？ …… 251
问题106　给孩子喂饭引发的隔代教育矛盾、夫妻教育理念不合，怎么办？ …… 252
问题107　孩子明明做错了，批评他就发脾气，也不愿意道歉、承认错误，怎么办？ …… 255
问题108　关于孩子的注意力问题，父母怎么做？ …… 258
问题109　小孩子攀比父母的收入，怎么办？ …… 259
问题110　孩子畏难，我们怎么办？ …… 261
问题111　幼儿园孩子打架，还手还是不还手，到底应该怎么教孩子？ …… 262
问题112　孩子遇到大人故意挑逗他生气，怎么办？ …… 264
问题113　怎么判断孩子情况属于“老问题新症状”呢？ …… 267
问题114　如何引导孩子支配自己的零花钱？ …… 270
问题115　带5岁孩子去朋友家做客，孩子到处乱翻，怎么处理？ …… 273
问题116　孩子不好好吃饭，怎么做？ …… 274
问题117　孩子私下拿同学的文具、课外书回家，父母怎么处理？ …… 277
问题118　物品归属的教育从几岁开始？ …… 279
问题119　家有二宝，每天争抢玩具，父母怎么办？ …… 281
问题120　如何培养孩子成为一个时间管理者？ …… 283

问题121　制定时间表能培养出一个执行力强的孩子吗？ … 286
问题122　如何让孩子收拾房间？ ………………………… 287
问题123　孩子总是把事情想得悲观，不敢尝试，怎么办？… 291
问题124　父母夸孩子“你真聪明”好不好呢？ ………… 292
问题125　当孩子遇到困扰逃避问题的时候，父母“鼓励的语言”反而成了“毒药” ……………………… 293
问题126　注意孩子的三个危险阶段！ ………………… 294
问题127　当孩子迷茫时，该怎么鼓励他呢？ ………… 296
问题128　孩子为什么会拿家里的钱？ ………………… 298
问题129　暑假了，父母要上班，孩子的管理怎么办？…… 300

第七章　家庭关系 ………………………………… 303

问题130　父母对孩子的信任怎样才算合适？ ………… 304
问题131　父母望子成龙、望女成凤的心态真的错了吗？… 305
问题132　家庭里出现多个管理者，怎么办？ ………… 306
问题133　孩子提出要求时，你的第一反应是“泼冷水”吗？ ……………………………………………… 308
问题134　父母教育不统一会给孩子带来哪些影响？……… 309
问题135　将留守儿童接回身边前，父母需要做什么准备呢？ ……………………………………………… 311
问题136　重组家庭，各自带有一个孩子，双方教育方式差异很大，结婚后怎么办？ ……………………… 313
问题137　夫妻关系在家庭中应该是怎样的？ ………… 314

问题138 自我价值感低的父母在家庭教育上会有什么麻烦？……315
问题139 期待与掌控的区别在哪儿？……316
问题140 丢失自我认同感的父母与下一代的惰性……318
问题141 如何理解孩子的语言和行为呢？……320
问题142 孩子在学校被人打了，父母该怎么处理？……321
问题143 父母怎么开导孩子呢？比如，孩子不知道选文科还是选理科……323

第八章 青春期教育……325

问题144 青春期教育的重心是什么？……326
问题145 对于青春期孩子的认知建设，父母需要做什么？……327
问题146 青春期孩子不喜欢被管，总是和我抬杠、顶嘴，怎么处理？……328
问题147 孩子大了，假如父母需要给孩子道歉，怎么做才合适呢？……331
问题148 孩子即将进入青春期，怎么预防“早恋”呢？……333
问题149 孩子谈恋爱，父母怕影响学习成绩，这个怎么办？……336
问题150 你和青春期的孩子没话聊了，怎么办？……340
问题151 孩子回家抱怨在学校总得不到理解，怎么办？……341
问题152 青春期孩子过度追求品牌，父母怎样看待这事，如何处理？……342
问题153 如何引导孩子应对青春期的情感波动？……344

问题154　我们无意中发现孩子上网浏览色情网站，孩子不知情，该怎么处理？ …… 345

问题155　离异家庭孩子“早恋”的动机最有可能是什么？ … 347

第九章　科学求助 …… 349

问题156　如果孩子出现心理问题、教育问题，父母怎么操作才稳妥？ …… 350

问题157　孩子在学校出现呕吐、眩晕等身体反应，情绪低落，老师建议去医院检查，父母怎么办？ …… 351

问题158　孩子遇到事情、冲突后，父母该怎么办？ …… 353

问题159　孩子遇到困境时，父母的态度应该是怎样的？ … 355

问题160　咨询中，父母和孩子分别做什么？不能做什么？ …358

问题161　父母可以从咨询中学习家庭教育吗？ …… 359

问题162　什么是认识自我？ …… 361

问题163　你了解心理咨询的专业能力吗？这个简单测试能帮您了解 …… 362

问题164　大三学生实习期间辍学，他一定是出问题了吗？父母带他咨询行吗？ …… 364

第一章 你知道哪些是无效的教育吗？

第一类　鸡汤类无效教育

这一类的特点就是，听起来高大上、意义深远，但是不具备可操作性。比如：家庭教育就是要从尊重孩子开始。这里的“尊重”一词，具体怎么体现？怎么做才算是“尊重”呢？它和“不尊重”之间的区分标准是什么？这些都没有阐述，所以，它是一种无效的鸡汤策略。

“教育就是一种爱”，这类观点，本质就像是一种信仰一样，让人感到温暖，对人的情绪和精神世界有一定的安抚作用，但是，单凭这句话是解决不了实际问题的。

专业就是把抽象、不可操作的概念变成一种可操作、可鉴别，甚至可以量化的工具。

比如：父母的信念是家庭教育过程中父母情绪控制的关键。这句话，单独讲就是一种鸡汤。我们要把信念进行具体化。

首先，信念是什么？自己认为可以确信的看法。接着，信念的价值是什么？信念帮助人战胜困境，保持良好心态，最终拥有满意的结果。

比如：你对爱情有信念吗？它对你有什么价值呢？

你对自己生活有信念吗？它对你有什么价值呢？

我们在处理阻力、处理挫败、面临考验的时候，需要信念来稳定心态，保持对自己的信心，对前景的信心。

父母需要怎样的信念呢?

1. 对孩子的信念

对孩子的未来持有“总有希望”的信念，总是相信未来会有机会的信念，不会被眼前的失败、孩子的错误吓倒，不会被当下遇到的各种问题给吓倒，会不带焦虑、生气、失望等负面情绪来给孩子提出建议和要求。它不同于“盲目乐观”，不同于“撒手不管”。

对孩子的信念—— 一种信仰，无条件地相信。是相信孩子“存在希望”，而非相信“孩子干了什么”。它滋生出“对孩子的容错度”。

2. 父母对自身的信念

父母不仅对孩子的未来持有希望，同时对自己也持有一种信念，即相信自己“存在希望”。

它滋生出父母“对自我的容错度”，也就是父母也会接纳自己的不足、暂时的失误，在谅解自己的基础上不断改进自己。

它产生的效果是，为了自己的成长去学习，而不是为了搞定孩子而去学习，更加不是因为我不够好而去学习。

父母对自身的信念还包含对自己的“失败”持有正确的态度。

3. 自我容错度低的表现

（1）当你搞砸了，只是在抱怨;

（2）当你搞砸了，只是在指责、声讨;

（3）当你搞砸了，只是在愤怒、生自己的气。

自我容错度来源于我们成长时期父母对我们的“容错度”大小。

于是，信念的具体操作就是两件事“对孩子的容错度”、父母的“自我容错度”。

这里的“容”并非“容忍”的意思，而是“容得下”的意思。简单讲就是，我允许孩子犯错误，因为他是人类，所以我不会为此发脾气，但是我会就他的错误行为，坚持提出我的要求。

第二类　错误类无效教育

这一类是指“看似正确，实际错误”的教育观点和技术，集中在下面几个方面。

1. 情绪与管理错位

很多父母都认为孩子的情绪很重要，包括我们专业人士也会这样提到。只是大家并没有弄明白，情绪之所以重要，是因为它是服务于管理的。

在孩子低龄段时期（3—6岁），父母的管理是家庭教育的核心任务，它决定了孩子的基本行为素养。

人类情绪稳定的好处是避免了“认知扭曲”，想一想，夫妻争执时，你们的情绪是如何扭曲各自的看法和观点的。这样看来，我们不难理解，情绪稳定是为了沟通正常化，沟通正常化又是为了管理的顺利进行。

2. 沟通与管理错位

身边很多父母都会自觉去学习沟通技术，我发现他们在学习的过程中，往往认为沟通是一个“独立技术”，且是一个重要的独立技术。实际上，沟通也是服务于管理的。

为了便于理解，我们看看下面3个版本的聊天记录，你就能理解沟通是如何服务于管理的。

案例：

父母从老师那里得知，小明在学校偷偷买同学的旧手机，老师发现后，询问哪里来的手机，小明谎称“借同学的”。后经调查，是同学把妈妈的旧手机带进学校，小明用700元买了下来。现在父母已经知道这件事的经过，也问过同学的妈妈，证实了此手机的确是她的旧手机。那么，父母该怎么处理这件事呢？

这件事实际上就是一件需要管理的“孩子违规事件”，父母必然用上“沟通技术”，以下三个版本有什么不同之处呢？

1.0版本：

爸爸很生气地问孩子：“你那个手机哪里来的？”

孩子说：“找同学借的。”

爸爸：“胡说，居然还撒谎，我们已经了解到了，是你自己买的，小华妈妈已经告诉我们了。为什么撒谎？”

孩子：“我们同学都有手机，我为什么不能有？”

妈妈：“你要手机，可以跟我们商量，不能撒谎，买手机的钱是哪里来的？”

孩子：“我自己的压岁钱。”

夫妻决定没收手机，并要求孩子周末回来再用。

我们看看这个版本，父母采用明知故问的方式，“你那个手机是哪里来的？”这本身就是一种错误的提问，等于在诱导孩子撒谎。因为人出于对处罚的恐惧，会铤而走险撒谎。

同时，明知故问的对话，还会给对方这样的感觉——你明知道还这样问！

当孩子问“我为什么不能有（手机）？”时，父母并没有正面回答，而是直接下了指令，这样的沟通会导致孩子隐藏不满，对于管理来说是无效的。孩子只是因为恐惧遵守了管理，但仍有不满、愤怒的情绪，这将导致未来的管理出现冲突。

2.0版本：

爸爸很生气地问孩子：“你在学校为什么撒谎？”

孩子说：“我用自己的钱买的，为什么要告诉你们？”

爸爸：“你的钱哪里来的？还不是我们给的？”

孩子：“我用自己压岁钱买的，怎么不行？大家都有手机。”

妈妈：“你买手机，也要告诉我们，况且学校不准带手机。”……最后父母没收手机，并要求孩子周末回来再用。

这个版本比1.0版本进步了一些，没有明知故问了，但是依然没有观点的交流。父母并没有直接回答孩子的疑问，同样是直接下了指令。孩子同样产生不满情绪，这个对于未来的管理依然是危险的。

3.0版本：

爸爸知道此事后，没有直接找小明聊，而是悄悄地告诉了妈妈这件事。然后，他们想到了4个需要调查的任务：

A. 孩子在学校都是什么时间、地点用手机?

B. 孩子用手机做什么?

C. 结合孩子的成绩，夫妻俩想分析孩子使用手机背后的原因。

D. 孩子隐瞒这件事的原因是什么?

当天父母并没有找到所有答案，于是他们决定按兵不动，先了解孩子在学校的生活情况。

爸爸说："开学已经1个月了，在学校过得怎么样？"

孩子："没什么，挺好的。"

爸爸："听说你的同学都有手机，你怎么看这件事？"（收集认知）

孩子："我也想有一台手机。"（暴露了需求）

妈妈："你用手机的目的是什么呢？"（收集认知）

孩子："学习很累的时候，可以玩一会儿游戏放松。"（暴露目的）

爸爸："跟我说说是什么事，让你感觉学习累？"（收集重要事件）

孩子："作业好多！"（事件一）

爸爸："只为这个感到累吗？"

孩子："有些题目不会，烦死了。"（事件二）

妈妈："你用玩手机来解决作业多、不会做的问题？"（暴露矛盾）

孩子："玩游戏放松一下，再写作业啊。"

爸爸："如果有效果，那么你作业就全都完成了。"（暴露矛盾）

孩子："有时候也没完成。"

爸爸："怎么回事？"（没有说教，继续了解实情）

孩子："玩的时候，忘记作业了。"

爸爸："那怎么解决这件事呢？"（把问题转变成任务）

孩子："我不玩手机，先写作业呗。"（暴露认知）

妈妈："你玩手机和做作业没有关系，我们不想你把做作业当成应

付任务，就为了玩手机把学习搞砸。”（划清界限）

爸爸：“给你两个晚上，想想怎么做既能完成作业，又能轻松玩到游戏，周日上午我们再聊聊。另外，私自买手机这件事，我们不希望再出现，绝不要隐瞒父母，我们是你的盟友不是敌人。”（把问题转变成任务，最后表态处理违规行为）

这个版本的对话，父母没有说教，也没有简单、直接下指令，而是先了解清楚情况。谈话的方式都是询问，一步步引导孩子自己说出了自己的想法，最后才表明立场，并把娱乐和学习之间的界限划分清楚。

这一系列操作其实是在“管理”，这时候你不难发现——管理并非只是一个个指令，而是一系列动态的操作、动态的对话。

这就是说，沟通是为了管理顺利服务的技术。

3. 滥用表扬

这个是无效的家庭教育里非常危险的做法。经研究发现，罪犯的自尊感普遍偏低，也就是“自己看不起自己”，最终导致自我堕落的行为。

于是，有研究人员在没有实验数据支持的情况下，提出假设——如果我们提升孩子的自尊感，会不会减少孩子的自我放纵行为?

为了提升孩子的自尊感，他提倡“多表扬孩子”。后来这项倡议经过商业包装，在全球范围内流行开来，进入我们国家就叫“赏识教育”。

这种教育观点，乍一看很吸引人，因此有很多父母照做。

但它实际上有很大问题。

那么，这个观点哪里有问题呢?

它有4个弊端：

（1）越表扬，孩子越经不起批评；（感官强化现象，如常年不吃辣，感官对于辣的反应变强）

（2）简单表扬代替了学习本身带来的快乐；（学习动机被带偏方向，转向外在动力，而非内在动力）

（3）泛滥的表扬会使孩子自以为是；（过度的表扬，孩子的自我价值感会膨胀，变得自以为是）

（4）表扬使孩子害怕竞争和失败。（这是损失效应导致的，人最怕的是得到后再失去）

这4个弊端都在实际应用中出现了，自以为是的年轻人、经不起批评的孩子、内卷的孩子、懦弱的孩子。

我们给父母的建议是：

（1）表扬只能使用描述性语言，描述具体的事实、动机、付出的代价、努力的决心、具体的结果。例如：

爸爸：“今天早上我看你很辛苦地爬起来了，所以早操没迟到。”（描述努力）

妈妈：“你练琴到现在为止已经30分钟了。”（描述过程）

妈妈：“你放下手机，决定和我去跑步，妈妈很开心。”（描述代价）

爸爸：“你想老师喜欢你，所以报名参加辩论赛。”（描述动机）

妈妈：“自从开始游泳，你又长高了3厘米。”（描述结果）

（2）孩子“分内之事”无须表扬，只需感谢。比如：谢谢你举手发言。

（3）如果此事很小，类似于举手之劳，父母也是无须刻意表扬，谢谢足矣。（小事上刻意表扬，也会导致对方自我膨胀）

4. 美化式溺爱

父母把“美化”当作“理解”，主动替孩子找理由、找解释。这种现象特别常见于那些“懂一点家庭教育”的父母身上。

案例：

小T，在班里发作业本，来回奔跑于课桌之间，显得异常兴奋，3个同学被他推倒在地，其中一个还挂了彩。双方学生父母都被请到学校来处理这件事，小T的父母进入德育处办公室，看见自己孩子低头站在办公室里，对方孩子的父母也在现场。

小T的母亲，进门后并没有和孩子交流，她直接对着孩子说：“我知道你热心帮助同学，积极发作业本，但控制力不强，所以跑的时候没留神把同学碰倒了，你看是不是该给同学道歉啊，告诉同学你不是故意的？”（您能发现错误在哪儿吗？）

这个妈妈自发、主动地美化了孩子“热心帮助同学”“积极发作业本”“控制力不强”“没留神”“告诉同学你不是故意的”，这样做等于在教孩子“掩饰”“撒谎”“虚伪”。

妈妈应该简单地告知孩子：“发作业可以，但是请你控制住自己的速度，我希望你走动发作业，而不是跑动！现在我们去看看你同学的伤势，看看能做点什么，才能争取别人原谅。”（你能发现正确在哪儿吗？）这里的每一句都是有事实依据的，这才是正确的处理方式。

5. 自我价值认同中毒

乍一看，会让你感觉，是不是郝老师写错了？很多人都觉得，孩子追求自我价值的行为，肯定是值得鼓励和肯定的啊，这个怎么会有问题呢？

为了便于大家理解，我用一个真实的案例来解释，就会发现问题出在哪儿了。

案例：

小学二年级男生小明，回家跟父母说："今天不开心，老师叫我们说一说走之底的字有哪些？我就说了biàng（见右图），老师好像很生气，叫我回来写给她看，写得出来就给我加10分。"

请问：父母该怎么做？

方案A：

父母鼓励孩子自己查找资料把这个字写出来，小明很兴奋、认真地写起来，中途自己修改了好几次，父母也觉得写得不错。第二天中午，妈妈接到老师电话："您孩子很不礼貌，跟老师说话，不说您字，直呼你。"妈妈立刻道歉，承诺会教育孩子。下午放学回家，小明沮丧地说："我今天把字给老师看了，然后她也没加分，还批评了我。"父母安抚了孩子，还觉得孩子委屈，礼貌地给老师发信息，委婉地请老师多肯定、鼓励孩子，老师回复"明白了"，父母表示感谢。方案A里，父母做到了"鼓励孩子自行解决问题""谦虚地和老师合作""关注孩子的沮丧情绪""礼貌、合适地向老师提出需求"。可以看出，父母做得非常不错，方方面面都考虑到了。

这个方案，我问过培训中的学员，几乎所有人都认为父母做得很好，没有什么不妥之处。

其实，父母漏掉了最关键的任务，因为父母不清楚追求自我价值认同有方向区分。我们来看看方案B吧，这个方案是我给孩子父母设计的“参考答案”。

方案 B:

父母鼓励孩子自己查找资料把这个字写出来，小明很兴奋、认真地写起来，中途自己修改了好几次，父母也觉得写得不错。然后妈妈问：“宝贝，写完了，感觉怎么样？”

小明：“挺好的。”

妈妈：“你明天打算怎么做？”

小明：“拿给老师看去。”

妈妈：“我赞成，我等你好消息，现在我还关心三件事。”

小明：“什么事？”

妈妈：“第一件事，我想问问你，你为自己做成这事感到骄傲吗？”

小明：“嗯，当然了。”

妈妈：“具体骄傲在哪儿呢？”

小明：“这么难的字我都写出来了”

妈妈：“还有吗？”

小明：“没了。”

妈妈：“还有你答应老师的事，自己真的做到了，也可以为这个行为感到骄傲。”小明点头。

妈妈：“宝贝，我们想做成一件事，很想得到别人的认同、肯定，这是很常见的需求。不过，这是次要的，人最重要的是自己认同自己做的正确事情。”

小明：“为什么？”

妈妈：“因为，别人不一定会认同、满足你，那时候，你会很沮丧、难过。”

小明：“哦。”

妈妈：“第二件事，你既然想得到老师的认同，那你就要考虑怎么得到别人的认同、欣赏，而不给对方添麻烦。”

小明：“我应该怎么做？”

妈妈：“宝贝，一般的规律是，你要找别人空闲的时候去做，同时你还要看看对方当时的情绪好不好。”

小明：“知道了，那第三件事呢？”

妈妈：“我好奇，你为什么一定需要外界给你认同、肯定呢？外界的认同，真的对你这么重要？还是你对自己没信心？”

小明：“我有信心啊！”

妈妈：“强大的人不会强迫自己必须得到外界认同，甚至外界不认同的时候，他还会欣赏自己的优点，对自己充满信心。”

这时，您就发现A、B两套方案的天壤之别了，在B方案里，妈妈在帮助孩子看到追求被认同的“内外之分”。

相关知识点：

（1）人做事需要得到价值认同，分内外两条线，其中内在的自我满足是重要的路径，外在满足永远是高风险的路径。

（2）人在追求外界认同的时候，需要审时度势，考虑他人感受。

（3）人还要了解自己为何需要外界的认同，以此来观察自己对自己的信心如何。

我们吸取的经验教训就是——小心孩子自我价值认同中毒现象。

现在的确有很多孩子过度地需要被外界认同，父母还在背后推波助澜。这不仅对老师的教育、教学工作形成干扰，甚至还以“科学”的名义绑架了老师，特别是对一些资历浅的年轻老师，父母更是过多地要求老师“请您多照顾孩子”“请您多肯定孩子写的字”“请您多表扬我孩子的阅读”……

长此以往，这些孩子易迷失自我，他们也变得沉迷于老师的肯定、鼓励，一旦老师没有给予关注、认同，就感到沮丧、失落，学习动力立刻减弱。如同我们人类依赖外界化学药物刺激令自己兴奋，这就是一种“中毒”现象，中了“毒”的孩子会变得异常脆弱。

6. 过度依赖被理解

我经常在实践中发现，有一些孩子在学校、在家里总感觉得不到理解，他们会变得很沮丧、很痛苦。客观上讲，他们的确是没有得到“完美的理解”。因为父母又是学心理学的，也没有学过教育学，他的情商水平是有限的，那么在肯定理解孩子这件事上很难做到优质，有意思的是，有的孩子却非常痛苦，甚至还有孩子表现出了“愤怒”。

经过和他们交流，发现他们有一个认知——为什么父母、老师、同学不能理解我呢？言外之意就是——你们应该理解我！

从他们的反应来看，他们对“被理解”的愿望非常强烈，以至于他们认为“我不被理解就是不行，我就应该被周围人理解”，仿佛理解别人成了周围人的基本义务一样，这实际上也是在“绑架他人”。

每次我都会问这些孩子：“凭什么父母就要理解你呢？凭什么同学就要理解你呢？凭什么老师就要理解你呢？”

学生会十分不解地看着我说：“父母怎么能不理解我呢？”

我说：“他怎么就必须要呢？你能给我一个理由吗？”

学生一时半会儿很难接受这个“残酷现实”。但是，他必须要接受这个现实，生活本该如此，人与人相互理解是我们追求的方向，但并不意味着，他人必须要理解我们。

我们可以有这个需求，请求他人给予理解，但是对方愿不愿意、能不能够理解，不是我们所能控制的事情，甚至对方有权利拒绝理解我们。

我们的重心不在于等待、指望一定会得到周围人的理解；我们的重心在于我们能否理解自己呢？当下我们该做些什么呢？

比如：父母没有理解孩子表达的意思时，一旦孩子表现出情绪，父母立刻就“主动道歉”——“对不起，是爸妈不好，没有理解你的意思”。其实，父母只要不是“故意不理解孩子”，就无须道歉，父母可以试着说：“很遗憾，我不理解你的意思，我并非想这样，你现在可以告诉我，你想表达什么？我听着呢，宝贝。”

这也是一种“挫折教育”，同样在学校的课堂上，我们往往告诉孩子——要懂得理解他人，却没告诉孩子——费尽心思去理解他人是不必要的行为。由于我们并没有表达准确，无意之中，使孩子产生一个错误的期待——他人就应该理解我，我也应该理解他人。

这就为后面“心理问题”埋下了隐患。

第三类　个人经验类无效教育

2022年的冬奥会，有一位运动员成了“焦点人物”，她年轻、美丽、才华横溢。同时，她的父母、她的家庭教育都成了人们议论的话题。

女孩母亲接受媒体采访时，多次提到自己的家庭教育理念：身教、保持孩子的兴趣、保证孩子睡眠充足、陪孩子一起坚持她的追求等。

这件事，除了引发热议之外，也让很多父母感到一丝惆怅，甚至是焦虑。因为，父母们感受到了自身与女孩母亲的差距。

请问：假如你也这样做，估计结果会怎样？她真的是因为这个而成功吗？

无论在哪里，我们都不是“独自而来”，尽管我们很多时候的确是一个人，实际上我们都承载着家族历史，受到过去经历和文化的影响。

家族就像一只股票，有起有落，每个个体就像这只股票上的一个个“节点”，他们的涨落受到这只股票整体的影响，以及外界环境的影响。

家族是一部连续剧，只要生了孩子，这部戏就开演，不管你愿不愿意，这部戏依然会演下去。

所以，我们看待女孩的成功时，以为她母亲的做法就是“成功秘密”，那就大错特错了，可以说女孩的爷爷、奶奶、外公、外婆、父母都在她的人生成长里贡献了自己的力量。

有意思的是，我们身边常常有这样有趣的现象，假如一个家庭里出现一个考上名牌大学的学生，其父母往往会摇身一变，成了“专业人士”，不仅出席各种讲座，甚至还有人堂而皇之地把自己所谓的经验出书。

个人经验≠科学方法

科学的五大标准：

1. 来源于大样本数据，经过实验验证。

2. 可证伪性。一个观点，如果都找不到办法证明它是不是错的，那这个观点就是伪科学，比如：“善有善报，恶有恶报”这句话没办法去证实它是对还是错。那这句话就不属于科学描述。

3. 不仅能解释当下现象，重要的是可以预测未来发生的现象。

4. 可复制性。

5. 可操作性。必须是可以用来操作的，比如：“我们要幸福”这句话是没法操作的，这就不是科学的表述。“我要每天笑一笑”这是可以操作的。

个人经验除了开拓我们的思路，帮助我们摆脱思维的局限之外，或再无其他用处了，因此在家庭教育领域，要分清楚哪些观点和教育方法来源于个人经验。

有一个典型的例子，2019年我在讲课时，听说有一位家庭教育的“专家”跟台下的家长讲，“我女儿为什么能进北大呢？因为自从她6岁读书以来，我们家就把电视卖了，全家都不再看电视。所以，我女儿从小就把精力放在了阅读上，大量的阅读保障了她的学习动力，并且没有被电子产品干扰，这样她才有可能进北大……”

下面家长听得频频点头、热血沸腾，这里有多少科学性呢？这个是科学教育吗？

首先，她女儿进入北大，除了父母之外，有很多人贡献了力量。比如：小学班主任。

其次，不看电视怎么就能保障学习动力呢？这一条很容易被证实是错的。不信你试试看，也许家里不看电视后，孩子会对电视产生强烈的好奇呢？跑出去看，都有可能出现。

再有，阅读对考试成绩有多大的帮助呢？阅读能拓宽知识面（前提还要看是什么类型的书），对写作有一定帮助，但阅读小说，估计对数学、生物、化学等帮助不大。

最后，不接触电子产品就是考进名牌大学的重要因素吗？如果这条成立的话，那么北大、清华的学子估计都应该是“计算机盲”吧？

通过这个例子，我们就知道家庭教育领域里混进来的“想当然的经验”，其实对家长帮助很有限，如果家长鉴别能力弱，随意模仿，还会起到相反的作用。

2

第二章 关于学习动力，你了解多少？

问题1　什么是学习的原动力?

学习是一种长期的行为，影响它的关键因素之一是学习原动力。那么“原动力”和“动机”有什么不同呢?

动机往往是指促成单次行为的目标，它不一定稳定持续存在，当目标达成之后，动机可能就会消失。而原动力指的是人类天生的学习动力，比如：人类与生俱来的好奇心、求知欲。它们能提供源源不断的动力，促使学习继续下去。

学习的原动力是否只能依赖先天，我们后天是否能强化、激发它呢?

在回答这个问题之前，我们可能还要面对一个现象——学生的学习原动力消退现象，也就是说我们不仅要激发学习的原动力，还要防止学习原动力的消退。并且，这种消退现象往往无声无息地进行，很难察觉。其中，主要的原因是，学习原动力的消退不会立刻在成绩上反映出来。大量的实践观察发现，小学三年级左右，很多学生的学习原动力就在悄无声息地消退，由于成绩没有明显变化，作业也能够完成，造成多数父母、老师对此毫无察觉。直到有一天，孩子的成绩下降了，对学习越来越不主动了，这时父母才开始着急。

人类行为的动力是如何维持下去的呢？这要提到人类行为的动力的三个阶段，我们称为1.0版本、2.0版本、3.0版本的动力系统。

1.0版本的行为动力往往和人类的本能有关，比如：生存、安全。

2.0版本的动力是指获得好处、躲避惩罚的动力系统。

3.0版本的动力是行为追求内在价值和意义。

这 3 个版本的动力系统同时在人类身上发挥作用，但能带来持久发展的是3.0版本的动力系统。正因如此，我们要想孩子具备长久的学习动力，就要从找到学习的价值和意义开始。

当然，刚开始的学校学习（狭义学习）行为可能带有“强制性”，比如小学生的作业，那是必须要完成的，此时孩子不一定对作业持有积极的认知。

那么，如何提升学习原动力呢？如何找到学习的价值和意义呢？

学生学习原动力训练计划

对象	低龄段	中龄段	高龄段		
	小学生作业习惯训练	学习动力激励	作业观	学习观	考试观
1	大环境调整	行为的三个动力	作业观的定义与作用	学习观的定义和作用	什么是科学的考试观？
2	父母记录+数据反馈	正向支持圈	作业是什么，作业怎么做	什么是真的自主学习？	试卷档案的建立
3	作业环境+坐姿调整	家庭容错度与学习动力	做了作业对我有什么好处，不做有什么坏处	学习的9大要素	试卷数据分析
4	作业自查	自信与学习动力的关系	做作业的意义、价值	学习的阻力	试卷数据的应用
5	时间感知	评价体系与学习动力	作业对我人生的影响是什么	考试与学习的关系	建立孩子个人试卷数据库
6	无关活动	生活动力与学习动力			
7	无意义动作调整	作业动力			
8	作业情绪管理	课堂学习动力			
9		上学动力			
10		动力的激励			
11		学习兴趣的激发			
12		学习兴趣的维持			
13		学习难度的关注			
14		学习回报的关注			
15		学习过程的管理			

“学习原动力训练计划”包含三个板块：低龄段的作业习惯训练、中龄段的学习动力维持与激励、高龄段的学习认知建立（学习的三观）；父母通过系统地学习三个板块的知识，才能帮助孩子保持良好的“学习原动力”，使终身学习成为可能。

问题2 学生不去上学有几类情况?

案例：

每年3月份、9月份开学季，都会有一些学生表示不想去学校。他们往往是在开学前一天、前几天突然提出这个想法，让父母措手不及。有小学、有初中，也有高中的学生；有成绩好的，也有成绩不好的；有家庭关系恶劣的，也有家庭关系稳定温馨的；有在父母身边的孩子，也有“留守儿童”。所以往往父母、老师百思不得其解，他们的感觉是“好好地，怎么就不去读书了呢”。

今天，我就来给大家介绍一下，这些孩子不去上学的背后复杂的原因，帮助你客观地看待这件事，重新理解这件事。

首先，我个人觉得学生不去上学，这是一件严重事件。因为它的影响面很大，对一个家庭、对孩子本人来说，影响都很大。

对于学生这个身份来说，不去上学的影响仅次于“放弃生命”这件事了！所以，我们要高度重视，最好的办法就是——每个家长都了解它，并做好及时的预防工作。

其次，经过多年的实践总结，我把不去上学分为这么几类：

第一类：病理性不去上学；

第二类：自我毁灭动机下不去上学；

学习，是一个学生生活的主体内容，因此，不去上学，可以替换成“放弃生活”，这个就是人类的一种“自我毁灭动机”造成的。（俗称的“破罐子破摔”）

第三类：自我保护动机下的不去上学；

第四类：报复性动机下的不去上学；

第五类：要挟性动机下的不去上学；

第六类：学业成绩下降，学习动力下降导致不去上学；

第七类：在学校长期精神压抑不去上学；

第八类：叛逆性动机下不去上学。

接下来，我将对这8类不去上学的情况一一做介绍。

1. 第一类，病理性不去上学

这一类多数集中在中学阶段，原因是青春期是精神疾病的高发期，各类精神疾病都会对学习造成干扰，同时学习是一件有压力的事情，它对精神也是有一定影响的。

常见的导致“不上学”的精神疾病有：中度和重度抑郁症、社交焦虑症、双相情感障碍、狂躁症、焦虑症、强迫症等。

另外，一些重大挫折、重大打击也会造成学生出现精神疾病症状，最终导致不去上学。比如：学生欺凌、重大事故、重大疾病、家庭变故等。这些重大事件、重大打击都会让学生产生严重的焦虑情绪、严重的紧张恐惧情绪，并伴有无法集中精力思考、睡眠障碍、人际交往障碍等并发症状，可能导致学业成绩下降，最终出现不去上学的想法。

遇到这种情况时，父母需要带孩子去有资质的精神专科医院做进一步的检查确诊，否则会耽误孩子的时间。往往早期问题并不严重，由于拖延时间导致问题越发严重，甚至出现极端事件。

我见过有些父母带孩子去做沙盘游戏、画图测试，这些做法都不靠谱，因为这两种方法都不具备专业的精神鉴定功能，最稳妥的做法是去精神专科医院检查。而父母需要放下面子，克服焦虑，面对现实。

我曾经遇到一个初三男生，其实他在初一的时候开始出现厌学情绪，当时仅仅是一种情绪状态。起因是他在社交过程中遭遇挫折，再加上他自尊感很强（很爱面子），于是男生几次提出“不想去学校”的想法。父母带孩子去了妇幼保健院检查，在那里得到的是“沙盘治疗”。结果去的地方不对路，使用的方法也是学术界有争议的方法，这就耽误了男生的治疗。男生初一、初二就这样艰难地挺过来，中途还有一段时间没去学校，总体来看还是扛过来了。

一切都在进入初三之前，彻底爆发了。因为初三的学业压力骤然增大。在初二升初三的那个暑假里，这位男生就预感到了初三自己会过得很辛苦，他越想越怕，而父母对此一无所知。孩子在家里好像没事一样过完了暑假，9月份一开学就直接提出——我不去上学了，除非逼我去死！

这下父母彻底傻眼了，宛如晴天霹雳。

2. 第二类，自我毁灭动机下不去上学

初看这个标题，估计很多孩子父母会感觉诧异，这也难怪。多数人很难理解“人类自我毁灭动机”，它和我们的一般认知有冲突，因为我们都接受的观点是——求生是人类（物种）的本能之一，怎么会出现“自我毁灭动机”呢？

门林格尔在《人对抗自己》一书里提到：人性中固有的破坏冲动总是竭力寻求宣泄，当这种破坏冲动不能施加外界时，其必然结果就是转而施之于自己。

要想真正化解这种“自毁动机下的不上学”，就要先彻底理解这一现象，它植根于人类的行为之下，并且普遍地存在，只是我们没有意识到它的存在。

要理解自毁动机，就要知道“自杀三元素”：

（1）毁灭本能；（毁灭他物动机）

（2）良知的谴责；（转向对自己的惩罚）

（3）最终的妥协。（1和2会产生内心冲突，于是彻底摆脱痛苦的方案会出现）

第一步，毁灭本能。

从生物学角度看不难理解，人类本质上属于“掠食者”，我们的双眼长在前面，看东西有深度感、有立体感，方位更加准确，这一进化更加有利于捕猎，而不是用于防御。如果为了防御，我们就更应该进化出像变色龙那样的“伪装能力”，或者模拟昆虫那样的“假死”状态。所以，攻击性是人类的本能反应之一。

从语言上看，“消灭”“解决”“驱赶”都和“毁灭”有着相近的意义，它们换个说法就是——破坏冲动。我们看到儿童在好奇心的驱使下，往往对一些新鲜东西表现出一定的“破坏欲”，他们会用踢一踢、摇一摇、摔一摔、磕一磕、撕一撕等方式去认知新鲜事物。

可是，人类在成长中（进化中）很快发现，这样为所欲为是对整个物种不利的，于是我们有了各种限制、禁忌，有的以爱的方式去压抑，也有的用宗教方式去克制，也有的用法律道德的方式去约束，人类的破坏毁灭冲动渐渐压抑下去了，或者变成了建设与合作。

第二步：良知的谴责。

心理学家们研究人类复杂的行为模式时发现，人类除了“破坏冲动”（毁灭动机）之外，还有“自虐受苦”的冲动，这一点也让很多人费解。

对此，我们怎么理解呢？其实应该倒过来理解——某种让人痛苦的事，人类也可能会去做。

当然，严谨的科学家还是会继续追问“为什么人类要折磨自己呢？”一种解释就是因为人类的良知发挥了作用。有个比喻很形象，人类的攻击性，有一部分变成了犀利的将军（对外），有一部分变成了苛刻的法官（对内）。这个比喻的意思是——良心只是攻击性的一种转身。

第三步：最终的妥协。

既然人类既有“毁灭冲动”，又有“良知的谴责”，那么势必出现矛盾。而矛盾会导致人焦虑、烦躁，此时我们就要想办法平衡这对矛盾。我们不能杀人，而且因为我想毁灭，就要受罚，那么谁来受罚呢？怎么受罚呢？（记住：这一切都是在无意识状态下完成的，不是人类理智下计划或谋划的结果。）

最终结果可能是：自我堕落—自残—自杀。

我们从很多案例上都能看到，一个人是如何从选择“毁掉自己的生活”开始，最终走上“自杀”之路的。当然，走上这条路的人，速度有快有慢，有的人走到生命尽头时，他还是在第一阶段，自我放纵阶段。有的人年纪轻轻，就走到最后一步自杀了。

回过头来，我们再看看“学生不去上学”这个行为，它其实属于一种“放弃自己生活”的方式。属于这类动机的不上学个案都有一个特点：当事人很颓废。

照理说，既然不去上学是他选择的方式，那么待在家里应该是很快乐的，可是你会发现，他们并没有因为不去上学而感到轻松、开心。有人说“是不是因为他们的父母整天因为孩子不去上学而唠叨？”我只能说，有这个可能性。但是我也发现，当父母没有唠叨时，甚至有些父母还比较克制，告诉孩子“我们尊重你的选择，那你就在家里自学吧”，结果呢？孩子依然表现得不开心，甚至父母越是宽容，孩子越是愤怒。

为什么父母越是宽容，孩子越是愤怒呢？这一点在逻辑上好像讲不通啊。

其实，很好理解。

首先，孩子不去上学本质上是在“惩罚自己”，那么父母的宽容导致这个“潜意识计划”变成了“非惩罚性计划”了，于是这让孩子的潜意识感到烦躁不安。

其次，“惩罚自己”的动机背后有强烈的情绪需要趁机宣泄，父母的宽容会导致这股情绪无从宣泄，那么堵在那里岂不是更加不开心？

因此，只要你发现，孩子不去上学后，父母表现得越宽容，孩子越烦躁时，那么这个孩子就是“自毁动机下的不去上学”的人了。

3. 自我保护动机下的不去上学

自我保护动机来源于人类的“求生本能”，照理说它是为了避免人受到伤害时出现的动机，那么怎么会造成孩子“不去上学”呢？

自我保护动机下不去上学的情况，多集中在初中，其次才是高中，最后是小学阶段。原因有多种，初中阶段学生的道德感并没完全成熟，胆子也大起来，情绪又不稳定，因此很容易伤害、欺负其他同学。比如：给同学起外号、孤立同学、排挤同学。

常见的是“学生欺凌”“冷暴力”“被边缘化”，往往会造成被欺负的学生为了保护自己免受伤害而不去上学。

而且有些隐藏性的边缘化往往不容易被老师发现，即使学生表达出来，也容易被人误会“太矫情”。比如：我曾经听一节初中的心理课，心理老师在课堂上问了一个问题——“抑郁症在当今世界非常普遍，有些产妇还会得产后抑郁症，请问有谁知道产后抑郁症吗？”

这个问题本身其实没什么，估计初中生会觉得这个问题“尴尬”，当老师问同学们“你们谁能跟我说说是否知道它？”结果全班男生异口同声地说出一个男生的名字，并且发出奇怪的笑声，女生也偷偷在笑，心理老师并没觉得异样。

现场只有这个男生感觉“尴尬”“丢脸”，他狠狠地低下头。估计他当时的心情很复杂，能感觉到一种被集体嘲笑的感觉，这就是“隐藏性的边缘化”。假如这个学生回家后和父母说：“我不想上学了。”那么他就是出于——自我保护动机下的不去上学。

自我保护动机下的不上学，往往有明确的“伤害事实”，它激发了孩子本能的保护反应，最后造成孩子不去上学。

冷暴力主要表现为冷嘲热讽、含沙射影地说一些让人不舒服的语言，包括集体性的“不理睬”，使当事人感觉孤单、被孤立、被针对。

4. 报复性动机的不去上学

报复性动机下的不去上学多见于亲子关系不好、亲子冲突严重或者出现家庭重大变故的家庭里。

这类个案往往是先有“亲子关系不好”“亲子冲突”“家庭矛盾”，接着孩子感到委屈、难受、不公平，于是萌生“惩罚父母”“惩罚家人”的冲动，并通过“不去上学”来达到目的。不过，孩子的表面意识往往意识不到这点。

报复性动机下不去上学往往呈现“双方都不爽”的局面，父母会很愤怒、很失望、很难受、很着急，同时孩子不去上学他自己也没有什么开心的地方。这种局面往往会引发父母进一步的指责、攻击，这样的反应恰恰给了孩子更好的“证据”——看吧，他们就是这样。

这个新证据会更加坚定孩子不去上学的决心，进而降低孩子不去上学的内疚感，所以当“报复”出现成效时，父母会看到孩子反而显得更加轻松。（原因是内疚感降低了）于是，双方仿佛进入了“死循环”之中。

5. 要挟性动机下的不去上学

要挟性动机下不去上学，会有一个明显的诉求。不去上学的目标很明确，即要达到某个目的。

有个别学生会为了“转学目的”要挟父母不去上学，这类情况基本上最终的结果是转学，所以很快就平息了。但是因为用电子产品要挟父母的拉锯战往往持续很久，原因是父母在电子产品的诉求上“不死心”。

要挟动机下不去上学的个案中，呈现第一个特点就是——父母的个性偏于软弱，管理方式也偏于软弱，特别是早期教育里出现了很多次“商量”，在原则事件的处理上，父母没有坚守原则和底线，往往被孩子无数次地冲破原则和底线，孩子已经有了丰富的“成功经验”。

要挟性不去上学的个案呈现的另一个特点——有“历史复发性”。有些孩子在小学、初中曾经要挟成功，所以在后来的学段里，依然可能出现“要挟行为”。所以，第一次要挟的处理尤为关键。

6. 学业成绩下降，学习动力下降导致不去上学

学生在学校里，学业成绩直接关联他的自尊感（面子），因此当学生的学业成绩开始逐渐下降时，他的自尊感也就开始遭遇“打击”，这时沮丧的感觉开始累积，最终可能导致孩子对在校学习失去信心。

另外，学习动力下降也会导致孩子不去上学。而学习动力下降的原因是多方面的：

（1）长期不良学习方法；

（2）不良学习习惯；

（3）学生学习能力低下；

（4）师资力量不稳定；

（5）学习阻力增加后没有及时得到鼓励；

（6）学习长期缺少良性回报；

（7）成绩持续下降或者长期低迷。

所以，学习动力和学业成绩之间，呈现相互关联性，它们互相影响，最终都可能导致学生失去在校学习的信心和兴趣，出现不去上学的情况。

7. 在学校长期精神压抑不去上学

这一类学生在校的心理体验长期感觉压抑，他们不一定有什么明确

的遭遇，甚至有些完全是他自身问题造成的，但是他们很难改变自己的行为方式、思维模式，最终导致这种压抑的感觉一直存在，最后导致不去上学。

这种情况和第三类“自我保护动机不去上学”的最大区别在于：自我保护动机不去上学的学生往往是经历了真实的欺凌、伤害、被边缘化，是有真实的外界伤害。

而这种“在校长期压抑不去上学”的学生不一定受到外界伤害，更多是当事人自己的心理体验，有时甚至是自己的“错觉”。但是当事人自己的心理体验就是一种“心理现实”，它同样具有打击力，也会让人因为这种长期的压抑感而失去在校学习的信心。

人在长期压抑的过程里，情绪会忧郁、焦虑、恐惧，就会出现逃避反应。

比如：

初三学生小云，初一、初二曾经偶尔出现过“不去上学”现象，时间虽然不长，大概就是3—5天，所以父母并没在意。不过，一直以来孩子都表示在学校过得不开心。这个重要信息没有引起父母足够的重视，父母带孩子去妇幼保健院做“沙盘游戏”，并没有得到针对性的帮助。

时间到了初二升初三的暑假，孩子预感到初三之后，学业压力会剧增，因此那种压抑的感觉越发强烈，在开学前一晚，明确向父母提出“我明天不去上学了，因为太难受了，只想好好在家休整几天”。结果这一休整就是整整一学期……

父母询问孩子在学校怎么难受了？孩子描述：在宿舍中，除了自己成绩不好，另外5个女生成绩都十分优秀，作业写得快、回答问题也快，聊起学习这件事仿佛十分轻松。看到她们学习那么轻松自如，自己拼命学习还达不到别人一半的效果，就越来越沮丧、压抑。但是，自己又做不到不在意她们，也做不到离开她们，自己也知道自己有问题，但是就是做不到去改变自己的观念，既反感这些同学，又要跟她们在一起，导致自己更加压抑、心力交瘁，最终不去上学。

从这个案例里，我们明显看到这是她自身的问题，她就是因为长期感觉压抑导致不去上学的典型例子。

8. 叛逆性动机下不去上学

案例：

小明，小学成绩优秀，在家族里是最小的孙子，其他哥哥、姐姐都大他十几岁，外婆是优秀校长退休，妈妈是优秀班主任，可算是出身于教育世家。

家境优越，父亲病故很早，在家什么事都不用做，总有人帮助他决策，总有人帮忙。小明在学校有很多朋友，从来不会和人起冲突，同学都觉得他是“老好人”。小学偶尔有不去上学的情况，家人觉得他还小，没太在意此事。

初一开学一周后，他感觉辛苦，决定不去这所学校，要求转回城区中学……

小明遭遇的问题：

（1）学校学业抓得紧，没有什么自由支配时间，感觉很别扭；

（2）周围同学基本上都是在学习，感觉生活很无趣。

小明的问题：

（1）小明去学校不是去“求学”，而是去“生活”；

（2）小明不信任家长，不敢和家长交流；

（3）小明也不了解自己在干什么。

这次“不上学”是小明第一次“自己拿主意”，其实这里有好的一面，就看妈妈怎么操作了。

小明这种情况本质上属于一种叛逆行为，是小明向管理者发起的反抗，通过不去上学来反抗父母的操纵，实现“自立”。

现在，我们再来说说，父母一旦遇到孩子不去上学的情况之后，该如何处理？

第一类病理性不去上学的最佳处理方式是积极治疗，然后辅助必要的家庭教育咨询或者心理咨询。

其余几类动机下不去上学的个案，往往需要全家进行“家庭治疗”，而且这不会是一个简单的过程，全家要做好心理规划，同时做以下的安排：

（1）父母不会被这件事吓倒。孩子不去上学这件事最大的危害其实是引发了全家的焦虑，因为父母会感觉孩子不去上学等于这一生都没希望了！稍微理智一点的家长都知道，孩子这一生还很长，怎么能这么快就下结论呢？但是，焦虑情绪会轻而易举地击败理智。

（2）父母看到问题本质。所谓问题本质，就是那几类不去上学的真正动机。比如：孩子学业成绩下降，导致他对自己没信心了。找到问题的本质，目的是理解和接纳孩子。

（3）父母从孩子的消沉、痛苦中看到了孩子的希望——孩子想站起来！

（4）父母要做好“最坏打算”，父母需要很清楚一件事。孩子进入学校求学之后，有人继续追求知识，有人将要踏入社会。父母需要很清楚——只要孩子不失去信心，两种人生都可能成功。这个信心是指孩子对自己前途的信心和对自己能力的信心。

要想孩子不失去对自己的信心，那么就看父母对孩子的前途有多大的信心。关键看父母对孩子的能力有多大的信心。

语言表达能力、社交能力、思维能力、实践能力、抗挫折能力、耐心耐力、观察能力，这些统称为“社会能力”。孩子的社会能力往往和学业成绩关系不大，它是人的综合能力，来源于先天遗传和日常生活的锻炼和培养，这个能力越强，孩子未来成功的机会也越大，即使他真的不去读书，全家也不得不面临一个重要的话题——人生拐点。

父母是孩子的高级顾问，孩子选择了“不上学”，就像他抓了一手烂牌，但是父母会尽力帮助孩子把这把烂牌打出最好的结局，这就是父母应尽的职责。

因此，孩子不去上学这件事，其实考验的是全家的“弹性能力”，能在多大程度上化解这个事件的冲击。如果父母把目标定得很狭窄——就是想把孩子弄进学校。那么结局不一定是好事，孩子会感觉父母压根不关心他的感受，就知道把他踢进学校!

问题3　学习动力和学业成绩下降让孩子不想上学，怎么办?

很多不愿意上学的初中生（初二、初三居多）家长求助，从和他们的交谈中了解到，这拨孩子不去学校的主要原因是：学业成绩下降、学习动力下降。

有一类学生，小学成绩还可以（不是名列前茅，仅仅是父母觉得还可以），应该说是“符合父母的预期”而已，他们一旦进入初一，成绩就会一路下降，最终在初二或者初三，发觉成绩越来越“无望”了，于是他们往往会提出——不想上学。

其实，他们在小学四年级左右学习动力就已经下降了。

学习动力下降不能简单地根据“当下学业成绩”判断，因为从动力下降引起成绩下降会有一个时间的“滞后性”，所以初一就一路下降的孩子，很可能在小学学习动力就下降了。只是当时成绩还可以，作业也都能完成，使父母麻痹大意了。

那么，如何鉴别孩子学习动力是否下降了呢？

1. 作业能动性侦测：

（1）做作业开始出现催促，不催就不写；

（2）作业失误率、潦草率开始增加；

（3）写作业时出现烦躁情绪频次增加；

（4）写作业前无故磨磨蹭蹭拖延时间；

（5）作业故意漏掉、经常忘记题目。

2. 上课状态侦测：

（1）回答问题从主动变为被动；

（2）抢答问题的频率大幅度下降；

（3）看黑板的专注度下降；

（4）课程活动出现消极参与、拒绝参与等问题；（和以前对比不同）

（5）上课精神状态低迷、无精打采；（关注肢体语言和表情）

（6）上课开始出现经常性走神、发呆等情况；

（7）上课时开始经常做与学习无关的事情；

3. 上学态度对比：

临近上学时，整个人开始出现情绪烦躁不安、磨磨蹭蹭，语言上出现抱怨；出现明确抵制上学、质疑上学的观点。一旦放学就精神百倍，立刻投入娱乐、消遣之中。

学习动力是如何下降的呢?

大多数父母以为，对孩子学业的进步给予积极的鼓励、表扬会增强学习动力。其实不然，因为快乐情绪在身体里停留时间比较短，因此表扬并不能激发、维持学习动力。

相反，当孩子学习成绩下降、表现不好时，父母和老师给予指责、批评、挖苦、打击，这些行为会大大降低孩子的学习动力，因为痛苦感在人类身体里停留的时间很久。

因此，维持和激励学习动力的关键时刻不在于孩子进步时，而是在"搞砸"时。当人类搞砸一件事时，却得到了理解、支持和原谅，这时才会激发学习动力。正所谓，危难时刻得到理解与支持，才会激发我们的动力。

从学习动力下降到不想上学的过程：不良的动力激励方式（也包括其他因素）—学习动力下降—学习状态不好—更多地受到批评—学习动力继续下降—学业成绩下降—对学习的兴趣、对自己的信心开始下降—成绩越来越低迷—不想上学（脱离苦海的想法）。

那么孩子学业成绩下降时，我们应如何批评孩子呢?

（1）父母首先不要为此事感到害怕;

（2）搞砸时，父母要出乎孩子预料；（表情、语气、语调等）

（3）在错误中找亮点进行鼓励、理解;

（4）使用科学的批评方法。

建设性批评：直接给出一个建设性、操作性的建议和要求。比如：现在你需要提升英语词汇量了，建议你每天都要专门背诵单词。

示范性批评：批评者以"我的名义"描述遇到此种情况会怎么操作。比如：我曾经遇到过和你类似的情况，我每天抽出 20 分钟背诵5个单词，后来我英语果然进步了。

期待性批评：批评者以期待的方式表达了自己的要求。比如：我很希望你尽快把英语词汇量不多这事解决掉。

（5）学习动力下降前，父母在早期的预防是关键。如果发现的确下降了，就要进行专门的“严肃谈话”。

严肃谈话要满足两个条件。第一，提前对大量的数据信息进行分析，并得出观点（关于下降的结论）来进行谈话。第二，再考虑谈话的时间、地点、人选、方式。

普通谈话——特点是随意性、随机性，根据当下的信息、事件直接进行谈话。往往是谈论“证据”。

严肃谈话往往谈论的是观点、动机、需求、根本问题。

严肃谈话还要注意“谈话既定目标”和“当下状态”两个情况的区分。

问题4　孩子因为不喜欢班主任而不去上学，怎么办？

案例：

小明现在是四年级小学生，他已经断断续续2个月不去学校上学了，开始还会偶尔去一天，现在干脆就不去了。整天在家里玩游戏、看电视、吃饭、睡觉。父母上班后，他会自己做吃的，他自己的解释就是“不喜欢学习，感觉班主任不好”。

小明列举了很多所谓的“理由”，比如：学校组织体操比赛，班级领队的口令和音乐没合上拍，全班的动作就乱了，结果拿到一个给予最后名次的“鼓励奖”。

回到教室，班主任很生气、失望，并告诉大家“我对你们的表现很失望……”

父母怎么看待这件事，决定了他们怎么处理这件事。

父母怎么办呢？

第一阶段：创造有利精神环境。

父母必须牢记，除了病理性原因之外，绝大部分不去上学的孩子内心深处并非真的不愿意学习，他们只是在上学这件事上，遇到了他们认为过不去的坎儿，所以，即便他们待在家里，心里依然是隐藏焦虑、承受压力、感到无助和不知所措的。

同样，父母也是内心焦虑、承受压力、感到无助和对未来的恐慌，因为他们也不知道会发展成什么结局？巨大的恐惧感会使父母发脾气，胡乱地分析原因，简单粗暴地催促孩子回到学校。甚至有父母说道：“我好想睡一觉起来，发现孩子已经回到学校上学了，这一切就像做了一个梦一样，我多么希望这真的就是梦一场。”看来父母的精神状态近似于“白日梦”的状态。

因此，我在处理这类个案的第一步，也是最难的一步，就是帮助整个家庭镇定下来，鼓励大家放下慌乱的情绪，还没有到世界末日。

当然，不是所有的家庭都能够做到这一步，不过凡是做到这一步的家庭，就创造了一种有利于转机出现的精神环境。因为焦虑之下，什么都没有。

第二阶段：探索真相。

孩子自认为的问题——我不喜欢这个老师，所以不想去上学。这个推理站得住脚吗？

孩子的逻辑相当于是这样的：老师不好—造成我心情不好—造成我没心情上课—不去上学。这是典型的孩子心理，把自己可以负责的部分推给外界，我们也称为“浑人逻辑”。

因为儿童尚分不清“权责界限”，需要父母使用“界限教育”来帮助孩子分清。

这样看来，小明的说辞背后另有原因，就连小明本人可能也说不清楚。

父母要想找到真相，需要弄清楚一件事：人类之所以去持久地做一件事，必须是因为这件事有好处、有意义、有价值，其实还有一个指标“有希望”。

因此，父母需要考虑的是，小明为何对学习感觉到“无望”呢？

班主任的反应只是引发其中一部分的“无望感觉”，小明觉得班主任不重视同学的付出，不重视同学的努力，这很让人沮丧。

当然，引发小明“无望感”的还会有其他事情，比如：学业成绩、学习难易程度、人际圈子……

第三阶段：呈现真相和积极面。

当父母发现真正的问题后，就要组织语言，找适当的时机和孩子交流自己的观点，帮助提升孩子的“自我认知”。一旦孩子真正承认自己的问题所在，他的大脑会自动出现动机——那我怎么办呢？

此时，父母事先准备好的那些建议才会派上用场。

为了燃起孩子的希望，父母还要在孩子的“错误行为”中找寻积极因素。

问题5　“双减”后，面对学习动力要求，我们父母该做些什么呢？

动机——人为了满足需求而产生的行动内驱力，比如：为了生存

（需求）而出现吃的内驱力（动机）。

动力——实现动机的意愿强烈程度，比如：你想买一件衣服（动机），如果你立刻行动，那么就是动力强，如果隔了3个月之后才行动，那么就是动力小。

其实，所有的孩子都有学习动机，都有一个想要好成绩的动机，只是每个孩子实现这个动机的动力大不一样，其中原因就是每个人自我效能不同。

自我效能——人对是否能完成某一任务，会自动进行推测、判断，并觉得“我行”，这就是“自我效能”。其中还包含“我能完成”“我有完成的希望”这种对自己的信任。

所有影响学习动力的因素里，最值得我们关注的是孩子对自己的信任。因为自我效能就源于孩子对自己的信任，这个自我认知需要在试错中产生，关键是错误后，孩子得到什么反馈？

因此，父母的容错度对于孩子的“自我效能”至关重要。我经常在咨询中询问一些父母：“您孩子必然会出错，他属于人类就会犯错。那么，你们能给孩子兜底吗？”大多数父母几乎不假思索地回答：“我们可以啊。”

其实，做到能够在孩子犯错时兜底，其背后需要父母具备一些特质：冒险信任的勇气、承受失败的勇气、带领孩子从失败中站起来的勇气。这三类勇气不是那么容易具备的，它们又取决于父母自身的自我价值感、自我效能感的强弱。

简单地说，能兜住自己人生的父母才能给孩子兜底。自我强大的父母才会兜得住底、沉得住气。在实践中发现：

父亲不能兜底——孩子软弱、退缩。

母亲不能兜底——孩子暴躁、过激。

双亲都不能兜底——你知道会怎样？

我们来看一段对话：

父母："小明，起床后，辛苦把房间收拾一下哦。"

小明："哦。"小明有一点迟疑，开始收拾房间。

10分钟后，妈妈进房间来看："这就是你收的结果？怎么脏衣服还堆在椅子上，放进洗衣机啊。"

小明："我知道，我还没收完呢，一会儿拿就是。"

爸爸："一会儿？每次都说一会儿，现在就放进洗衣机，不行吗？"

小明："我知道啦！"父母也没再说什么。过了20分钟，妈妈进房间发现小明在那里看游戏卡片。

妈妈："你怎么又玩起来了，快点收拾房间，等你吃饭呢，衣服还堆在这里！"然后帮小明把衣服拿走了……

我们仔细看这件事，这3个人的认知分别是什么？站在小明的角度，他怎么看待这件事？

"起床就叫我做事，唉，烦。什么都要听他们的，那就收吧……我还没收完，就进来说我，烦！衣服最后收怎么不行，衣服放在那里，我又不嫌弃，怎么不行！什么都要听他们的，烦！糟了，又被他们发现了，我怎么就没管住自己呢？我原本计划看一小会儿就继续收拾房间，怎么就没控制住呢？唉，倒霉，谁叫自己没管住自己呢，都是那游戏卡片太吸引人了，我找了好久没找到，今天突然发现了，唉，说这些他们不会信，算了，收呗……"

从以上角度看小明的心理活动，你会发现父母和孩子互不信任。站在父母的角度看，孩子以前做的事情总有证据显示不能轻信他。小明也能从实际中感受到“父母不信任我”，事实上，他也发现自己做得不好，最后的结论就是——小明也不信任自己能做好。（自我效能降低）

另一个版本：

父母：“小明，有件事需要你参与。”

小明：“什么事？”

父母：“今天，我们每个人都要收拾自己的房间，你打算什么时候收拾？”

小明：“我不想收拾，行吗？我明天再收拾吧？”

父母：“我需要你说服我。”（培养孩子谈判比做事的结果更重要）

小明：“今天我想休息，学习了一周很累的。”

父母：“明白了，你想先照顾好身体，再整理自己的房间，那我明天就坐等看成果了。”（保持微笑，冒险给孩子试错）

重点在于父母说话巧妙，因为父母清楚知道，“安排”会影响自我效能。

有人说，父母要勇于“放手”，你怎么理解？其实放任不管和什么都掌控这两个极端反应都不利于孩子成长。

成长是在试错中成长，父母能承受错误的冲击，没有怨言地继续告知孩子该怎么做，而非带有情绪地批评、带有情绪地说教，更不是抱怨孩子做错了。

第二天上午，小明没动静，下午也没有行动的意思，好像忘了自己答应的事情，到了晚上，父母该怎么处理呢？

父亲：“我一直在等你的成果，结果没有，怎么回事？”

小明：“我觉得没必要收拾得那么好，反正我不嫌弃它。”

父亲："你怎么不敢跟我说这个新想法？"

小明："怕你骂我，而且我自己承诺了的，又没做到。"

父亲："你要相信我，我不一定理解、支持你的计划，但我想知道你真实的想法。"小明点头。

父亲："这样吧，因为房间是爸妈的，你只有使用权，所以我还是需要你给一个计划，比如，多久做一次卫生。将来你真正有了自己的房子时，我完全尊重你的家规。"

小明："那我一个月做一次。"

爸爸："行啊，你看，你完全可以用谈判来达成自己的诉求。"（父亲在冒险信任孩子，这就是一个能兜底的父亲，他在培养孩子的自我效能）

牢记：父母的"低容错度"——信任的毒药；比如：对孩子的学习情况，挖苦、讽刺、比较，会造成孩子"父母不信任我"的感觉，最终父母的预言实现了，于是变成"我也不信任我"。

所以，"双减"后，父母的"容错度"就是培养孩子学习动力的关键因素，即父母"高容错度"→孩子自我效能强化→学习动力增强。

问题6　成绩好的孩子不想去上学，父母要怎么处理？

有时也会遇到孩子成绩不错，却不想上学的个案，父母面临这种情况，往往难以理解、难以接受，接着就是不知所措。

第一步，父母需要记住的是：成绩好坏和"学习的感受"好与否是两回事。

成绩不错是一种结果，一种暂时性的、波动的、不稳定的结果。

学习的感受是人在学习过程中的一种心理感觉，这是非理性的感受。

成绩不错的孩子，照理说应该对自己的信心很足，对自己的前景应该乐观，但是这仅仅是部分学生的情况。还有相当一部分孩子，即使成绩再好也对自己没有信心。

对自己没有信心会导致大脑看到所谓的“危机”、看到所谓的“风险”。

第二步，父母要清楚孩子对自己没信心具体体现在哪些方面?

人对自己的信心包含5个层次：

第一层：自己总有希望的信念；（不论发生什么都觉得自己未来存在希望）

第二层：相信自己存在越变越好的可能性；（对自己的发展有信心）

第三层：对自己的学习能力有信心；（比如：计算、阅读、记忆力……）

第四层：对自己的团队（环境）有信心；（比如：相信好同学会给予自己帮助）

第五层：对制度和管理者有信心；（比如：相信教育制度、相信老师、信任父母）

父母可以参照这5个层次的信任，专门和孩子聊聊。建议直接询问，不用拐弯抹角问。比如：“你对自己的将来发展是什么感觉？”或者“你觉得自己将来是会越来越好吗？”

第三步，父母摸清楚了孩子对自己的信心系统具体情况之后，就可以针对性地输入自己的观点，重复、简明地陈述自己的观点。只要亲子关系是正常的，父母一次次输入信心，就会动摇孩子的“消极观点”。

至于是否上学，父母可以表达自己的态度，比如："我们希望你对自己要有信心，坚持回到学校学习，我们会支持你。如果你需要休息一下，停下来想一想，我们也能理解。"特别是中学生，孩子大了，父母已经没有办法强迫他去学习了。因此父母要认清现实，别给自己压力，放下执念，否则只会加重孩子压力，对于回到学校是没有帮助的。

成绩好的学生的父母在遇到这样的事情时，他们自身其实也会遭遇"冲击"，会感到危险、焦虑，这时候，就考验父母的定力了。实践证明，此时父母越是显得镇定，孩子能越快回到正轨。父母一旦开始慌乱，孩子就会感受到压力，焦虑会成倍增加，最终的结局就更加不妙了。

问题7　当孩子说"不想上学"时，父母怎么回应?

最近，遇到两个关于"周末过后，孩子不想去上学，父母怎么处理"的个案。突出一个问题：父母分不清状态和内容是两回事。

我们日常生活里，做出的行为、说出的话包含两个层面。一个层面是内容。比如：我说"天气好凉"，这里的天气、凉就是说话的内容。第二个层面是"状态"，就是我说话的样子、说话的方式。比如：我是着急上火地急促说话？还是皱着眉头说话？还是温柔地、语速缓慢地询问？还是平静、身体前倾地询问?

在日常交往中，说话的状态往往比内容更加重要。

因为状态会触动对方大脑里的镜像神经元（也称反射神经元），使对方感觉到我们说话内容以外的目的。

我举个例子：

一名正值高三女生，在实验班里成绩垫底（在普通班上名列前

茅）。周日准备返校，她说：“天啊，我作业还没做完，怎么办？怎么办？不想回学校了。”这时候妈妈立刻紧张了。（源于该女生多次出现这个状况）

妈妈：“为什么不去学校？”（语速很快，说明妈妈被那句话引发了焦虑）

女生：“我作业都没写完。”（开始哭）

妈妈：“那也不能不去学校啊，你去学校跟老师解释一下。”（妈妈的语气带着催促和焦虑，眉头紧锁的表情更加显得焦虑）

女生的镜像神经元接收到信息——妈妈就希望我去学校，她都不知道我的感受。于是女生的情绪开始往不利的方向发展，越来越烦躁不安。

女生：“在学校好辛苦，作业又没写完，怎么跟老师说嘛。”

妈妈的镜像神经元可能得到的信息——女儿又开始畏难不去上学，都怪她不抓紧时间写作业，玩手机耽误了时间，这孩子怎么这样让人操心啊。

所以，妈妈说了一句：“你周六回家只顾着玩手机，造成作业没有写完，现在着急有什么用啊，回学校跟老师好好解释一下吧。”

这时候，两人谈话的内容虽然都是围绕“上学”，而两人谈话的状态却是另一回事。妈妈表现出的状态就是——去上学、去上学，我就是希望你去学校，这样我的烦恼就没了。女儿表现出的状态就是——就不去，就不去，我难过，我痛苦，我不想去学校。

假如，换一个聊天的版本，看看会有什么不同。

女生：“天啊，我作业还没做完，怎么办？怎么办？不想回学校了。”

妈妈："你担心什么？"（关注过程，同时语速缓慢，眼神关注，情绪镇定）

女生就会接收到信息——妈妈在乎我这个人，不是只想把我弄进学校。女生的情绪才可能朝着有利方向发展。

还有这样一个案例，一名高三学生在开学不久，就说"不回学校了，感觉一进校门就烦"。

这个学生从小学三年级开始，到初一、初三、高二都有过这种情况，只是以前都能挺过来。这次情况不同的是，她刚经历了一场全国性英语比赛，结果名落孙山。（其实还有很多相关情况，难以一一描述）

孩子提出"缓几天回学校"，父母答应了。那么孩子就如愿以偿留在家里。

然后父母带着孩子去游玩散心。平时也抽出时间陪孩子，爬爬山、转转公园……

孩子玩得很开心！

可是问题来了，我问孩子的父亲："您女儿没去学校，好像客观上还得到很多好处哦？"

父亲不解地看着我："我想帮她放松放松啊！"

我问："那么你们在决定放松之前，讨论过不去学校这件事吗？你们聊过产生这些事情的真正原因吗？"

父亲回复："没有，这有啥不同？"

我解释："如果啥都不讨论、不总结，就直接去旅游放松，那就等于变相奖励退缩行为，这会导致更加不想回去学校。比如，您上班不开心回家休息，单位安排人员，让您带薪旅游，您回单位前可能会更加痛苦。您之所以最终还是回单位，可能出于责任感和为了生存。但是，孩子可没有这些压力，您可要想清楚。”

这个爸爸恍然大悟，难怪游玩回来后，问孩子几时回学校，孩子反而哭得更厉害了。

于是我告诉这个父亲，正确的做法是：

（1）父母在孩子轻松的时候，正式和孩子聊聊这件事。（带着孩子探索自己心里的真实想法，而不是在外界找原因。）

（2）当孩子承认这一切源于自己的抗压能力、耐挫折能力不强，以致面对外界打击时，才会想到回家躲起来。告诉孩子用此法保护自己没什么错，只是对自己未来没什么好处。

（3）等孩子承认这个内在原因后，开始讨论“我们能做些什么来提升自己呢？”此时，去旅游的想法就可以作为其中的一个策略提出了。

这样做才是正确流程。

最近开学不久，已经有4位母亲问我同样的问题，大致是“我怎么和孩子聊天啊？孩子初一了，开学才几天，就嚷着要回家，我真不知道怎么跟他讲道理了”。在每年9月，这样的问题不在少数。它说明几件事：

（1）父母不知道聊天怎么操作；

（2）新学期，学生的适应问题是永远存在的；

（3）我经过几年的整理发现，这些“适应不了新环境”的孩子家庭有些共同之处；

（4）父母没有提前做好准备。

今天，我在这里再一次谈谈怎么通过聊天来处理孩子的“环境焦虑”。

首先，对于新环境适应问题，父母需要牢记：

（1）孩子表达“想回家”和这个学校怎么样，基本上毫无关系，因此父母解释学校多么优秀，完全是方向性错误！

（2）如果随意同意孩子回家休整几天，造成的结果往往是孩子越来越不想上学。

（3）处理孩子这类恐惧情绪，讲上学重要性这类空道理、分析上学的利弊、承诺过几天就没事了……这些聊天的策略，对于孩子来说，他的大脑听到的却是“怎么父母就不明白我的感受呢？”或者听到的是“父母根本不相信我！”

（4）有些父母坚决让孩子承受这些磨难，缺少科学安抚，那么孩子承受的压力可能会增加，付出的代价很可能就是亲子关系受损。

那么，应该怎么做呢？

父母应该找专业人士评估一下“我和孩子的聊天状态如何？”

“聊天评估”一般分为两种：自我评估和他人评估。从效果上看“他人评估”准确率高一些。

父母自我评估聊天，属于优质聊天的观察点有：

（1）我们和孩子聊天时，他的眼神没有离开我们，他一直看着我们在聊；

（2）我们聊天时，孩子说得多，我们说得少；

（3）我们聊天时，往往集中讨论交流的是彼此的感受与情绪，对于事情我们往往最后才聊到它；

（4）我们聊天时，往往没有外人在场；（外人在场属于一种“环境压力”，它会造成孩子的表现走形。）

（5）我们聊天时，最后大家都能明白对方的需求；

（6）我们聊天时，就算不能达成一致观点，但是很开心；

（7）我们聊天时，常常出现和预期不符的结果，但是我们都没有因此而大发脾气，我们都能接受意外的存在；

（8）我们聊天时，没有评价和抱怨，我们更多的是描述一些事情、描述一些感受。

你对应这8个点去自评一下，超过70%符合的才算“会聊天”！

其次，优质聊天的流程是怎样的呢?

（1）描述事实；（不评价、不抱怨）

（2）体会感受，并共情；

（3）区分过程和内容；

（4）及时反馈对孩子理解的情况；

（5）表达需求；

（6）最后发出请求。

问题8　怎么和孩子聊学习的意义?

案例：

今天来了一个初三男生咨询，他自述：“感觉学习没有意义，特别是感觉学习文科类，如历史、道德与法治这些学科是没什么意义的，于是自己没有了动力，就不怎么想去上学。”

不少父母对孩子的这些想法，感到很棘手，说实话，父母当初就没弄明白。

聊了一小时，我们探讨了学习的意义是什么。

我给男生最后总结了，学习的意义有4种说法：

第一类：不同阶段的学习是为了换取进入下一阶段学习的“入场

券”，换取进入下一个平台的“门票”。

第二类：学习属于需要不断重复的事情，人遇到机械、不断重复的事情时，大脑都会产生无意义感。而学习这种重复性事情没有既定的意义，也没有现成的意义，需要在过程中（学习中）不断挖掘出意义，时间不等，也许很快，也许是一生都在不断挖掘意义。

第三类：学习是为了让“人”做好准备，不是为了“做事”做好准备。比如：让人形成正确的世界观、人生观、价值观。

第四类：中学6年和大学本科阶段，拥有大量的通识教育，会学习很多科目，是为了学生在将来成熟的时候，选择事业的时候，有平等、丰富的机会。比如：学习了历史、地理、政治，在事业选择时，才有机会同时考虑是考古方向呢，还是气象灾害监测方向呢，还是从政方向？

这样一解释，孩子欣然理解了。

最后，我问孩子：“你回忆一下时间点，感觉学习没信心、学习没意义，这两个事件发生的先后顺序是什么？”

学生回答：“我进入初三，上了一周课，摸底考试考得不错，但是我觉得成绩很假，我不应该取得这么高分数，我感觉自己状态不好了，然后就觉得学习文科类的东西没什么意思。”

这样看来，孩子真正的困扰不在于“学习找不到意义”，而在于他对自己没有信心。

比如：你对自己的工作感觉没信心时，也会质疑这份工作的。

于是我们的讨论转向另一个重要方向，对自己的信心问题终于浮出水面。

问题9　临近中考，孩子与室友出现矛盾，父母怎么处理?

案例：

父母在微信答疑群里问我这么一个问题：我女儿临近中考，同宿舍的孩子思想变化很大。还有10多天，同宿舍有个孩子进入放飞自我状态，每天晚上聊到12点多。我家孩子和另外几个小孩想休息，说了那个同学几次都不听。然后我家娃跟同宿舍的4个孩子跑去老师那里反映，结果走到半路，其他3个小孩不敢去了。我小孩就一个人去。

老师的处理就是，罚讲话的同学停宿3天。

她们宿舍氛围还是很好的，大家依然大大咧咧，3年来一直非常和睦，没有为难我女儿。由于我处事风格比较软弱，就叫女儿忍一下，还有10多天，别跟同学闹僵了。结果变成女儿跟我闹翻了，说我不了解她，不支持她。还委屈得找班主任，让班主任说我一顿。

通过这件事，看看父母如何处理青春期孩子的“社交事件”。

第一，父母对事情的定位要清晰。

青春期孩子相处很容易出现矛盾，特别是初中生，情绪化严重、自控力还不成熟，女生之间的矛盾还要发生得频繁一些。这些事情一般分为以下几种程度，父母的处理方向也有所不同。

（1）社交事件。单次事件，没有积怨、没有其他矛盾，发生时间短、冲突点是不重要的事情，彼此也就情绪上不愉快。比如：没什么事情发生，她今天不和我说话。（就这事看你不顺眼）

这类情况，父母保持关注姿态就够了，情绪安抚都显得多余。因为这类事情造成的情绪波动，孩子应该能应对，无须找老师。

（2）社交矛盾。多次社交事件没有得到有效处理，会升级为社交矛盾。双方不会有直接的交锋，往往以“拉外援”“拒绝来往”“制造

舆论”为主。社交事件是点的问题，社交矛盾就是呈现一个面的问题。（很多事都看你不顺眼）

父母处理的态度是：关注不介入，但是关注的深度增加了，会关注孩子对此事的理解、关注孩子的处理计划、关注事态的发展情况。情绪是否需要安抚视情况而定，一般也不建议找老师介入。

（3）社交冲突。社交矛盾得不到有效处理，才升级为社交冲突，双方有了正面交锋，开始了一定的攻击、反击动作。比如：吵架、身体接触、破坏私人物品等。

父母的处理态度是：辅助性介入。像顾问一样介入，不要像老母鸡护崽一样挡在孩子前面保护。父母需要关注孩子对冲突的理解、关注孩子处理冲突的计划、关注事态发展、提供自己的观点、提供自己的理解（必须是有建设性的新理解，忌讳出现说教式陈词滥调）、提供自己的处理方案。

第二，父母不需要责备孩子，毕竟他的做法也没有什么错。

第三，把处理矛盾变成一次成长机会。

父母可以对那个女生行为的变化提供科学解读（新认知），给孩子提供新角度认知此事。个案中，由于临近考试，不需要过多讨论，只需要说一次自己的解读，用假设的方式表达就够了。比如：“我相信你会处理好这事的，然后我也在想，那个女生的行为也许是压力导致的，有时我们紧张起来就会话多。”

问题10　孩子失去学习动力后，家庭面临的四个阶段任务是什么?

案例：

近期，应一所学校邀请，前往学校接待一个“3周不上学”的小学生的父母，孩子在家看电视没有前来，夫妻俩如约来到了校长办公室。

一般来说，孩子进入五年级，就是进入了青春期，他们有了自己的想法，有了自己做事的意愿和胆量，这时有些孩子出现“学习动力下降”“不想上学”的反应，那么父母需要如何做呢？

父母需要知道，接下来整个家庭将要面临四个阶段。

第一阶段：混乱期。

在这个阶段里，家庭承受压力，很可能出现强制、说教、打骂、利益交换等处理方式，这时父母会陷入慌乱、焦虑，情绪很容易暴躁，流露出失望着急的心情。孩子得到的就是压力和失望。

父母需要迅速镇定下来，唯一能帮助自己的是自己对教育、对孩子、对家庭的信念，只有信念能够让人做到真正的镇定，然后，容错度才会提升。虚伪的镇定等于欺骗，会导致更大的失望。

第二阶段：邀请孩子面对此事。

如果父母和孩子都冷静下来，孩子就开始进入“回避反应”阶段。常见表现为：不提此事、陷入娱乐之中。拒绝谈回学校、拒绝谈此事，只想用休息、娱乐来麻痹自己，这是人类常见的反应。父母唯一能做的是邀请孩子面对此事。

以下是两个错误的示例：

强制面对。这种方式只是传递压力，导致孩子出现反抗情绪，那么孩子更加不会面对此事。（越走越远）

避而不谈地等待。这种方式导致孩子和父母都陷入困境，大家一起回避，早晚会有更大的压力出现。

所以，父母挺过第一阶段，心态冷静下来，容错度提升了，那么就可以发出邀请，具体操作上其实很简单，难就难在父母的心态准备上。

比如：找个时间咱们聊聊，接下来一个月怎么办？

重点在于说这句话时的心态，不断地邀请孩子，不强求孩子立刻回答，目标是：这句话要启动孩子的大脑去想这事，想到什么，暂时不用在意。只要孩子的大脑真的想这事了，就有了希望和机会。

第三阶段：探讨期。

如果孩子开始认真想这事，“接下来的一个月，我怎么办呢？”他会出现烦躁情绪、沮丧的心情。沮丧、烦躁的情绪意味着孩子的认知被父母动摇了，所以，请记住这恰恰是“好事”，千万不要被表象迷惑。

这时父母的承诺就要发挥用处了，比如：“别怕，我们肯定能找到方法解决此事的，没什么大不了，咱们一起面对。”如果孩子信任了父母，他们才会萌生认知——也许我还有救！

此时，父母可以呈现观点：你真正遇到的问题是什么？并且这个问题是可以解决的。（给孩子输入信心）比如，案例中的这个孩子不回学校不是真正的问题，承受不了学习压力才是问题。

第四阶段：合作解决问题。

这时候，才是找寻方法解决具体困难的最佳时机，比如：该转学就转学……这最后一步在前面三个阶段做到位的前提下，往往水到渠成。

总结：当孩子不回学校了，父母要冷静下来，一步步带领孩子走出困境，而不是简单地要求孩子——你必须走出困境。（如果孩子能自己走出来，那么他也不会轻易逃回壳里躲起来了。）

问题11　孩子与老师起冲突了，我该怎么办？

案例：

最近，几次讲座里都有初中、小学的父母反映一个问题——

我的孩子不喜欢他老师怎么办？

我的孩子跟老师吵架了怎么办？

我听我女儿讲他们同学都排斥这个班主任怎么办？

老师又打来电话投诉我儿子上课顶嘴，怎么办啊？

我孩子不想去上学，说老师骂他，怎么办？

……

那么如何化解、消除师生之间的矛盾呢？

要想解决这个“永远都会存在的问题”，必须建立良性、稳固的机制来预防，不能指望每一次的即兴发挥。除了机制，我们家长还能做些什么呢？

（1）首先，父母要知道自己仅仅是这出“三国演义”里的“一国”，不能奢侈地以为自己能完全、完整地解决此事。

（2）其次，父母的底线是什么呢？

父母的底线是——外界无法干预，那么父母唯一能处理的是孩子的情绪，以及孩子在这件事里暴露出来的心理需求。

父母可以通过专业聊天，帮助孩子用语言倾诉，释放心里的不愉快，并给孩子提供可操作的建议。

（3）父母通过“高效聊天”技术，收集 B 项信息（孩子端信息），了解到底发生了什么事情。

（4）对这件事进行解读，解读师生当事人的内心感受。

（5）回应孩子的感受，让孩子情绪稳定，并感受到父母的理解。

（6）满足孩子的需求，让孩子进一步感受到理解和支持。

（7）给孩子反馈老师的感受，帮助孩子体会冲突的另一方。

（8）给孩子反馈老师的需求，帮助孩子看到老师需要理解和肯定。

（9）悄悄联系冲突方的老师，约见并单独会面。（会面场所不能在集体办公区）

（10）描述老师的付出。（以具体事实为基础的描述，严禁空洞、抽象、概括性的描述，也不要用无意义的社交语言。）

比如：

“他大声吼我”——“他特别在意你”（付出）

“他敲我桌子”——“他专程来提醒你”（付出）

“他上课好闷，我听不懂”——“他辛苦备课，却因为不知道你听不懂，付出等于白费了”（付出）

“他好啰唆”——“他总是在反复提醒你”（付出）

（11）根据付出描述老师在冲突中的感受，帮助老师获得“被理解”的感觉，避免以为父母来找碴儿。

（12）描述老师的需求，因为矛盾来源于需求被妨碍了。

（13）描述孩子的感受和需求。

（14）描述现在摆在师生面前的问题是什么？

（15）请求老师配合，并向老师提出具体要做什么的建议。

（16）如果老师表示“自己做不到”“不清楚怎么做”，父母可以询问老师“能否我们一起找×××来想办法？”

总之，父母的底线任务——把控冲突方的情绪，帮助双方理清冲突是怎么形成的，邀请双方坐下来进行协商，并为此制造合适的机会。

（四）父母在解决师生冲突时严禁的做法是：

（1）一味地替老师说好话，造成孩子感受不到理解。

（2）在孩子面前议论老师，造成管理者的权威感下降。

（3）“大事化小”“小事化了”和稀泥处理方式。

（4）试图让孩子不在意此事，等于传递信息——我对你的事情没兴趣。

（5）天真地以为发生的事情只要不管它，就会慢慢过去的。（过去不等于解决了此事，未来会为此买单。）

（6）对老师的付出缺少描述，缺少共情的基础，直接向老师反映情况，会让老师误解——你在指责我的工作！（那么必然遭到老师本能地启动自我保护，对矛盾解决更不利。）

（7）以为寻找老师的上级来干预就能解决，实际上等于把矛盾激化。（老师容易认为这是背后捅刀子的行为）

（8）以为吃一顿饭、送送礼就行了，老师出于面子和良心暂时不理此事，却让孩子更看不起老师，矛盾被激化了。

（9）请老师的同事来调解，等于把老师的“不好事情”公布出去，会引发老师启动心理防御，矛盾很可能激化。

问题12　孩子成绩不好，父母想给他补习，怎么操作才好呢？

案例：

小明现在是初一学生，从小学五年级开始，数学成绩渐渐不稳定了，波动在71～90分之间。到了初一之后，孩子学习数学越来越吃力了，自述上课经常听不懂，感觉怎么努力也是前途渺茫，渐渐产生不想上学的念头，父母鼓励、安慰多次，孩子还是上课走神、睡觉。

于是，父母建议孩子去补习数学，孩子也觉得应该补习。这是很常见的一幕，那么父母怎么操作呢？

关于补习这事，父母还真的需要小心谨慎，其实这里隐藏着一些风险。另外，父母提出补习这件事背后的心理动机，也是值得关注的。比如：父母因为自身文化水平有限，而盲目冒险让孩子补习。

父母让孩子补习，换个角度看，父母使用自身资源来协助孩子提高成绩。因此，大多数父母在补习这件事上，基本上都是从自身的资源角度去考虑，很少从孩子具体情况的角度考虑，即使有些父母考虑，也是很简单的考虑。

补习意味着孩子的一次“投资”、一次“冒险”，如果能够得到回报，那么皆大欢喜，假如得不到期待中的回报呢？那么这补习就意味着二次“挫败”、二次“打击”，最终得出认知“补习没用”“我没希望了”。

那么，父母正确的处理流程是怎样的呢？

当孩子成绩下降、听课有难度时，父母不能立刻要求孩子补习，也不能随便开始补习，但要正视、处理此事。

父母和孩子讨论补习这件事，应该在最后一步才提出补习这个想法。请大家记住，方案永远在最后才抛出来。

父母首要的任务是，判断孩子是否真的有补习的决心？如果孩子没有做好心理准备，没有最终下决心，父母就带着孩子去补习，很可能是既浪费钱，又浪费时间。

即使是孩子主动提出来要补习，父母也要保持头脑冷静，别高兴得太早。也许孩子提出补习仅仅是为了避免被父母责备呢？也许仅仅是一种冲动呢？

那么怎么知道孩子是真的下决心要补习呢？

人在做一件事之前，下了决心、意愿强烈时，会表现出几种心理状态：对前景抱有强烈期待、有仔细观察对比的迹象、有详细的计划方案、经历了心理冲突（对抗过内心反对的心声）、经得起劝阻和打击。

父母的第二个任务就是，评估孩子对于自己学习的信心如何。假如孩子信心不强，就应该先增强孩子的信心，才能保障补习行为持久而坚定。

归纳起来，关于孩子补习这件事，父母的操作流程是：

判断补习意愿—判断信心强度—激发补习动力—询问孩子方案—抛出自己方案—协商最终方案—讨论方案代价和风险—执行。

1. 立刻可以补习的情况

（1）孩子的学习情况一直不错，成绩会上下波动，而不是持续下降，即使下降也是下降时间短。

（2）新开设的课程、新的知识点没有掌握牢固。

（3）孩子对自己的学习能力有信心（非盲目自信），对于补习有明确的目标，且目标是可实现的，同时孩子也知道代价是什么。

（4）回顾以前，孩子的上课状态、作业质量、时间管理、自制力都不错，情绪状态也比较稳定。

（5）孩子有意愿的培优补习，且孩子知道会付出怎样的代价。

此时的补习胜算大，付出的代价也不会太多，且能承受，于是补习的状态会好很多，效果也容易出现。

2. 暂缓补习的情况

（1）信心没有恢复。

如果孩子对于自己的学习能力没有信心，那么补习过程中，孩子很难坚持付出，很难顶住过程中的压力，最容易因气馁而放弃。

此时的补习弊大于利，建议最好暂缓补习，先想办法激发、恢复孩子对自己学习的信心。

（2）父母提出补习，孩子立刻顺势答应。

有些孩子和父母感情好、关系好，比较容易听父母的建议，于是当父母提出补习时，孩子往往不会反驳，会表示同意。可是孩子并没有对风险和胜算进行冷静的分析。

此时补习的孩子也容易在压力面前退缩，导致父母失望、孩子委屈的结局，这样的补习依然是弊大于利。

（3）没有经过专业的补习评测。

假如孩子现在初一，数学成绩不好，那么是补习现在的呢？还是从小学五六年级开始补习呢？从哪里补起？补习什么？这些都需要进行测试，如果补习的内容远离“缺口”，那么这样的补习很难解决孩子实际的困扰，孩子依然上课听不懂，依然感觉难受、压力大。

（4）只是老师建议补习，孩子并没有表现出强烈的意愿。

（5）因为周围人在补习，而想补习。

（6）缺少详细方案、计划的补习。

（7）缺少对补习代价评估的补习。

此时的补习还是弊大于利，有可能再一次打击孩子，增加更多的烦恼。因为没有补习，成绩没有提高，孩子会感觉不开心、烦躁。可是补习了之后，依然没有改善现状，那么烦躁不但没有减少，很可能更加大了。

3. 拒绝补习的情况

（1）为了堵住别人指责而提出的补习。（带有情绪提出、答应的补习）

（2）为了交换其他好处的补习。

（3）没事做，决定去补习的。

（4）父母和孩子、夫妻之间尚未达成共识的补习。

（5）为了去交朋友的补习。

（6）补习机构掩盖补习应有的辛苦，制造快乐补习的假象，引诱孩子补习。

问题13　为什么有些学生成绩好却不自信呢？

案例：

大多数家庭是因为孩子上网成瘾、游戏成瘾的问题来咨询。偶尔也会有因为学业压力来咨询的家庭。有一名高三女生，成绩一直名列前茅，模拟考却不理想，这对孩子打击很大，以至于表示“不想上学”。这可把父母急坏了，辗转找到我这里来。

一般情况，我们对于自卑者的印象都是：垂头丧气、回避目光接触、害怕被人关注、总是独来独往、成绩低下、能力低下、没有斗志、没有目标、没有方向……

其实，这只是我们对自卑者的刻板印象，很多自卑者不易被发现，比如：有些高自尊的人，表面看很自信，其实过度的自大背后就是一种自卑。

今天，我要说的是另一种情况——成绩好却自卑。

小云，优秀的高三学生，自幼就是父母、老师眼里的“懂事孩子”，学习认真、上课认真。小云，从小就向往名牌大学，立志考上一流高中，然后进一流大学，做自己最喜欢的IT行业，或者做一名汽车发动机设计师。小学一帆风顺，初中一帆风顺，可是，到了中考，发挥失利，没考进全市最好的高中，进了排名第三的高中。

但是，这个学校不是小云最初的目标，她一下子感觉一切都完了，仿佛梦想在破灭，于是她希望高中出国读书。

父母收集了很多信息，说服小云，先在国内读完本科再出国深造。几番劝说，小云只能接受现实。高一、高二好像都还顺利，只是小云一直不怎么喜欢这个学校，总拿它跟名校比，感觉落差很大，不过小云还是计划着努力学习，将来进 Z 大。

到了高三，一模考试不是很理想，小云很痛苦，出现自残现象。父母安慰、鼓励小云，现在的成绩进 S 大都没问题，而且 S 大也是重点大学。可是小云还是开心不起来，整天情绪低落，父母甚至怀疑孩子是不是得了抑郁症。

小云主动提出去医院看病。医生认为是焦虑症，要求小云服药治疗。服药后，小云依然情绪低落，愁眉不展。

我们仔细研究她的成长经历，不难发现一个认知逻辑：我只有在优秀的学校里，才会变得卓越！她的自尊感是建立在外在基础上，并非建立在自我能力的肯定上。所以，当她感觉会进入普通大学时，那种失落、世界末日到来的感觉就出现了，于是在极度的痛苦下，开始自残。

假如，小云从小就认识到自己的能力，承认自己的能力，那么她的自信就会帮助她在遭遇挫折时，坚定地站起来，重新规划求学生涯，相信自己的未来是光明的。

父母的安慰，等于在强迫孩子接受“糟糕环境”，对孩子的自我价值系统没什么帮助，甚至可能加重她的痛苦感。孩子可能会理解为：看吧，我的父母也觉得我只能读 S 大了，完了，一切都完了，我再也没机会变得卓越了。

父母如果看透这点，那么就不会安慰她“ S 大也是重点大学”，而是带着孩子回顾从小学到高中，一路走来，探索自己的哪些具体行为、具体能力保证了她现有的成绩。

问题14　假如孩子中考失利了，父母需要做些什么？

多数学校会为学生准备心理减压活动、讲座，少数学校会同时举办家庭教育讲座，教家长如何配合孩子备考。但是人们往往忽视一件事——假如孩子中考失利，具体怎么应对？

父母的主要工作是处理孩子的失落感。

中考失利意味着孩子的学业成绩在中考前是比较优秀的，那么第一关就是孩子的心理落差。父母需要把握、理解的是，人的心理落差本质是什么？心理落差的本质属于优越感丧失造成的沮丧、失望。比如：优秀运动员被淘汰、优秀干部落选……他们的背后都有“优越感丧失”的心理感受。

优秀人士的自尊感往往都比较高，这种心理体验让人很舒服、骄傲，当遇到打击、挫折时，人感受到的是痛苦、难过、沮丧，因为挫折迫使当事人不得不面对一个事实——我不再优秀了！这是一个让人感到沮丧的认知，于是当事人会陷入痛苦之中，跟着就会陷入自责，责怪自己不够努力，责怪自己太笨，而且这种自责往往还无法表达出来，只能藏在心里折磨自己。他们需要的是宽容的环境和时间。

那么，父母需要知道孩子的心理活动本质，处理方案如下：

（1）孩子难过时，安静地待在孩子身边陪伴。不要试图安抚孩子的情绪，因为父母的直接安慰都显得“急切”，这反倒加重孩子的难过。孩子会隐约感到父母的焦虑和不开心。

（2）夫妻俩反思，自己对孩子的信心是否动摇？优秀的孩子，往往会得到父母的信任，特别是那种一直优秀的孩子。

但是，一旦孩子中考失利，难过、焦虑，痛苦的心情也会冲击父母的信心。此时就是对父母的考验，一方面要处理自身的焦虑和难受情绪，另一方面要回顾孩子的实际能力，坚定对孩子的信心。如果父母失去对孩子的信心，他们的表情会很快出卖自己，处于痛苦期的孩子能敏锐地发现父母的表情是否在伪装。一旦发现父母口不对心，孩子就会更加痛苦。

（3）等孩子情绪稳定后（这一步需要时间，时间的长短因人而异），父母找时间和孩子聊天。鼓励孩子倾诉自己的难过，鼓励孩子倾诉自责的心理，鼓励孩子说出自己的恐惧，而父母唯一要做的就是耐心地听，进行言语的跟踪和共情，不用立刻安慰。（安慰往往是在阻止对方倾诉）父母需要记住的是，倾诉就是让孩子释放情绪。

（4）当孩子倾诉完自己的感受，情绪得到了释放，此时他才会体验到被接纳。（被接纳绝不是父母说说就能实现）

（5）重建孩子对自己的信心。父母此时就可以带着孩子回顾自己的过去，找寻那些隐藏在事件背后、隐藏在分数背后的能力。比如：某年某月某日里，你为了搞懂一道习题，连续练习了3小时，显示了足够的耐心和毅力。

（6）当孩子在父母的帮助下重建了对自己的信心之后，父母可以和孩子共同考虑未来计划。这一步也是最简单的一步，也是家长们擅长的一步，却是最后一步。遗憾的是，大多数父母把这一步提前到了第二步，甚至孩子中考失利后，还在痛苦之中时，父母就急于和孩子讨论未来计划。父母的逻辑是，讨论未来的计划可以帮助孩子站起来，其实这个逻辑是错的，因为在孩子的情绪没有缓解、信心没有回归之前，讨论未来的计划只会加重孩子的压力和焦虑。

假如孩子失利的确有自己不足之处怎么办？

如果孩子中考失利的原因里，的确有自身的问题，那么父母也是在做完前面6步之后，在讨论新计划时，顺便引出话题——你以前的不良习惯和新计划的冲突。

问题15　假如孩子学习习惯并不好，但是中考考得不错，父母需要做什么？

案例：

小明，高一男生，就读的初中在本市属于中等初中。小明初一成绩一直不错。在初二阶段，曾经因为电子产品使用问题和父母发生争执，不过父母处理得还算不错，没有伤到亲子关系。到了初三，小明想考最好的高中，于是开始努力。最后几次模拟考，小明基本上超过了本市最好高中的招生线，进入自己向往已久的学校应该没有问题。小明最后考进了本市最好的高中，只是年级排名在中等偏下的位置，家人和他自己对于这个结果是满意的。

像这种情况，多数家庭和孩子在初三这个暑假是绝对开心度过的，因为结局双方都很满意。

那么这是否需要注意什么呢？

假如你的孩子也是这种情况，这里需要关注几个重点信息：

（1）高中学业难度会远远高于初中，那么孩子的学习习惯、学习方法对高中的学习是否有潜在风险呢？他建立的学习认知体系是否有风险呢？

（2）在暑假完全放松的情况下，电子产品使用、生活起居习惯等是否会形成干扰呢？

（3）考进最好学校，孩子的自我认知、自我期待会不会发生变化，出现过高期待和认知呢？

从实际案例来看，这3点都出现了问题。

小明初中凭借自己的智力，比较轻松地获得了较好成绩和排名，他单凭上课听课理解，做完作业就够了，没有“刻意练习”。小明没有意识到自己的这个习惯存在风险——遇到难度增加的高中学业，这种习惯很难得到好的成绩。另外，小明形成的“学习认知”是考试前突击复习来得及、文科类的背诵可以暂时放一放，随时可以突击赶回来。这些认知实际上都是高风险认知，突击复习出现效果的前提是知识难度不大、量不大，可是高中不是这样的情况。

暑假里，小明也是敞开了玩电子游戏，其中几款游戏都是长期玩的，进入高中后自然放不下。为了继续玩，小明偷偷躲在被窝里玩。进入高一，小明想把自己的数学提升起来，他决定暂时放一放文科类学习，把节省的时间和精力用来主攻数学。这样的想法其实很冒险，冒险在于——数学能否快速赶上来呢？另外，腾出的时间，又要面临游戏的诱惑。最终的结果是，数学没怎么提升（中途也尝试过补习数学），而文科类的优势科目却变成了“困难科目”，这样总成绩大幅度下降，老师、父母再来批评，自己的手机又被没收，种种不开心的事情全来了。小明陷入了情绪严重烦躁状态。

老师觉得他情绪有问题，建议父母带孩子去检查，孩子被诊断为“中度抑郁症”（这个诊断有疑点，因为症状出现时间并不长，可能属于抑郁症状，并非抑郁症。）。诊断出来后，小明开始服用药物，药物进一步干扰了学习效果，站在小明的角度体验一下：一堆烦恼没有解决，感觉每况愈下，学习信心开始遭受打击，他失去了对自己的信心。现在到了高三，小明的学习状态十分不好，萌生了自暴自弃的念头，打算随便考个二本算了，毫无斗志。

从这个例子里，我们需要汲取很多经验：

（1）初中升高中，孩子的学习习惯、对学习的认知，需要父母留意，评估里面是否有风险。

（2）孩子如果中考考得特别好，父母需要找时间了解，对于这个结果，孩子怎么看？高风险的认知是“说明我很厉害”，中等风险的认知是“说明临时努力是可行的”，低风险的认知是“我知道自己的实力，以及自己的学习习惯怎样，这次考得好有一定的运气成分，进入高中可能一切都不一样”。

（3）中考后的暑假，特别是后半段需要和孩子坐下来，谈谈即将开始的新生活，自己的生活安排要有所调整。

（4）孩子的任何想法、计划，父母需要多和孩子讨论，必要的时候可以一起找专业人士交流一下。

（5）假如孩子真的搞砸了，父母要勇于接受这个结果，父母越早站起来，孩子越容易感受到支持，从而站起来。父母的抱怨、指责背后意味着，对于这个糟糕的结果，父母内心是不能接受的。

问题16　父母觉得孩子学习没动力，专家却认为是父母给的压力太大，这怎么办？

案例：

人宁愿承认自己是“受害者”，也不愿意承认自己是“失败者”，这种非理智的心理活动非常普遍……夫妻俩第一次带五年级孩子去咨询，是因为孩子学习不在状态，作业经常不能按时完成。

在咨询室里，父母抱怨孩子的学习状态，没想到的是专家分析认为：父母对孩子的教育太严厉了，导致孩子的压力太大，心情不好所以不去上学。

孩子得到了“支持”，回家后就开始责备父母——都是你们把我害成这样！我现在不去读书了。

这种解释其实有点“不负责”，父母给孩子的学习压力怎么大呢？上课学习属于分内之事、完成作业也是分内之事。

压力大一般是指3种情况：数量超限、内容范围超限、要求超限。从背景案例来看，都不属于这3条，所以专家的解释有点问题。

于是，从那天开始，孩子果然不去上学，也不敢出门，不想见到熟人，在家里要父母的手机玩游戏。可是，有了游戏玩之后，依然骂父母、责备父母，不给手机就砸东西，拒绝和父母交流。

事情为何发展到这一步呢？

孩子的指责、发火，使父母委屈的同时又不得不妥协，使父母也开始自责和无助，强烈的无助下，父母也会埋怨孩子的“不是之处”，引来孩子更大的愤怒，事情越搞越糟。

孩子真正的问题是“我看不到希望，我不知道该怎么办？”所以，即使归咎于父母，依然没有让自己感到解脱，没有解脱就继续烦躁，就会继续责备父母来缓解自身的焦虑。

然而，孩子责备父母对自己并没什么实际的好处，问题不仅没解决，还导致父母沮丧。父母的沮丧更加让孩子感觉前途茫茫，焦虑增加，甚至自暴自弃。而游戏只是给了孩子一个短暂的情绪出口，所以他玩游戏的时候，也并没有表现出快乐与解脱。他宁愿承认自己是受害者，也不想面对自己是“失败者”的感觉。

破局之道就看父母能否找到自己的“信念”，坚强起来。而父母要想坚强，就要识破孩子的愤怒表象，发现孩子的无助与迷茫不安。

父母认清孩子真正的问题之后，能帮助自身镇定下来，也就带动孩子镇定下来，这为解决问题打下良性基础。

全家都镇定之后，就可以开始正式分析问题了，孩子对自己前途看不到希望是基于哪些事件呢？这一步可以通过家庭会议的形式交流找到，也可以全家一起找专业老师一起分析找到。

根据分析，我们发现孩子对于网课学习的感受是无聊、理解知识点有难度，连锁的反应是作业写起来困难。

另外一个原因是，孩子居家学习，父母上班不在家里，孩子在无人监管下自由支配自己活动，这背后隐藏的问题是从小孩子被培养得我行我素。（父母学习错误的教育方式，从小在原则事情上，过多让孩子自己选择、决定、拿主意，于是孩子被培养成了我行我素的生活习惯。）

分析了众多原因后，父母开始用一对一咨询的方式学习“交流聊天”“科学管理”等知识，父母知道自己的任务目标：

（1）用有效交流改善孩子的学习观。

（2）科学管理，培养孩子认清自己的身份和责任。

父母清楚知道自己要干什么后，镇定下来，全家心情都变得轻松起来，孩子也愿意听听父母的建议，也渐渐接受父母的观点。

大概 3 个月后，进入暑假，孩子同意九月份开学就回学校。

问题17　孩子中途要转学，父母怎么操作更好？

孩子在学校被老师多次投诉，要转学，父母应如何应对？

几乎 99% 的孩子被迫转学都是往“下一级学校”（比现有学校弱的学校）转学，很少是往高处转学。所以，被迫中途转学基本上都有“退缩动机”存在，有了这点父母处理此事就要谨慎小心了。建议父母的操作流程是：

第一步：不要着急立刻答应孩子的要求，更不要立刻拒绝孩子的要求，保持中立，可以仔细询问孩子转学背后的故事，并做好记录、复述，并告知孩子这事需要父母仔细考虑再决定。

第二步：父母讨论。根据孩子提出的要求，父母进行初次讨论，做好分工准备展开“信息收集”工作。因为孩子提出的要求往往不是真正的原因，甚至多数时候，孩子本人并不清楚自己为何想转学，有些原因孩子是不愿意承认、面对的，直接询问孩子往往得不到答案，需要父母自己去寻找、分析。

向学校老师了解孩子在学校、班级的情况，调查孩子是否在学校遇到了特殊事件。比如：受到欺负的情况等，因为这类事情而转学，意味着孩子可能承受不住压力和打击，暴露孩子的承受力问题，这个问题不解决，即使转学了，也可能再次遭遇这样的问题。

第三步：收集最近半年孩子的月考成绩数据，询问老师孩子学习状态，重点询问：上课状态怎样、作业质量等相关信息。

第四步：夫妻俩根据收集到的信息，试着分析孩子提出转学的真正原因，如果分析不出来，最好找专业人士询问。（务必形成观点）

第五步：根据分析出来的原因，夫妻俩讨论处理方案。

同意还是不同意？同意的理由是什么？同意的风险又是什么？怎么规避这个风险？比如：孩子因为心理压力导致的转学，轻易转学对孩子心理素质的提升没有好处。再比如：出于客观的情境（就读学校的师资差、学生素质差等）导致孩子自身提出的转学要求的话，父母需要帮助孩子进行准备工作；若是父母主动提出转学要求的话，不得以欺骗、威胁、利诱等手段，而是用坦诚、不隐瞒的方式征得孩子的同意。

第六步：召开家庭会议。

需注意的是：家庭会议不是简单地讨论转学、拒绝转学，而是讨论转学事件暴露出来的动机、需求，以及转学是否能满足这些需求？是否能解决问题？最后三方达成共识后，才进入讨论转学的后续工作。

第七步：处理转学的后续工作、不转学的后续工作。

假如不再转学，那么这个后续工作就是——处理孩子情绪，讨论解决孩子遇到的困难的新方案。

假如同意转学，那么这个后续工作就是——转学准备工作。

具体的内容有，父母和孩子一起先行收集相关转入学校资料，并与孩子共同商量想要转入的学校情况，从多方面进行讨论，如：交通环境、学校的环境、教师的能力、学生的素质等，针对这些收集的信息讨论转学后可能遇到的问题是什么？这些新问题如何处理？假如转学后我们期待的情况没有出现怎么办？假如转学后情况比以前更糟糕怎么办？

有些父母此时会和孩子一起参观新学校的环境，如食堂、宿舍、操场、教室等，这个是可以考虑的方法之一，可以的话带着孩子参观正在上课的教室，让孩子大脑形成一种概念“以后我可能在这里上课了”，还可以事先准备好一些问题（学校之前有没有过转学生？他们的适应情况怎样？同学对他们的态度怎样？）。在参观学校的时候，向学校老师进行提问，尽可能详细地多方面地了解新学校。

第八步：最后的准备工作。

在参观完学校后，父母与孩子再一次讨论——关于进入新学校可能会遇到的问题。如“跟不上学习进度怎么办”“如何融入新的宿舍环境”“与班级同学发生矛盾怎么办”“想念旧学校的同学怎么办”“怎么认识新朋友、新同学”等。

因为前面的讨论是建立在“没有实地考察”的基础上，在进行了实地考察之后，我们还要讨论一次可能遇到的问题。

第九步：转学后的跟踪阶段。

在孩子正式转入新学校之后的一个月里，父母密切关注孩子的状况，可以以闲话家常的方式跟孩子多聊聊在学校的生活情况，不仅仅关心学习成绩，更要关注孩子是否适应新的环境，随时做好帮助工作，但是警惕不要过度保护。

问题18　孩子放学回来说老师坏话，父母该如何处理？

关于这个问题，我先来考考读者，你不要急着看答案。

案例：

孩子：“老爸，我们数学老师的外号好可笑，你知道不？”

爸爸：“学生怎么能给老师起外号？”

儿子面露不悦地说：“又不是我起的花名，是同学们私下里叫她‘蓉嬷嬷’。”

爸爸继续说：“别人叫老师外号不对，我们不管他，反正你不能这样，不礼貌！”

儿子已经很不悦了：“我知道，好烦啊，不想说了。”

爸爸继续说：“学生就要尊敬师长，怎么能这样……”儿子站起身进屋了，留下爸爸一人在客厅继续演讲……

问：这个例子里，父亲的失误有10处！你能发现多少呢？

分析父亲聊天的失误：

（1）爸爸提前转移谈话方向，阻止孩子进一步倾诉。（应该顺着孩子的话题继续聊：什么外号？怎么可笑？）

（2）过早表态，而且显得暗示孩子不尊重老师（做学生应该尊重老师），使孩子感到被冤枉，所以面露不悦。

（3）孩子表达委屈时，父亲没发现，进一步继续评价。

（4）教孩子当“假道德卫士”，实为更糟糕的旁观者。（别人怎样我不管）

（5）妄加评价，让孩子更加委屈。（反正我不允许，你这样对老师不礼貌）

（6）孩子表达情绪“烦死了”时，父亲再一次忽视了，没有共情，造成后面谈话更加无效。

（7）指令空洞。（做学生就是要尊敬师长）

（8）孩子情绪升级为用行为表达（进屋），父亲依然没有处理，父亲只顾着满足自己的演讲。

（9）打断孩子说话。

（10）没有关注的肢体符号，比如：眼神关注、身体前倾、肢体抚摸……

假如你能发现5个错误，您的聊天技术属于及格水平，如果你能发现8个，那么你的水平属于“优秀”，如果你能发现 9 个，恭喜你！你的聊天水平属于“优质”！

正确版本：

孩子：“老爸，我们数学老师的外号好可笑。”

爸爸：“什么外号这么可笑。”（跟随话题）

儿子说："同学私下里叫她'蓉嬷嬷'。"

爸爸继续说："看来同学们不怎么喜欢她吧？怎么回事呢？"（根据外号回应感受）

儿子："她又唠叨，又喜欢骂人。"

爸爸："她也骂过你？"（根据骂人这个词回应事情）

儿子："这倒是没有，我一般不怎么理她。"

爸爸："你不喜欢她吗？"（根据不理她这个描述回应感受）

儿子："不算不喜欢，就是觉得她太唠叨。你知道吗，有一次……"（耐心不打断地倾听）

爸爸："明白了，唠叨是让人不舒服。不过你知道，她始终是你老师。"（最后表态）

在这段聊天里，爸爸使用的就是我们培训时讲的"铺垫式聊天"技术，爸爸的中间环节其实都是为了最后那句话作铺垫，他对孩子的情绪、感受一一作了回应，使孩子情绪愉悦，为接受最后的建议作了充分的铺垫。

父母遇到这类事情处理，首先应鉴别是"偶然性、第一次"说老师坏话，还是"多次说老师坏话"呢？

我们先说说针对"首次说老师坏话"的建议流程：

（1）判断情绪级别。

孩子说老师坏话时，作为父母，首先从孩子的语气、语调、表情、肢体动作，以及"坏话"关键词的级别来判断孩子的情绪级别。

通常，情绪越强烈，"坏话"级别越明显不同往常。同时，父母需要提醒自己，别被孩子的情绪影响了。同时提醒自己，孩子可能经历了某些事件，才会说老师坏话。

（2）情绪处理。（情绪处理过程有时候贯穿整个询问过程）

假如，孩子情绪激动，先安抚孩子情绪，可采用更换环境、身体安抚、转移注意力等方式处理。

假如，孩子情绪级别不高，那么直接进入下一步，先不用处理情绪，情绪可以缓一缓再说。

（3）收集信息，还原事件。

根据“5W”的方式还原事件，包括：when/where/who/what/why，就是：在什么时候？在什么地方？和谁？干了什么？为何而干？

孩子在表达时，父母不能轻易表态，自己的观点要克制住，只是询问细节，通过提问引导孩子补充完整内容，仿佛在把“录像带”补充完整一样，尽量还原事件。

此处父母切忌表态太早，避免话题终结。比如：学生怎么可以说老师坏话呢？这个观点一出来，就等于堵住了孩子的嘴，不利于孩子继续表达。

（4）翻译孩子要表达的感受。

这一步就是根据孩子主诉的内容，翻译出他实际想表达的感受是什么？并且父母还要用自己的语言清晰地说一次，这样才有证据显示“我明白你的意思了”。

（5）在事件中找到孩子的积极面。

“说他人坏话”属于语言上的情绪化表达。此时的孩子，没有当着老师的面进行语言攻击，也没有伤害他人身体，更没有毁坏物品，说明孩子还是具备一定的自我情绪管理能力。

（6）找出需求。

从内容上看，“说老师坏话”往往属于“投诉”，所以这里隐藏着孩子的需求。父母用自己的语言把孩子的需求说出来，增加孩子对自己言行的认知，这就是在帮助孩子认清自己、了解自己，提升孩子的自我认知就是在帮助孩子成长。

（7）处理事件。

最后，父母可以询问孩子“需要我们做什么吗？”，以及父母自己心里要有数“我能做什么？”再和孩子一起头脑风暴，下次遇到同类事件，还可以怎么办？

接下来，我再说说“孩子多次说老师坏话”怎么处理？

假如你的孩子多次说老师坏话，我相信你以前也多次教育过孩子，但不知什么原因就是收效甚微。那么，不管你前面都是怎么操作的，现在建议你这样处理，试试看效果怎样。

1. 分析过往失败原因

（1）根据“5W”的模式，回忆孩子都是怎么说的？

（2）回忆夫妻俩当时都是怎么处理的？

（3）夫妻俩试着回答以下几个问题：

我们当时处理孩子的情绪了吗？处理的方式科学吗？效果达到了吗？

我们当时有详细还原事件了吗？孩子倾诉时，我们是否最后表态？有没有打断孩子说话，然后急于说教表达自己的观点？

我们翻译出孩子说坏话背后的感受和需求了吗？

假如我们明白孩子的感受和需求，那么我们是否用自己的语言表达出来了，是否使孩子感觉到了父母能够明白他在说什么？

父母通过回答上述问题，就能发现自己做错了什么。

2. 总结教训，重新开始

总结完教训后，父母也知道了自己过往的失误。那么接下来，父母就要好好利用这一次的机会。具体步骤，就参照前文去操作。

问题19　父母如何高效利用学校的开放日公开课？

很多学校都设有面向家长的开放日公开课，父母们有的有空才去，有一些干脆不去，觉得自己又不是老师，也不懂教学，去听课意义不大。

其实，这些父母并非不重视教育，他们可能仅仅是不知道怎么利用开放日的公开课，也不知道去听课要听什么。今天我就来重点介绍，如何科学地利用公开课。

我要特别提醒小学低学段父母，一定要参加学校的开放日活动。有家长不明白参与听课的目的，那么我要告诉你有以下几个任务要在听课中完成：

（1）认识孩子的科任老师。并且通过听课去归纳这个老师的性格、上课特点、上课的状态，将来和孩子聊到此人时，才会知道孩子说的是什么。（才会有共鸣）

（2）认识小学老师的授课方式。

比如：语文课中形象思维所占比例？怎么用生动故事启发学生想象力？怎么教孩子认字和造句？如果要辅导孩子学习，最好和学校老师的授课方式保持相同风格，帮助孩子在这种风格中体验获得感和成就感。这样才有助于孩子在课堂上同样有获得感，这对于保留孩子学习这门课程的兴趣很有帮助。

数学课老师怎么授课？画图解题是怎么做？应用题老师怎么操作？

当父母模仿学习老师的方式时，回家保持同步，对孩子才有利。

假设，老师用画图解题来计算应用题，父母却采用以语言为主的抽象推理思维，那么有可能造成孩子接收信息时感觉枯燥。

总之，父母在公开课中，要认真记录老师授课方式、风格、语言特色，然后尽力按照和学校同样的方式在家里辅导孩子，这样的家校合作才是最佳方案。

父母不能把公开课开放日当作例行公事一样，在那里看看热闹，甚至都不想参与，认为那是学校的事情，那么这样的父母也是在赌博，赌的是孩子的天生兴趣就高，而实际上不是所有孩子都天生对数学、语文、英语有旺盛兴趣。

问题20　孩子成绩始终一塌糊涂，父母如何应对?

孩子成绩始终一塌糊涂该怎么处理?

首先，我给父母提供的是一个参考模板，它不是十全十美的方案，它仅仅是提供给父母参考的行动流程。根据影响力大小、风险大小评估，遇到孩子成绩始终不好时，父母怎么做?

（1）要先排除大脑功能的原因，办法就是在专业机构做测试。

大脑的功能包含：自制力、情绪管理、理解力、阅读能力、语言能力等。每个孩子的大脑功能发育的时间、速度、程度都略有不同，并非所有孩子都一起发育。比如：某小学二年级孩子，至今无法造句、无法述说长句，只能说一些短句，而且不愿意说话，喜欢画画。那么我们更容易怀疑其语言功能发育出了状况，需要父母带他进行科学的测试。

孩子的学习成绩其实跟孩子的智力结构、大脑功能、师生关系有着密切的关系，遇到孩子成绩十分糟糕时，父母的第一步就是判查孩子大脑功能以及智力发育是否出了问题。

（2）考虑师生关系。

影响学生学习动力的往往和师生关系有关。因此父母要判断孩子成绩一塌糊涂，是否是因为不喜欢某个老师，或者是因为与某个老师发生矛盾冲突造成的？那么，父母如何判断是不是这个原因呢？一般的策略是通过和孩子聊天来判断。需要注意的是：建议父母在了解这个情况之时，谨慎对待，最好请教专业人士，学一学怎么聊天。除非你接受过专业的沟通培训，否则很可能做出错误处理。

比如：

儿子："我不喜欢袁老师。"

妈妈："为什么不喜欢他呢？"

儿子："他骂我。"

妈妈："老师批评你，也是为你好啊！"

这样的对话就属于低效的对话，父母的初衷是希望通过对话来安抚孩子情绪，改变被批评后的情绪。可是，这只是父母的一厢情愿。事实上，孩子在听到这样话语之后，脑子里的感觉是"妈妈替别人说好话，妈妈不理解我"。

正确对话应该是：

儿子："我不喜欢袁老师。"

妈妈："怎么了？"

儿子："他骂我。"

妈妈："那你肯定不开心了，跟我说说怎么回事？"

儿子："……"

在处理孩子和老师之间的矛盾、误会这种事情上，父母要特别谨慎，通常父母的逻辑都是偏袒老师，觉得这样做站在了“正确的立场”之上，可是这样做不符合人性的规律、心理的规律。采用这种方式交流，往往事与愿违。在解决师生矛盾这件事上，最难的就是修复那种发生过激烈冲突的师生关系。这种情况建议父母寻找专业人士介入调和，因为这个已经超过父母的能力范围。

（3）判断学习方法问题。

父母第三步要考虑的就是孩子的学习是因为以前基础薄弱还是现在学习方法不佳这两个因素，那么父母需要仔细询问科任老师，他们知道孩子的考试情况，可以看出孩子的成绩不佳是因为基础不好还是方法不对。父母可以通过询问科任老师来得到专业的分析，然后再和孩子进行一番聊天。此时父母需要使用专业的聊天技术，去给孩子重建信心。

比如：“我知道你觉得……我明白你的感受……如果付出努力得不到回报，让人觉得很气馁，好像显得自己更笨……我们希望你相信自己就像我们相信你一样……我们可以做……”

这种方式的对话才是在鼓励！

当通过专业聊天恢复孩子内心对自己的信心之后，补课往往才见效。语言是打开心灵的钥匙，父母需要谨记。

（4）判断学习氛围是否存在干扰。

这个干扰来自两个层面：

①家庭氛围。家庭环境吵闹、繁杂；家庭成员没人喜欢学习；总有人打压、挖苦、讽刺孩子的学习现状；家庭成员情感冲突，家庭环境不稳定；父母缺少和孩子的交流，孩子处于孤独、寂寞、自卑的心境；家庭经济不稳定，生活不稳定；家庭里充满不良诱惑源，如电子产品；父母不善于科学管理，只会简单粗暴地管理。

②校园氛围。班风、校风混乱；孩子在学校被孤立、被排斥、被威胁；教室学习条件差；老师教学手段落后、单一；老师教学质量低；老师不会沟通、不会管理；校园周边环境充满不良诱惑；校园安全不稳定。

如果父母经过自查，发现孩子的学习氛围存在上面的情况，怎么办呢？学校氛围父母难以改变，但是至少可以把自己的家庭环境尽量改善！

通过这篇文章，我希望父母高度重视自身的学习，这个学习不是求助，不要指望别人帮你解决烦恼。专业人士帮助你，也不是代替你行动。当然父母们还要擦亮眼睛，鉴别各种方法。当然最重要的是别紧张，不要动不动就发脾气，一定要控制住自己的情绪。

最后，我送各位一句话——父母不是缺少方法，而是缺少执行方法的能力！

问题21　孩子换了老师，怕孩子不适应影响学习，我该怎么办？

换班主任在小学是很常见的事。据研究，它利大于弊，父母首先无须为此事太紧张。

因为在一、二年级，学生往往怕老师、还没完全适应小学校园，他们的行为好管理。到了三、四年级孩子基本上已熟悉校园，行为也就大胆了，这个时候对管理者的要求就高了，往往因此换班主任。

三年级的知识和一、二年级的不一样，内容增多了、难度加大了、作业量也大了、作业难度也大了，所以要求匹配的老师的工作侧重点、方式方法都要有所改变，因此，大多数学校比较倾向于在三年级换班主任，因为这样利大于弊。

有很多家长会向我提出，他们担心孩子由于更换老师，不适应而影响学习。

那么，这个问题该怎么解决呢？

父母们要摆正对此事的看法，不用太焦虑。换了老师，孩子并没出现不适应问题时，父母就别自己吓自己。更换老师，这是学校正常安排，父母可以关注，但请控制好情绪，做以下几种准备。

孩子处于三年级、五年级、初三这几个学段时，更换老师的可能性比较大。那么父母需要提前做好准备，并帮助孩子做好准备。

（1）收集现有的。在二年级、四年级、初二时期，父母经常有意识地收集相关老师的信息，特别是孩子对他们的感受。另外，父母可以利用每一次开家长会的时候，主动接触每一位老师，并尝试去认识他们，了解他们的特点，形成自己对这些老师的感觉和观点，凭借这个可以和孩子保持“共鸣”。

（2）收集期待。父母通过自己的了解，以及和孩子聊天，掌握孩子对某些学科、某些老师所抱有的“期待”。

（3）提前演练。父母根据第一步、第二步所了解的信息，利用平时的时间和孩子讨论假如到五年级的时候，数学老师被换掉了，你可能会遇到什么？感觉会怎样？我们能做些什么？

由于，父母和孩子未雨绸缪，提前做好准备，那么即使真的更换了老师，影响也会减少很多了。

通过仔细研究，我发现换老师会影响学习主要有三种原因：

1. 孩子习惯前面老师的风格，跟不上现在老师的风格

为了便于理解后面解决方案，父母需要知道，孩子上课时，他的大脑运用的是识别声音符号、理解词汇意义、声音转换图像等功能，大脑

的听觉、视觉、语言、思维等区域都要参与进来。

由于孩子这些方面的大脑功能是相对稳定不变的恒定值，老师的上课方式、方法也是相对稳定的恒定值，两个恒定值碰到一起，成绩就是双方磨合的共同结果。

当遇到新老师时，新的老师上课风格与以前老师不同，必然产生新的磨合结果（成绩出现波动）。很多父母能够发现自己孩子在换老师后，成绩出现了波动，但是说不清到底是什么原因造成的。

经过仔细研究，我们发现老师说话的速度、口音（普通话标准程度）、口头禅、音调高低变化都会影响孩子是否快速听懂老师在说什么，是否能准确理解老师的意思。

所以，父母在孩子换了老师后，需要了解一下新老师的语速、口音、口头禅、音调高低变化、教书年限、以往学生成绩等关键数据，再拿着这些数据比对以前的老师，进而分析出孩子不适应的具体原因。

比如：小明以前的数学老师，说话比较慢，普通话也很标准，语气语调都显得温柔不着急。语速慢、口音清晰有利于学生听懂、听清楚。

语气语调的温柔，则容易让小明听课时心情轻松。

此时，小明换了一个新的数学老师。她的语速偏快，语气语调也比较急，因此小明听课的心情估计会比以前紧张。好在这个老师普通话很标准，那么理解词汇方面，影响不大。根据这些，父母可以预测孩子更换新老师后，可能有一个适应期，这个适应期间，孩子的数学成绩有可能会下降一些。

因此，父母做好了心理准备，当小明换老师后的第一次数学考试，父母并不是十分紧张，反而安慰鼓励孩子，并积极地帮助孩子重新温习书本。

2. 孩子抵触、拒绝现在的老师

这种情况往往出现在“被迫转学”的孩子身上，被迫转学的孩子往往会怀念以前的老师和同学，而不接受新的老师和同学，于是这时孩子会出现一些抵触新老师、抵触新同学的行为。比如：上课发呆想以前的同学、上课精神低落、上学的心情低落、拒绝主动回答新老师提问（以前喜欢主动回答问题）、课间喜欢一个人待在座位上、拒绝与新同学交往……

那么，此时父母怎么办呢？

孩子出现这种情况，本质是在和父母的草率行为“闹情绪”呢，因此，需要父母去善后这件事（转学）造成的影响。

此时父母关注点不要集中在孩子对老师做了什么，孩子是通过拒绝老师来表达“我很不爽！”。父母的关注点是孩子心里的不爽情绪，因此通过专业的聊天是可以处理掉的。

3. 孩子并不拒绝新老师，只是太怀念旧老师、旧同学、旧学校

处于这种状态的孩子在情绪上的表现和前一个情况完全不同，前一个情况中，孩子的情绪往往带着生气，而这种状态下的孩子情绪却往往是难过。

最常见的表现就是：上课情绪低落，经常无故流眼泪，课间也喜欢待在座位上，但是看得出来心情悲伤难过。他们很可能感到孤单、难受，对一切事情都打不起精神。

遇到这种情况时，父母应首先关注孩子难过的程度和时间长短，因为这种变故磨难也是需要给孩子一些时间去处理。所以，父母达成共识，悄悄给孩子一段时间，一般我们会建议父母给孩子的期限在1—3周，

看看孩子能否自行处理好。

如果过了3周孩子还是没有好转，甚至还越来越糟糕，那么父母才出手帮助。

一般这种状态下，父母可以考虑找学校专业的心理老师，请心理老师和孩子聊聊，特别是在学校里，孩子很容易触景生情，思念以前的老师、同学，此时他们需要有专业人士给予帮助。

父母在家里不能做的是：谴责孩子的感情、简单化这种情感、说教强行让孩子放下情感、轻言转学回去。

父母可以做的是：陪伴、倾听、安抚、转移注意力、带孩子运动。

问题22　孩子做出一些不冷静决策，父母直接找班主任好吗?

当孩子遇到麻烦，做出一些不冷静决策（比如：不去上学、非常反感住宿、不参加考试），此时，父母会十分焦虑，很想尽快解决问题，会容易萌生一个念头——去找班主任。

这时候，我往往会建议父母在行动之前，先冷静，试着回答以下几个问题，然后再行动。

（1）我现在情绪是冷静，还是焦虑？是生气，还是平静？

（2）这个班主任，我熟悉吗？他此时可能在忙吗？他经验如何，我了解吗？

（3）我找班主任是投诉吗？还是求助？还是商讨？

（4）我找老师是因为我知道“这是我要处理的事”呢，还是“我觉得这是班主任的事，我需要告知班主任”呢？

（5）我是否已经想好了，见到班主任要说什么？第一句说什么？

（6）我是否有必要和我的“顾问”先讨论一下？或者找一个我信

任的专业人士聊聊？

为什么父母在找班主任之前需要想这几个问题呢？

因为，班主任的时间会被很多事务占用，此时，父母贸然去找班主任，没有做好准备（形成自己解决问题的初步想法），这样对解决问题帮助不大。

同时，班主任怎么解决这件事，又很难预测，这取决于班主任的经验多少，管理水平的高低，综合起来看，贸然行动风险很高。

基于这种现实情况，我建议父母在孩子出现一些不冷静的决策时，第一时间稳住自己的情绪，接着稳住孩子的情绪。然后给班主任发信息，告知孩子的情况，并请班主任介绍一位教育专家，自己先和专业人士聊聊，目的是形成“初案”。

这样做的目的是：先不给班主任增加压力，但要让他知道此事，也知道父母积极处理此事的态度。由班主任介绍的教育专家，一般公信度还是比较高的。而且，通过与班主任介绍的教育专家合作，将来有需要找班主任配合的时候，班主任也容易合作。

问题23　经历重大事件之前、之后需要做什么准备呢？比如：复读、休学后重返校园

父母需要记住的是：重大变化前后需要做的准备在三个方面。

一、心理准备；

二、认知准备；

三、技术准备；

那么我分别给你做一个介绍，具体该如何操作。

一、心理准备

1. 事件发生前的心理准备

事件前，人会自动评估风险、预测胜算，此时常常出现的情绪是紧张、焦虑、兴奋等。

父母需要做什么呢？

（1）把显露情绪隐藏起来。

微笑、轻松地询问孩子：“想到复课，是什么情绪？”“想到复课，有什么感觉呢？”

（2）询问情绪（感觉）程度怎么样？是否需要处理？

微笑、轻松地问：“严重吗？”“要我帮忙吗？”

（3）表达自己对这种情绪（感觉）的理解。

尽量用简单的语句、轻松的语气、镇定的表情，说说自己对于这个情绪的理解，比如：

“我想你只是害怕跟不上，不代表真的会跟不上。”

“我觉得，你的兴奋是因为你觉得大家和你一样，上网课效果不好。”

“你回学校心情好，是因为在家里待得烦了。”

（4）结合孩子的学段，看看孩子的心态是否需要调整。

非常放松、非常紧张、非常兴奋的心态都是需要父母提醒的心态。

注意：提醒不等于“下断言”！

“太放松容易麻痹”——提醒。

“这么放松你会吃亏的”——下断言。

2. 事件发生后的心理准备

这个是指事件发生后，在孩子即将采取任何行动之前，进行心理方面的准备和讨论。

（1）行动前，问问对方当下心情怎么样。

比如：小明这次考试，语文考了历史最低分，他一回家就说："你不用说，我知道什么问题，就是作文耽误时间，现代文阅读没时间做了，我自己会想办法的，不用你管。"

妈妈："你好像很不开心，怕我骂你？"

因为人在焦虑、愤怒、沮丧情绪推动下的行动，基本上都是不冷静的行动。

（2）提醒对方此时的情绪（心态）对行动的影响。

比如：

"你现在正处于沮丧之中，这种心态下去补课效果会受到严重干扰。"

"如果你想补课有用，我建议你过几天，等恢复平静后再决定。"

二、认知准备

在所有准备中，它是最重要的一项准备，但必须放在第二步，在心理准备结束后，才能进入认知准备。

在事件发生之前，父母了解孩子对于事件的相关认知是什么。

很多父母理解错了教育目标，教育不是给孩子扫清困难，也不是叫孩子听话。

而是给孩子真正需要的东西——强大的认知能力。

认知交流四大优势：不需要天天在一起才能做、不需要很复杂语言做、不需要一次就搞定、机会随时随地都有。

对于复读，父母需要了解的认知包括：

（1）"你想复课吗？"

想——“怎么讲？”——引出他向往的东西。

一般般——“怎么说？”——引出他具体的感受。

不想——这是不容易暴露实话的回答，需要父母进行一定的共情——“这个我理解，春节后我也不想上班，因为我还没休息够，说说你不想复课是因为什么呢？”（务必保持亲切，因为这些回答可能会有道德压力）

（2）“上网课这么久了，你有什么顾虑吗？”

有——“什么顾虑？说说看。”

没有——这个回答可能意味着“对展示答案有顾虑”，需要父母承诺、共情、安抚、鼓励，“你是担心说了实话会被我唠叨吧，我保证不唠叨，我只是想知道你真实的感受”。——我真的没什么顾虑——父母赶紧收口，表达一下自己的想法“我相信你，不过你知道，我们是有一些顾虑的”。（认知交流不是辩论，交换思想是重点）

（3）对接下来的事情有什么认知？

“你觉得复课后，第一周会发生什么事？”

肯定会考试——“你感觉怎样？”

没什么事情——“假如一上来就考试，你感觉怎样？”

感觉没什么——“你是不担心吗？”

感觉有点紧张——“你担心什么呢？”

假如聊天到此时，双方情绪都很放松，那么从对“事件的认知”中，父母需要最后聊到“自我认知”；

比如：

小明：“我觉得假如真的要考试，我最担心的还是英语，不喜欢它，一直都不喜欢它，网课也没怎么听。”

爸爸：“我觉得你对学英语没信心了。”（探索自我认知）

小明：“英语很枯燥、无聊。”

爸爸：“这个我能理解，那你对学英语有信心吗？”

小明：“我觉得自己没什么底气。”（暴露自我认知）

爸爸：“嗯，记住，不能用英语成绩评判自己这个人，这个只代表你的英语水平而已。”（改写自我认知）

高质量聊天（建设性聊天），是指孩子的认知在聊天中有所成长；但是，它绝不是父母直接灌输认知，而是在孩子的陈述中呈现出认知（需要得到孩子承认才叫“呈现”），然后才能针对性地改写认知。

三、技术准备

1. 情绪管理的技术准备

低龄段孩子——父母可以和孩子聊聊“以前你不开心是怎么处理的？”“如果你不开心，你会想到什么办法？”

父母从孩子以往经验里入手进行交流讨论，集中在科学方法的分享上。

高龄段孩子——父母交流集中在“情绪的自然减弱规律”“情绪背后是人的某个推理、观点在推动”。

父母的宗旨是——大龄孩子需要自己处理情绪，父母提供“分享、交流、理解”（只需很少的同情、安慰）。

孩子的情绪是我们了解他们认知的线索，比如，妈妈：“看你这么难受，我觉得你是不知所措了，不知道自己的希望还在不在。”

孩子：“我不想说。”

妈妈：“我之前对你确实抱很大期望，也总是督促你，我不知不觉迷失了自我，不再像一个母亲。我的抱怨让你对自己也没了信心，这不是我想要的，我只想你别因为我的抱怨就失去信心。”

父母对事情本质的把握，往往决定了孩子能否看到真相。而情绪就是帮助父母看清真相的线索。孩子看到了真相，认知才会发生变化。

2. **对科学学习方法的准备**

（1）熟练度错觉原理；

（2）临时抱佛脚习惯是低效的学习方法；

（3）真假错题的鉴别；

在所有错题中，老师讲解听得懂的错题，属于高回报的真错题；老师讲了也听不懂的错题，属于低回报的假错题。

（4）刻意练习原理。

在所有刻意练习的题目里，首选是“高回报的真错题”，需要通过刻意地练习来增加熟练度。

（5）目标—计划—任务，“任务管理法”。

（6）资源合理分配方案。

孩子复课、复读、重返校园后，接下来可能发生意料之外的状况，此时父母最关键的心态是“高容错度”：

容错度的核心——我允许你有犯错误的权利，我不会为此生气，我会平静地告诉你该做什么，或者平静地问问你“怎么回事？”。

容——容得下

容≠容忍

孩子必然会犯错，我们就是伴随着“解决各种问题”，带着孩子成长起来的。

一旦父母掉进“人不该犯错”的逻辑中，结果就是两败俱伤。

接下来，父母还会遭遇信任危机的挑战。孩子的“出问题”，会不断地摧毁父母刚刚建立起来的信念，这些所谓的“不值得信任对方的证据”，是对父母信念的最大挑战。挺过信任危机之后，真正的信任才会出现！

问题24 高中生觉得学习没什么意义、价值，父母怎么回应？

案例：

有一名高中生说：“现在的学科，特别是副科，没有任何意义。比如音乐课，老师只教唱也不涉及乐理和发音方式。美术也是一样，只管画，然后打分，学不到任何东西，我还不得不学。我看不出这样做，有什么意义和价值。”

如果你是父母，该怎么回答呢？

父母在面对这类问题时，往往会采取“安抚”的处理方式，比如：“你管它有没有意义呢？你安心学习就是。”“学习好，才能考上好大学，才能找一份好工作。”（这是在讲学习的作用，不是讲学习的意义和价值）

孩子的观点有一个隐藏的认知——我看不到学习的意义，所以学习就没意思。

仔细想想，这个推理靠谱吗？

相当于一位男士说：“我看不到婚姻的意义，所以婚姻没意思。”这时，你就会发现孩子的逻辑有瑕疵。

那么，父母需要怎么回复呢？

要回复孩子，需要父母具备一定的认知。

（1）任何事物的意义分两条路：要么是去发现，要么是去赋予。绝不是一个固定的答案，静止在那里等着我们看见。

（2）关于去发现。

去发现——指当事人依据自己的能力、认知，去发现某件事的意义和价值。由于每个人的能力大小差异很大，所以某件事“被发现”的意义也会参差不齐。

比如：一年级的孩子看数学，它是无聊的数字符号；初中生看数学，它是无聊的方程式；高中生看数学，它是重要学科；大学生看数学，它是一种重要的工具；研究生看数学，它是一门科学。

所以发现的结果与发现者的个人能力水平有关。

（3）关于去赋予。

去赋予——指人根据自己的需求会给事物加上一个人为的意义。

比如：对于婚姻这件事，有人给它加上的意义是“婚姻是爱情的坟墓”，而另一个人给婚姻加上的意义是“婚姻是人生的幸福港湾”。

人类会赋予事物正面意义或反面意义，同样也跟当事人自己的经历、认知水平有关。

因此，不管是“发现学习的意义”或“赋予学习的意义”都跟本人的认知能力有关。

当孩子觉得学科没有意义时，实质上是他们暂时还没能力赋予其意义，也没能力发现其意义。那么，父母可以直接把自己的观点呈现给孩子，提升他们的认知，拓宽他们的思维。

建议父母告知孩子：学习的意义在于战胜无知和愚昧。

3

第三章　学习表现

问题25　一年级孩子写作业拖沓，我该怎么办？

案例：

我小孩读一年级，老师布置的作业他不会主动去做，我们就去催他，但他还是慢吞吞，经常做不完作业。这个问题已经挺久了，我们也不知道怎么处理，跟他老师也聊过，老师也教了我们一些方法，但是不顶用。老师批评了他的话，就会好一点，放学回家会早点做作业，但是没多久又恢复原状，还是一样地拖。

父母遇到这种情况时，往往十分焦虑，很难理智地去观察、记录、分析。

（1）孩子这种情况是从什么时候开始的？父母都是怎么操作的？

（2）作业拖拉的学科有哪些？为什么是这些学科？

（3）孩子回家写作业前都在干什么？情绪怎样？

（4）写完作业孩子又会干什么？

（5）孩子写作业的环境是怎样的？

（6）孩子写作业的过程里，他到底干了什么？父母做了什么？

（7）日常生活里孩子做其他事情会拖拉吗？

（8）家庭里其他成员做事风格怎样？

（9）孩子和其他家庭成员关系如何？跟谁关系最好？跟谁关系最不好？

父母在处理这类情况时，注意的要点是：从事件角度去解决问题，还是从分析问题的角度去解决？父母首先需要把这两者弄明白，然后就知道怎么办了。

什么叫“从事件角度”去解决问题呢？

我举个例子，大家就明白了。假设小明两天没有完成作业，两个家长分别来解决这个问题。“从事件角度”出发的家长，看到的是事件——有两天的作业没完成，于是他脑袋里想到的就是“我让孩子补做这两天的作业”。

“从分析问题的角度”出发的家长，看到的是一个问题——孩子作业出问题了，于是他脑袋里就会滋生一个想法——我要问清楚孩子为什么没完成作业?

作业，对于学生来说属于“义务”“责任”，属于“无条件就要完成的任务”，所以解决这件事更加重要，原因可以事后再去探索。

那么，我们再来看看“作业拖拉”这个问题，作业拖拉还原到最小单元，其实就是一件件事情，比如：写作业的时候在玩东西、写作业的过程里做了大量无关活动、写作业的时间没有规划性……

所以，我在听完这个家长的求助问题后，问的第一句往往是“请问，你说的孩子作业拖拉这件事，孩子到底做了什么？”

父母把注意力放在——我要找到在孩子作业拖拉这件事里，孩子到底干了什么？然后再对这些行为提出具体的要求。

还有就是，孩子作业习惯的培养是多方面的，其中包括作业的环境、孩子的时间感知能力强弱。

一般时间感不强的孩子，很难规划自己的作业。建议你回去试一下，孩子做作业之前，先让孩子预估一下今天做作业大概需要多长时间。分科来问，先问总时间大概多长，让孩子自己说，你负责记录下来，不要去干预；然后问语文、数学、英语分别要多长时间；还得问他中途打算休息几次，在什么时候休息，休息的时间多长。

这个过程就是训练孩子规划，接着你就严格地记录时间，等孩子今晚做完作业，把时间反馈告知孩子，中途不需要打断孩子。比如你语文预估是40分钟写完，而实际用了90分钟，多了50分钟，多的50分钟相当于做什么事情用的时间，好让孩子对这个50分钟有个感知。

通过一次次的反馈，让孩子了解他的时间规划有多长，实际用时多长，其实这个过程是在培养他做事的习惯。不要去催他，如实地记录，如实地反馈，每天都做这件事情。连续记录7天，反馈7天，你看看孩子的时间误差是否在减小，还得把减小的好消息告诉孩子，鼓励孩子接近自己的预估时间，同时也要让孩子把休息时间加进去。

用这种“记录—反馈”的方式训练孩子的时间规划能力，不要去讲大道理，不要施加压力去催孩子，记录加反馈，让孩子渐渐对自己的这个状态有一种了解，他才能产生一种规划能力，等孩子规划能力出现了，他才可能按照自己的步调去做作业。

问题26　养成孩子良好的作业习惯，父母做哪些事情是关键?

案例：

我是两个孩子的妈妈，大女儿是三年级，老二刚出生，大女儿在一年级的时候，我没有怎么理会她的成绩，考试分数也挺高的。但是到了二年级，她的成绩慢慢下降，然后我就开始陪着她写作业，不会的题目我会很耐心地教她做，后来成绩有所提升。但是现在三年级，老二出生了，陪伴老大写作业的时间比之前有所减少，老大的成绩下降得更严重了。其实每次我都会把孩子的错题找出来，让她改正，但是她的成绩还是没有提升。我也不清楚是什么原因。

我们都知道小学阶段是培养良好的学习习惯和校园生活习惯的关键期，其中良好的作业习惯的养成是重要任务之一。

一、二年级是培养孩子良好的作业习惯的“黄金期”，过了这个时间再培养就困难重重了。但是由于一年级作业量少，难度小，再加上孩子考试成绩都不差，因此很多父母并不能发现孩子的作业习惯到底有没有风险。

正因如此，很多父母麻痹大意，耽误了培养孩子建立良好作业习惯的大好时间，到了小学高年级时，后悔不已，可惜希望渺茫了。

作业习惯其本质就是行为习惯，因此它是有规律可循的。

为了培养孩子的作业习惯，父母需要做好一些准备工作，首先我们说说管理上的准备。

（1）夫妻的教育分工。考虑的目标是“如何合作”才能有效执行？比如：父亲负责检查作业结果，母亲负责收集作业过程的数据。

（2）夫妻家务的分工。主要的目标是减轻作业管理者的压力，避免产生焦虑情绪，导致作业管理失效。

（3）情绪的处理，主要的目标是，当作业管理者出现负面情绪时，其他家庭成员的协助，以及作业管理者本人的自我调适方式。

宗旨就是：把“简单陪伴”变成“科学管理”。

具体内容就是，从“生活管理者”变成“学习管理者”。日常生活习惯的管理，其实都和日后的作业习惯有关。比如：在饭桌上孩子是否做到认真吃饭？这一点背后的能力就和将来写作业是否一气呵成有关。

孩子出生之后，夫妻俩就要意识到一件事：生活尽量有一定的规律性。这不仅有助于孩子的身体成长，也是为了培养孩子良好的生活习惯，最后过渡到良好的学习习惯。

包含：划分家庭事务时间、娱乐活动规律化、休息起居规律化。

其次，父母和孩子需要保持良好的亲子关系。

具体内容包括：

（1）亲密度；（总是喜欢、愿意待在一起）

（2）信任度；（有什么需求敢于向父母表达，即使得不到支持也会表达）

（3）尊重度；（相处时的说话方式、语调没有大声喊叫和不耐烦，会保持眼神温柔地接触）

（4）容错度；（家庭遇到意外情况时，是如何处理这些突发状况的？）比如：遇到事情，父母习惯于先调研、观察，然后试着分析情况，再找孩子沟通，最后提出合适的要求和建议。

最后，父母的生活方式也需要做一定的调整。当孩子即将进入学校学习前，父母的“生活管理者”角色必然要变成“学习管理者”角色，因此父母需要做好准备。

（1）学前准备，夫妻原有的生活规律需要调整；

（2）打造良好的学习环境，包括告别儿时的玩具，告别儿时的一些活动，对孩子房间进行整理和清理。

（3）夫妻的一些活动、需求要进行必要的调整，一些可能会干扰到学习管理的活动要放弃。比如：生孩子之前爸爸经常应酬晚归，那么孩子准备进入小学了，爸爸可能需要调整工作方式，腾出时间回归家庭协助妻子。

而在训练孩子“良好作业习惯”里的任务具体包含以下 8 个方面：

（1）作业时间方面：包括作业时间是否规划好？作业前是否预设时间？语文作业打算花多久时间？休息几次？每次多久？

（2）作业流程方面：包括作业和其他活动的搭配，比如，做完作业刚放下笔孩子就开电视机，电视是“高诱惑”的活动，于是这个活动就会干扰孩子的作业速度，造成作业潦草可能性的增加。孩子做完作业后，科学的搭配活动是——A 类和学习有关联活动（收拾书包、整理文具等），B 类家务劳动放松类活动（倒垃圾、洗澡、洗衣服等），C 类休闲娱乐类活动（运动、散步等），其中 A 类是最佳方案。

（3）作业状态方面：这里父母需要关注的是两个方面：第一个是孩子的精神状态；第二个是孩子的肢体状态，比如：对那些无意义小动作、无关活动的关注。

（4）上课状态方面：父母需要关注孩子上课时的提问频率、提问点中率、关注度如何？

（5）作业条件方面：这一点是中国父母做得最不好的一点，作业属于孩子的学习义务，是不能用任何无关条件来交换的，更加不能用物质条件来刺激。因为物质条件刺激的作业行为短期效果明显，长期来看，孩子的作业动机就变成了“物质交换”的动机，只要将来有一天不再满足物质条件时，作业动机就没了。

（6）作业质量方面：父母关注的是作业的正确率，因为正确率越高，孩子的作业兴趣也会越浓，好习惯比较容易保留。

（7）遇挫反应方面：父母关注的是孩子遇到难题时的情绪反应，如果遇到难题时，总是出现负面情绪，而且负面情绪得不到及时处理，那么作业习惯不好的风险就高了。

（8）作业背景环境：作业环境分为大环境和小环境两种，大环境就是全家的环境，包括卧室、客厅、饭厅、书房。小环境就是指书桌范围内，也就是写作业的地方。父母重点关注的是声音、光线、家居环境是否舒适。

问题27　孩子在学习中总是讲条件要奖励，父母应该满足吗?

案例：

我家孩子现在三年级了，是个男孩。以前我家孩子考试考好了，就问我可不可以买他之前一直想买的东西作为奖励，那时候我也觉得没什么大问题，考试好了，奖励一下也正常。但是后来发现孩子每次考试前都会和我说，我这次考好我要什么东西，我就感觉不妙了，如果不买他就闹，我现在也是拖着。我都不知道怎么办比较好。

很多父母喜欢给孩子奖励，之所以这样做，是因为它有效，特别是低年龄段的孩子，另外有时是孩子从其他同学嘴里得知、亲自看到“学习可以得到奖励”，于是也向自己的父母索取奖励，父母顶不住孩子的压力就妥协了。

这样做的危害有：

（1）用“外来刺激物”替代内在驱动，偏离学习动机的本义。学习动机本来应该是人内在动机，比如：这是我的任务、这是我的义务。

（2）一旦外来刺激物不能满足需求，学习动机就会消失。

最早对此提出观察的还不是教育学家，而是经济学家。经济学家发现很多大型公司在实行“绩效奖”之后纷纷倒闭了，这一点让经济学家们百思不得其解，为什么越奖励，越倒闭呢？后来科学家们才弄明白：如果一个行为产生了“内在价值”（成就感、责任感、荣誉感……），此时给予外在奖励，这个宝贵的内在价值就被替换成了外在刺激，于是一旦外在刺激消失、无法满足人欲望时，行为的动力就消失了。最后这些实行“绩效奖”的公司发现，员工的工作积极性、责任意识都在消失，最后造成公司倒闭。

很多父母问我，那么怎么鼓励孩子呢？这里我介绍几种更加科学的鼓励方式：

（1）父母用“谢谢”代替“奖励”，感谢孩子尽职尽责地完成义务之举。

（2）您的微笑。（不用表扬，单纯微笑）

（3）契约鼓励。也就是孩子做完作业，尽了自己的义务，那么父母也同样做一些尽义务的事情，来达到和孩子的平等“契约交换”。比如，孩子做完作业，父亲表示：“谢谢你的尽力，因此我也会尽力完成我的任务，我将做完××事情。”

（4）假如孩子在作业前就不断和父母谈条件，请父母顶住压力，反复强调“请你先去写作业”，写完随机安排几件事情，由孩子选择。（将来孩子能够自行安排后，父母转为后台监督）

注意技术的要点——父母帮助孩子恢复正常的作业心态：“这是我的事，做完它我很开心，我尽了义务之后，可以安排其他事情了。”

作业属于孩子的学习义务，是不能用任何无关条件来交换的，更加不能用物质条件来刺激。

父母坚守住底线：作业是孩子的义务，写完、写好都是孩子的事情，我们只是协助孩子去管理它，我们绝不会为它行贿、收买、威胁、无条件陪伴……难点是怎么让孩子感觉到您的决心。

问题28　情感陪伴式督促孩子写作业，有什么风险？

案例：

孩子一年级了，因为自己文化程度不高，感觉自己在学习方面帮助不了孩子很多，而且也怕教错，所以更多是天天陪着孩子写作业来做补偿，看着他写作业，有时给他倒水喝、削铅笔。但是天天都得陪，而且每次都是从头陪到孩子写完作业，感觉特别累，而且很多事情只能等他写完作业再做，比如我想去洗碗，孩子就会发脾气。而且一定要我陪，爸爸陪都不肯，所以有时候朋友找我出去吃饭都去不了。我该怎么办?

情感陪伴式是父母管理孩子作业时常用的一种方式，这种方式利用的是父母和孩子之间的情感，在孩子作业时陪在身边监督孩子，其实给孩子制造的是“情感压力”。也就是孩子如果作业状态不好，会感觉到伤害了父母。

情感陪伴是美好的毒药，因为情感也是人际关系里的一种重要资源，随着时间的推移，父母投入的时间增加，“情感卷入”也在增加。这是第一道难关。

投入了时间和情感，人们也同时投入了期待，这个期待也会和时间以及情感卷入的程度相关，于是风险也在增加，假如孩子作业表现不尽如人意时，父母会感觉到失望、伤心，甚至会愤怒，这是第二道难关。

父母的情感陪伴毕竟属于外来压力，出于外来压力做出的行为都是有风险的，因为一旦外来压力消失，行为就会丧失动力，这是第三道难关。

因此，父母需要从一开始就要想清楚，写作业一事是孩子的义务，不是父母的责任。同时，父母给孩子的要求也要相应地明确清晰——“学习是你自己的事情，写作业是你的义务。”

认知上做好铺垫后，父母就要采用更加科学的方法训练孩子养成良好作业习惯了。我们现在介绍的“数据反馈型”作业习惯训练计划就是帮助父母用科学的方式来建立好习惯。

问题29　唠叨抱怨式陪伴孩子写作业，有什么风险?

案例：

孩子五年级了，排行老大，有个弟弟和妹妹。现在有个问题很困扰我，孩子写作业很拖拉，我必须要催他才写作业，而且每次都要催好多次，感觉每次叫孩子写作业都跟打仗似的。终于开始做了，但是速度又很慢，要花很长时间，但是我还得照顾弟弟妹妹，下班回来还有一堆的事情要做。上班又累，下班还要带孩子，我都感觉自己快要崩溃了！

唠叨抱怨式陪伴，也是父母管理孩子作业时的常态。唠叨源于焦虑，这种情形的出现源于父母的焦虑情绪，人在焦虑时往往出现唠叨和抱怨。

唠叨抱怨的语言形式，容易引发对方的焦虑情绪，最后反而导致作业状态越来越糟糕。

所以，这种作业的管理模式效率很低。随着时间的增加，孩子越来越容易烦躁、反抗，导致唠叨抱怨方越来越着急，抱怨得会更加严重。于是，负面的循环开始了，不但不利于建立良好的作业习惯，反而相去甚远。

该如何处理呢？

首先，你需要改变说话的语气，这个需要经过一段时间的练习。语气要坚定、干净、有力，而且使用短句，比如“做作业”“现在去做”“我需要你现在去做”，千万别用唠叨抱怨的语气。同时配合肢体动作：站在孩子正前方，还要盯着孩子眼睛，如果他手头上正在做其他事情，你的第一个指令应该让他停下当下的事情，比如“把玩具放下”“把积木给我”。然后再说去干什么。先停止当下的，再去做其他事情，千万不要混在一块。

问题30　暴力式陪伴孩子写作业，有什么风险？

案例：

我们家孩子写作业特别拖拉，总是等到我快要发火的时候，他才肯去写作业，每天这样子我感觉好累。上个星期因为写作业又被我揍了一顿，孩子非常生气，摔门回房间，不肯写作业。我也很沮丧，我知道打孩子不对，但是有时候真的忍不住。每次陪孩子写作业，我感觉自己变成一只母老虎，一直在旁边吼，我很想压制一下自己的情绪，什么方式都试过了，很难。

暴力陪伴孩子作业的父母在生活中并非少数，不过多数使用的是语言暴力，比如：恐吓、威胁。

暴力会让孩子产生恐惧感，而恐惧感的确会改变人的行为，达到所谓的“效果”，因此有些父母会沾沾自喜，觉得自己的暴力方式是管用的。

殊不知，将来总有一天，孩子终将不再恐惧父母，那时候这个办法一点用处也没有，连带的后果是——孩子不再写作业！

长远来看，没有意义！

也有家长告诉我：“我的孩子好像很听话，一直没有什么恐惧啊？”其实，这些孩子不是没有恐惧，是恐惧没有展现出来。有些孩子出于个性的原因，在学生时代不敢表现出自己的恐惧，但是这种恐惧隐藏着，可能用其他方式表现出来或者在未来表现出来。比如：欺骗父母，不把自己的心里话和父母分享。

首先，得把写作业的事情当成是孩子的事情，不是你的事情。假设孩子作业没完成，被老师投诉这件事是必然会发生的，父母尝试一下让这件事情发生在自己孩子身上，看看自己有什么损失。有的时候你可能会觉得很丢脸，有可能班主任在微信群里面点名，这就是对你的考验。老师点你名，不等于你是一个不称职的妈妈，他只是向你反馈孩子的一个问题，那是孩子的问题，不是你的问题。不过你也可以事先和老师打声招呼，说自己在训练孩子没写完作业就要受惩罚这件事。

然后，处理孩子的情绪。孩子被批评肯定不高兴，父母通过聊天化解孩子的情绪，然后鼓励孩子："今天做作业你要写完，我也不希望明天你再被老师骂。"当你把压力还给你孩子，你才能摆脱束缚，才能让自己的情绪稳定。

最后，父母还要培养孩子的习惯。

问题31　辅导作业时忍不住打孩子，父母该如何处理自己的焦虑?

案例：

我是一个单亲妈妈，孩子刚上一年级，现在碰到一个关于作业的问题。要是孩子写作业时都会，气氛都挺好的。但是遇到那种教她好几遍都不会的题目的时候，就很容易出问题。本来教她几遍都不会，我也很生气，但是我忍着，没想到孩子先发脾气了，很凶的那种，有时候我就忍不住打她，然后她就哭得更加厉害，哭着说"妈妈别打我，我写就是了"。然后我就心疼了，然后抱着她说"妈妈不对，不应该打你"。

很多父母在辅导孩子作业过程中都有过打孩子的经历，这个是什么原因造成的呢?

父母的攻击性往往在几种情况下出现：

1. 挫败感

父母在辅导孩子做作业过程中常常产生挫败感，特别是教过几次，孩子依然会犯错时，父母的挫败感就开始出现。因为孩子教不会，显得自己很笨。

2. 转移其他压力

父母在生活、工作中承受巨大的压力，特别是经济压力，因而心里隐藏着烦躁情绪，此时辅导孩子作业受阻，压力会增加，连带着其他压力一起释放出来，最直接的释放方式就是发火，最后演变成暴力。

3. 家庭中其他矛盾

家庭成员之间的关系既有外显的部分，也有内隐的部分，它们并非只是表面展现的那样。有时夫妻矛盾、婆媳矛盾都会影响到子女教育，特别是矛盾不能直接表达时，往往孩子做作业的过程就成了一个导火索，成年人会在辅导作业受阻时，发泄对其他家庭成员的不满。

以上 3 种情况都会让父母产生焦虑情绪，最后演变成打孩子现象。那么怎么办呢？

首先，是当事人自省，利用自我意识，也就是所谓的自知之明来克制自己的情绪。

其次，就是借助外力。比如：心理咨询师、婚姻咨询师、家庭治疗师、伴侣。通过外力的训练、提醒来克制情绪。

最后，就是生理性放松。比如：焦虑时的深呼吸、离开现场。

问题32　怎样为孩子创建良好的作业环境？哪些细节父母需要注意？

环境会直接影响人的情绪，比如，家里的布局会影响人的情绪、人的行为。所以，孩子的作业环境也会对孩子有很大的影响。这里分大环境和小环境。大环境就是家里的整体环境，小环境指孩子书桌范围内的环境，两个都会对孩子产生影响。

大环境怎么影响孩子呢？比如，孩子在写作业，父母在看电视，电视的声音可能会干扰孩子。或者经常改变写作业的环境，一会儿在书房、一会儿在餐桌，不利于孩子形成在什么地点做什么事情的习惯，同时也影响孩子进入状态。所以，孩子写作业最好固定在一个地方，比如书房。

小环境呢？如果书桌上放着一些消遣用的课外书，孩子很可能在做作业的中途看课外书了。书桌只能放和学习有关的东西，如闹钟、笔、削笔刀、笔筒、工具书这些。

如果要改变环境，必须要孩子加入，父母只是作为协助者。父母不要包办孩子的事情，这个过程中可能会遇到孩子的反抗，但是父母要稳住情绪，度过这个时期。

问题33　如何检查孩子的作业？发现了错误怎么处理？

很多小学生的父母都面临这个问题，可以这样说吧，几乎每天晚上都面临着。为了更好地理解这个问题，父母需要先知道——父母检查作业这件事的目标是什么？

父母在检查孩子作业这件事里，毫无章法、随意而为的话，容易使孩子养成对父母的依赖、逃避自己责任的行为。如果父母随意打骂，那么孩子还会讨厌作业，时间长了就会降低学习兴趣。如果父母操作科学，那么既保护孩子自尊心，同时又不伤害亲子关系，最重要的是让孩子意识到——作业是我的事情，做好它是我的事情。

那么父母怎么操作才算科学呢？

第一步：作业前的检查。

（1）父母检查大环境，包括客厅、饭厅等公共区域。需要检查干扰源、配套程度、温度和亮度等。

（2）孩子检查小环境，包括书桌、书架、写作业的区域。把无关东西收起来，桌面上只能摆放和作业有关的物品。

（3）检查是否有未完成的事情。

第二步：作业规划检查。

（1）父母询问孩子作业的数量信息。

（2）父母询问孩子做作业的顺序。（询问是为了训练孩子对作业的规划，父母保持监控顺序是否合理）

（3）父母询问孩子作业的预估时间，包括总耗时、单科耗时、休息时间、休息任务。

（4）父母询问如果没有做到，希望父母做什么。

（5）父母做好记录，作业后检查时，进行反馈交流。

第三步：作业中的检查。

（1）假如孩子作业习惯已经养成，父母就采取“抽查制”。

（2）假如孩子作业习惯尚未形成，父母可采用“数据记录”+“数据反馈”。

这里的数据记录是指：孩子在写作业时，父母使用《作业习惯训练任务书》，在孩子身边做记录，根据表格里的提示进行记录，然后等孩子作业结束后再进行描述性反馈。

这就像一个篮球教练一样，当球员在场上比赛时，教练详细地记录球员的具体表现，然后在暂停时就会进行反馈，这样球员的表现就会慢慢变化。

经过大量的实践，证明这种作业管理的方式非常有效！

第四步：作业后检查。

（1）孩子完成作业后，必须自己检查一次，称为“初查”。

（2）父母询问孩子“初查”的结果如何？查出了什么？

（3）父母开始“一次复查”，并告知孩子检查的结果，但是只能告知“整体数目”，不能指出具体题目位置。

（4）请孩子进行“二次复查”，如果检查出来后，父母就直接表扬。

如果没有检查出来，父母则询问孩子：“你没检查出来，那么现在需要我做什么？”

第五步：处理后果。

（1）父母首先处理直接、直观的后果，具体操作是：使用调侃、轻松的语气，夸张的表情，预示一个“严重的直接后果”即将出现。

比如：“我最担心，明天你的作业本里会出现两个大大的红叉。”

以“我担心”“我最怕”“我最不想看到”“我预感到”等方式表达，既能达到目的，又不伤人。

（2）父母处理“间接后果”，具体操作是：使用调侃、轻松的语气，温和的表情，预示一个“严重的间接后果”即将出现。

比如：“我担心，明天下午数学课，罗老师会当着全班的面批评你。可能是因为全班同学中，只有你的本子里出现了两个红叉，小组的同学可能会很失望……”

（3）父母处理“连带后果”，具体操作是：使用调侃、轻松的语气，温和的表情，预示一个“严重的连带后果”即将出现。

比如：“接着会发生什么呢？我觉得，明天下午罗老师可能会给我打来电话，批评妈妈没有检查你的作业，我不能怪老师多事，也不能把你供出去，我只好自己接受这委屈了。”

最后父母询问孩子：“你确定愿意承受这些吗？”（严肃的表情、坚定的语气），假如孩子点头就坚决签字。假如孩子摇头，就又回到上一步，请孩子继续检查。必要时，父母可以给一些提示，提示不能太明确。比如：“你看看第三页里。”

第六步：家校合作。

假设孩子依然没有检查出“错误”，父母签完了字，就立刻用短信、微信的方式把今晚检查作业的详细经过给相关老师描述，尽量不用电话，因为不是所有父母都擅长说话，所以用文字描述反而效率高。另外，电话会给老师带来“接听电话”的压力，信息属于低压力的沟通，对方可以当时不回复，方便时再回复。

而及时告知老师，是为了避免老师误会。同时，也可以请老师配合，在学校大胆批评孩子，使孩子体验自己行为的直接后果。

到了第二天，父母还需要及时了解老师实际处理的方式，并以此来揣摩孩子的感受。在接孩子回家后，才能正确地共情。

第七步：最终处理。

（1）回家路上可以根据孩子的情况进行共情，假如孩子情绪稳定就按兵不动，请孩子先行休息、吃饭。假如情绪不好，就询问事件、共情，不要急于给建议。（急于给建议不容易听，因为情绪还需要时间消化；另外，急于给建议会让孩子感觉父母真正的目的不是安抚情绪而是建议）

（2）晚上，孩子做作业之前，父母要检查昨天的作业。

（3）用遗憾的语气，描述自己担心、预感的事情终于出现了。

（4）共情孩子当下的感受，询问老师处理细节，强化后果。

（5）请孩子拿出教材，找出错题所在的位置，并开始温习。

（6）温习完后开始改错。

（7）改错完后，父母给予积极回报，并让孩子休息10分钟，然后开始做今天的作业。

问题34　孩子一直在看动漫版数学书，我该不该给他看呢？

一位女士提问：“自己孩子小学四年级了，最近一直在看一种动漫版的数学书。里面主要是数学公式、数学题目，只是用的是动漫人物，带有趣味性的故事情节，请问我该不该让孩子看呢？”

这个提问，很好。在培养孩子阅读的讲座里，我专门讲到这一点。

要想解决这个问题，父母一定牢记：任何学习活动，无外乎两个因素，形式和内容！但是，永远是内容最重要，形式只是为了内容而服务！

家长需要判断，此类读物是否会因为形式重于内容，导致孩子失去对读物本身所含知识的学习兴致。

对此家长只需要做一个小测验：

（1）将书本中的抽象数学知识（比如公式），单独罗列出来考一考孩子，如漫画中的数学公式可单独写出来考一考孩子是否真的记得。

（2）再看看孩子是否会运用那些公式。

（3）翻一翻后面没有看的内容，看看同样去掉形式“动漫”，只有抽象数学符号后，孩子的兴趣表现如何。

如果能够记得住，说明孩子读此类读物确实对学习有益；反之则表示孩子只是被读物的形式——漫画所吸引，并非真正能够从中学到知识。

如果在没有漫画形式辅助时，孩子依然还能计算这些公式，还能讲出数学的计算过程，那么说明内容本身引发了兴趣，这是最好的结果。

如果孩子仅仅是对漫画造型和漫画情节感兴趣，说明兴趣来源于形式，那风险就高了。

这个叫作“感官强化效应”，太有趣的动漫数学，使孩子对数学学习产生强刺激反应，将来如果数学学习回到本来面目时，孩子就感觉无趣了。

相当于吃水饺，吃了十年重口味的水饺，忽然有一天吃到味道特别清淡的水饺时，就再也不想吃了。

进一步的操作还须结合孩子看动漫书的相关细节，比如：什么时间，什么地方，孩子怎么看这动漫数学书的？

问题35　孩子和父母说要学画画，父母该怎么办?

孩子想学画画这件事，本身是好事。画画能够锻炼孩子观察力、精细动作、空间思维……这里唯一的风险就是——假如孩子的兴趣是冲动型的呢？父母草率答应的话，等于是增加孩子半途而废的概率。

那么，怎样操作才能最大限度提升成功率？降低半途而废的概率呢？

这就要分四个阶段来完成。

第一步：背景资料分析。

（1）事件收集。

使用补充法具体询问孩子提出要求背后的信息。

（2）根据信息分析动机需求。

人类的某个行为、想法满足四大要求，即加入某个团体、获得切实利益、避开不舒服环境、追求感官的刺激。

（3）认知的探索。

对于一件事，你的认知越多、越详细，你的动力越强。比如：喜欢打桥牌的人，可以和你聊一个通宵的桥牌知识。

所以，父母需要问孩子：你知道画画是怎么回事吗？跟我说说画画是怎么回事？

第二步：考察期。

（1）选定考察方式。

父母提供必要、优质的平台，为孩子提供良好的接触机会，设定时间来观察孩子的兴趣维持程度。

（2）确定考察时间、地点。理论上讲，考察期越长越好。

（3）考察内容：孩子的情绪状态、话题提及度、目标延续度。

时间	内容		
	情绪变化	话题提及度	活动延续度
第一天			
第二天			
第三天			
第四天			
第五天			
第六天			
第七天			

记录办法：

情绪变化：去学习的情绪是“低进高出”记录为√

去学习的情绪是“平进平出”记录为○

去学习的情绪是“高进低出”记录为×

话题提及度：回家后没人要求时，提到学习的话题次数

0次记录为×　1—2次记录为○　3次及以上记录√

活动延续度：回家后无人要求下，自己继续学习的次数

0次记录为×　1—2次记录为○　3次及以上记录√

第三步：决策期

（1）把目标变成任务。（提升执行力）

落实到时间、地点、做什么，做不到要付出怎样的代价。

（2）承担实施的代价。（付出越大代价的事情，人越不容易放弃）

让孩子亲自做相应的准备，实施过程中孩子需要付出一定的代价，承受一定的压力。

第四步：学习过程中继续评估效果。

（1）状态跟踪。使用兴趣观测表继续做跟踪记录，及时发现兴趣的变化。

（2）积极反馈。给孩子提供表扬、鼓励，使这件事继续下去。

（3）提供良好的回报。为孩子提供展现成果的平台和机会，使兴趣保持更久。

经过这 4 个阶段的操作，就能最大限度提升成功率，降低半途而废的概率。

问题36　老师投诉孩子上课不认真，父母怎么办？

经常有父母向我询问一件事："老师跟我说孩子上课不认真，我也和孩子聊过很多次了，可是他就是改不了，总是被老师批评，这个怎么办啊？"

关于这个问题，考验父母的几个关键点：

（1）遇到老师第一次投诉怎么处理？（处理不好对孩子不利）

（2）遇到老师多次投诉怎么处理？（多次投诉处理更加需要留意）

（3）遇到老师投诉，父母的合作流程是什么？

（4）面对孩子的某个问题，父母的处理流程是什么？（正在被投诉时、回家路上、到家后的处理不同）

首先，我介绍一下面对老师初次投诉，父母的处理流程。

这是我和一位家长邓先生的对话：

我："那您知道什么叫上课不认真？"

邓先生："就是上课动来动去、不认真听讲。"

我："这是您感觉的？还是老师告诉您的？还是您亲自观察的？"

邓先生："老师告诉我他上课不认真，我觉得他肯定是搞小动作、说话一类的。"

我："也就是有部分来自老师，有部分来自您自己想象的？"

邓先生："是。"

我："请问你知道孩子上什么课不认真吗？具体干了什么？什么时间开始干？什么时间结束的？这些问题您问过没有？"

邓先生："没有。"

面对初次被老师投诉，父母的处理流程是这样的：

（1）千万不要急于解释，试着深呼吸放松情绪。安抚老师的情绪，说："不好意思，让您费心了。"

（2）承诺态度+询问背景信息：假如老师此时在说话，你就点头听，不要急于发言；等老师说完后，你说："我回去一定会认真处理此事，所以我需要多了解一些信息，请问孩子都是什么课上不认真？"

（3）询问内容：什么课、什么时间开始、什么时间结束、当时课上正在做什么？上课老师什么反应？孩子是什么反应？

（4）如果老师不能提供具体信息，就再承诺一次态度、目的，并拜托投诉的老师帮忙留意一下这些信息。

（5）夫妻俩后台分析数据。（如果分析不出来，就向人请教）

（6）孩子回家后，先不要处理此事，和平常一样该做什么做什么。

（7）睡觉前，父母中的一人可以向孩子描述今天得到的具体信息，并请孩子补充信息和解释。比如："今天我了解到一件事，上午第三节课，上到一半时，全班在读课文，你却和同桌说话，被老师发现，然后罗老师当众批评了你，我想知道，这是怎么回事？"

（8）根据夫妻俩事先的分析，结合孩子的补充，描述孩子的某种感受、某种需求，表示对孩子的理解。

（9）夫妻俩商量一个满足需求的建议，还需要告知孩子具体的行为指令。

（10）把处理的经过和结果，用短信或微信的方式发送给老师，拜托老师继续跟踪观察。

假如是多次被投诉呢？

（1）父母一定要有一种信念，孩子的某个问题不代表一定是父母教育失败；但是，问题一直没解决这个责任是父母需要承担的。

（2）及时地利用这个契机，对自己的家庭教育过程进行总结与反思，这是首要的任务，也是这个所谓“问题”的积极一面。

（3）父母尽力回忆事件细节（经过、背景、处理方式、当时反应），记录下这些数据，然后开始分析（动机、需求、家庭关系、其他社会关系），找一位自己信任的专业人士进行咨询，制订方案科学地解决老问题。

问题37　孩子考差了，你是“高级说教者”还是“建设型父母”？

一些人在看了有关家庭教育的书籍之后，会变成“高级说教者”，从表面上看他们是在沟通，讲的内容合理、合法，还抽象，而且对方无法反驳。从表面看是在解决问题，其实本质没有丝毫变化，是一个务虚的说教者。

下面是一个案例：

周五下午，女儿低着头回家了，进门回到自己房间，情绪好像很不好。

爸爸：“怎么了？”（观察准确，这步很好）

女儿：“月考没考好。”

爸爸开始运用自己的“沟通技术”。

爸爸：“没考好，是不是很不开心？”（询问式共情，好）

女儿点头不语，爸爸继续说：“我知道，没考好的时候，你会很难受、内疚，是不是？”（进一步探索情绪）

女儿：“嗯！”

爸爸：“很好，爸爸很高兴你告诉我实情，这次考了多少名啊？”

（开始关注事件了）

女儿："班级排33名，年级排471名。"

爸爸："嗯，很好，你是想考好一些，是吧？"（这句就显得是废话，哪个孩子内心深处不想考好呢？）

女儿点头。爸爸："那么，如果要考好，我们需要做点什么呢？"（这种问话，表明父亲的期待很明显，孩子会自动说父亲想听的内容，最终造成无效谈话。）

女儿没说话，爸爸继续说："我们是不是该找一找自己还有哪些不足之处呢？"（还是有太明显的期待的问话，孩子知道应该回答什么，这样反而在训练孩子敷衍。）

女儿点头。爸爸："我希望你首先要控制好自己玩手机的频率，只有少玩点手机，上课才能集中注意力，成绩才可能赶上去。"（很有道理、很有说服力的推理，其实属于空话，而且孩子还没法反驳，进一步训练孩子说父母想听到的话）

女儿点头……

女生点头不语，恰恰说明她在敷衍，也是无奈的做法，因为无法反驳父亲的推理，可是仔细想想，父亲说的那些"建议"，说起来很容易，可做起来却是另外一回事了。

这位父亲就是"高级说教者"。

当孩子没考好时，他的确需要父母保持情绪稳定，需要有人能共情、能理解他们，但是孩子更加需要父母、老师提供实质性的帮助。

"建设型父母"应该怎么处理?

建设型父母就是能帮助孩子了解自己、认识自己，并且在孩子需要帮助的时候，能够提供协助，而不是"代劳"，说话内容是务实可操作的，而不是高级说教。

为了帮助父母对比理解什么是“高级说教者”，以及了解“建设型父母”和孩子聊天的状态是怎样的，我现在重新修改了聊天的过程，这样便于和前文进行对比，内容仅供参考。

周五下午，女儿低着头回家了，进门回到自己房间，好像情绪很不好。

首先，爸爸需要观察孩子的整体精神状态以及表情，并根据这步来判断孩子当下的情绪状态。

接下来，爸爸应该“跟踪情绪”进行询问。

爸爸：“看你表情，不开心了？”

女儿点头不语，爸爸继续说：“想聊聊吗？”

爸爸探索孩子的情绪，这个操作属于探索孩子的内心世界，这个是必需的，只是需要有个步调，尽量不要快速进入，这会增加孩子的压力。除非孩子情绪比较强烈，才需要立刻探索情绪，比如“你怎么了？什么事这么难受？”

女儿点头：“月考没考好。”

爸爸：“你担心什么吗？还是有其他什么事情？”

女儿：“没考好，难受。”

爸爸点头：“具体考多少呢？”

女儿：“班级排33名，年级排471名。”

爸爸：“嗯，你是想告诉我什么呢？”

女儿：“不知道。”

爸爸：“我们没做好一件事时，会感到着急，也会感到害怕，怕将来再也无法弥补了。你是不是也有这种类似的感觉？”

女儿没说话，爸爸继续说："我想你可以告诉我，你难受的是什么？"

一般而言，孩子说没考好，父母很容易理解为"难受那个分数""难受排名"，其实这只是表面的难受，孩子也可能只发现这个层次。父母需要带领孩子继续探索自己到底难过的是什么，这一步就是在帮助孩子成长。（增加孩子的自我认知，就是一种成长）

父母聊天的步调很关键，很多父母容易操之过急，甚至忽视探索，直接跳到最后一步下结论，或者总结考试的经验教训。

女儿："今天老师评讲试卷时，批评我退步严重。"

爸爸："跟我说说当时的具体情况。"

女儿："她说我上课走神，成绩才退步，其实我上课走神就那么一两次，被她发现了。那几天，天气太闷热，我晚上有点失眠，上课时有点犯困嘛，就被她发现了。"

爸爸："你觉得她冤枉你了，然后呢？"

父亲继续使用"言语跟踪"技术，跟随孩子的话题聊下去。

女儿："其实这次考试，我也感到意外，我觉得成绩不至于这么差啊！考完数学和同学对答案的时候，感觉还可以，好多题都做对了，结果试卷下来，竟然好多错的！"（开始哭泣）

爸爸："你难受老师冤枉你，况且你本来就很意外了，再被老师这样冤枉一下，所以就特别难受了。宝贝我想问问你，你最难受的到底是被老师冤枉，还是这次考试太出乎意料了？"

爸爸及时地对前面聊天进行一点"复述小结"，使聊天转向有建设性的方向。

女儿点头："考试太意外了。"

爸爸："我现在算是搞明白了。这样吧，你先休息一下。晚饭后，你先安心做作业，我先看看你的试卷，研究研究，然后咱们再找时间一起分析试卷，我可能也要去请教专业人士，看看怎么分析试卷。你也不用担心了，咱们解决这件事就是。"

孩子没考好时，遇到麻烦时，他们的确需要父母情绪稳定，需要有人能共情，但是孩子更加需要实质性帮助，这种父母就是建设型父母。

问题38　孩子考好了，父母如何利用这个机会让孩子成长?

我发现，孩子考试考得不好时，父母往往高度重视，甚至有时还过度重视。可是到了孩子考试考好时，父母就掉以轻心了，往往只是表扬、鼓励，甚至还出现了错误处理——物质奖励!

这样做的直接后果就是把学习动机带偏了方向。

那么，当孩子考试考好了时，父母需要做什么呢？原则是，父母需要利用这个机会来强化孩子的学习动力，同时帮助孩子成长。

我讲一个亲身指导的案例吧。2016年，我在一所小学开讲座，在某班教室门口，我听见一位数学老师和一位父亲的对话。当时共有三个人在场，父亲和孩子，还有数学老师。

王老师对这位父亲说："李先生，告诉您一件喜事，您儿子这次数学考试，考了满分，好棒啊！"

父亲："是吗？谢谢老师。"接着转身对着儿子说："你不要骄傲哦！要继续努力，知道吗？"

儿子听到这里，一脸的尴尬、无奈，默默地点头，脸上闪过一丝不耐烦的表情。

然后这位李先生就要转身离开现场，我看到这里感到十分惋惜，一个鼓励孩子、强化学习动力的绝佳机会眼看就要落空！

这位父亲可能不知道，他做错了两点：

第一，孩子考试考好了，照理说是一件值得开心的事情，而且孩子还没开始骄傲，父母却说“不要骄傲”，这一步起不了打预防针的作用，相反起到了泼冷水作用！

第二，父亲的一句简单鼓励“继续努力”，属于简单、抽象的鼓励，没有具体信息。孩子并不知道自己需要强化、重复操作的是什么，那么这句话就是低效的鼓励！

看到这里，我忍不住走上去拦住了李先生，把他拉到一边，悄悄告诉他：“李先生，您等一下，您儿子考试考好了，您不能这么简单鼓励，那样没有用，我给您示范一次，将来您就知道怎么做了。”

由于家长都认识我，所以王先生十分高兴，一脸惊讶地连连点头。我再次走回到小家伙身边，蹲下去说道：“小家伙，我是郝老师，请问怎么称呼你？”

学生：“我叫李小明。”

我：“小明，认识你很高兴。听数学老师讲，这次考试你考了满分，我想知道你都做了什么？”

小明：“没做什么啊。”

我：“你不用紧张，我只是好奇而已，你想想，你肯定做了些什么，才会考满分。”

小明一脸茫然地想了想，说：“我做完作业会检查啊。”

我：“嗯，还有吗？”

小明：“我上课认真听讲啊。”

我：“嗯，再跟我说说，你是怎么认真听讲的呢？”（微笑）

小明："我不乱动，也不说话，还有一直在听老师讲课。"

我："这下我完全明白了，你做完作业会检查，而且你上数学课，不说话，不乱动，一直在听老师讲课，所以这次考了满分，对吗？"（微笑）

小明："是呀！"

我："真好，我最后还想知道，你这样做，会觉得辛苦吗？"（微笑关切）

小明："还好啦！"

我："嗯！（拍拍孩子肩膀）如果你觉得辛苦记得跟我说，好吗？"

小明点头笑了，然后我站起身给李先生递了个眼神，示意他"看明白了吗？"，李先生使劲地点头。看来他明白了我们两个人操作的不同之处。

我之所以这样做，目的有两个：

第一，让孩子自己说出"积极的行为"，这一步属于"自我强化优点"。

第二，让孩子知道具体哪些行为是值得保留的，这一步属于高效的鼓励。

问题39　试卷档案分析怎么操作？

很多孩子考试没有考好哭泣时，父母没有去说教，父母安抚孩子的身体，帮助孩子擦干眼泪，并且跟孩子说："没有考好，不怕，咱们下次认真准备考好就是。"

首先，我们来说说这些父母的失误：

（1）孩子因为没考好而哭泣，是带领孩子去检索自己学习状态（备考状态）的最佳时机，可是父母安抚了情绪后，就放过这个机会了，让孩子去做作业了。因为人类在痛苦的时候有利于反思，相反开心的时候是不利于反思和总结的。

（2）由于缺少反思和总结，孩子错过一次成长锻炼的机会，浪费这次机会，虽然不一定就有严重后果，但是假如这样的处理模式变成常规呢？后果就不那么乐观了。

（3）孩子以为自己的难过仅仅是没考好造成的，他不会对自己有深入了解，父母也没有带领孩子去探索自己难过背后的根源是什么，比如：是担心再也赶不上来吗？还是觉得自己的努力白费了？或者是感觉自己很蠢？于是，孩子错过一次认识自己的机会。

（4）从聊天步骤来看，父母表态太早了，没有使用“言语跟踪”继续询问，而是直接表达了观点——没什么，下次考好就是。这样阻止了孩子表达，可能为将来的沟通埋下隐患。

接下来，我重点说说“试卷档案管理”这个数据应用技术。

第一步：我们要记住的是月考试卷是最重要的学习数据来源。为什么是月考试卷呢？因为月考一般是综合性考试，数据有代表性。

第二步：把本学段所有的月考试卷分数进行登记，并画出曲线图，那么结合“年级平均分曲线图”，我们可以分出优势科目、潜力科目、困难科目、恒定科目。

优势科目——曲线总是高于年级平均分的曲线位置，并且没有太大的起伏。

恒定科目——曲线接近年级平均分曲线，起伏一致，差距没什么变化。

潜力科目——曲线起伏很大，有时在年级平均曲线之上，有时又在它之下。

困难科目——曲线起伏不大，但是总是低于年级平均曲线。

第三步：针对理科类试卷准备4种颜色的笔记本。分别是蓝色、红色、绿色、黑色。我们就用这四种颜色的笔记本来对错题进行分类管理。

蓝色 A 档案——记录“自己完全会的，但是由于某种低级错误，做错了的题目”。

红色 B 档案——记录“自己完全不会的题目”。

绿色 C 档案——记录“时间不够没有做的题目、时间不够随便写的题目”。

黑色 D 档案——记录“答题卡填写错误的题目”。

父母和孩子合作，一个看试卷，一个负责登记。把试卷里符合上述4 个条件的题目找出来，登记原题，就是把试卷上的原始题目抄写在 4 个记录本里。根据原题找出教材相应知识点的位置，登记其章节、页码。

临近期中考试，打开数学档案本，先看 A 档案，发现第三章第二节有 3 次记录，说明这个知识点有 3 次“失误写错”，然后重新找回那3次失误的试卷，对题目进行复习。

平时练习、补习就看 B 档案的记录，那是需要刻意练习的部分。

而 C 档案里的题目，需要每 3 天做一次，总共做 3 次，并分别统计 3 次做题的时间，计算耗时多久、是否耗时缩短。如果发现耗时没有减少、做题卡顿的现象，就说明此记录属于 B 档案，不属于 C 档案。（实际是不会做，造成耗时太久，不是时间不够。）

对于D档案的题目，使用多种方法来减少失误。如在从草稿纸往答题卡填写的过程中，心里默念那个答案，调动视觉、认知一起参与。

第四步：语文、英语的档案管理和数据分析流程。

（1）登记题型名称，比如：听写、文字书写、看图说话……

（2）登记得分；

（3）每5次、10次考试进行一次数据分析；

（4）统计各个题型的G分（历史最高分）；

（5）统计各个题型的P分（平均分）；

（6）计算升值空间：G分－P分（历史最高分减去平均分）；

（7）找出升值空间最大的题型，根据升值空间大小排列出复习顺序，并询问老师怎么提升。

问题40　如果孩子抄同学作业，父母该怎么办?

首先，父母需要仔细体会这句话——理解孩子的一些不良行为，不等于要放过这些行为。

这是关于“界限教育”的一条基本要求，目的是培养父母都期待的品质——诚信与担当。

前几天，在我们的父母交流群里，有父母问到“关于孩子抄同学作业这件事怎么处理”。当时，群里就有父母提到几个点，值得深思：

（1）很多人在学生时代都有过抄作业行为，它是很普遍的。（暗示这行为因为常见就容易被接受）

（2）父母第一反应是去询问孩子为什么抄写作业。（错误行为的原因是需要父母去了解，但那也是放在承担后果之后）

（3）父母在询问孩子为何抄写作业时，居然主动使用“诱导性问话”。比如：“你是不是不会做作业，所以就去抄同学作业呢？”（这种父母预设了答案的问话方式，容易训练孩子撒谎，这等于在训练孩子说假话，孩子很容易顺势说“是的”。）

事实上，抄作业这种行为危害大不大，不好确定。它的确很普遍，甚至很多父母年轻时都干过，但“理由”和“性质”完全是两回事！

当遇到孩子抄作业时，父母第一反应应该是：坚决制止，同时声明绝对不允许这个行为存在，而且是没理由可讲的，并坚持要孩子重新做一次作业。承担完后果后，再处理一下孩子的情绪。第一次发现这种情况时，就要严肃处理。

后续父母还要整理“管理漏洞”，包括校园和家庭管理漏洞。

希望父母要严格把好此关，培养孩子的责任心和诚信。

问题41　孩子初三、高三，父母如何引导孩子缓解焦虑?

众所周知，中考、高考对每个家庭都是严峻的考验，无论是学生还是家长，有焦虑心理是完全可以理解的。焦虑滋生于现实与可能，当下与未来之间的不确定。焦虑在一定程度上是有积极作用的。

学生的考试焦虑主要来源：

（1）不知道自己能考成什么样。

（2）不知道自己的努力是否能得到回报。

（3）不确定现在的学习方式是否有效。

（4）即使现在成绩很好，也不确定未来的成绩会怎样。

而很多时候，焦虑之所以愈演愈烈，是因为人们错误地认为——焦虑是不应该存在的，不接纳自己的焦虑，进而试图从认知上去抑制它、消除它，结果适得其反，更加焦虑。

那么应该怎么做呢？

接受焦虑，控制焦虑，这里有一些方法供参考：

（1）深呼吸。

（2）运动：瑜伽、长跑。

（3）看喜剧。

（4）微笑、大笑。

根据现实状况进行分析，弱项科目具体的弱项在哪里？知识点掌握不牢的地方有哪些？有限的时间里怎么分配精力才是最有效的？这样做，才能保证把力用到刀刃上。

如果孩子平时学会了如何做试卷档案管理和分析，那到了关键时刻就能高效学习、高效复习，焦虑情绪也会下降。遇到负面情绪，孩子如果难以承受，及时寻求家人、朋友、学校心理老师的帮助。

问题42　孩子作业是和父母一起预习新课，可是我不会，怎么办呢?

家长在辅导孩子作业的过程中经常遇到自己也不会的题目，这个问题也是让父母头疼、尴尬的事情。那么应该怎么处理呢？

首先，父母需要知道自己的职责，身为父母，重要的职责之一是“管理”，你不是孩子的“伴读学童”。

父母不要着急、紧张、慌乱。不要在看到题目的第一时间选择逃避，假如父母不会，也不能轻易说“这道题我也不知道，你问你爸去”诸如此类的话。这时候不仅孩子的作业完不成，对于孩子学业上的难题也会像“踢皮球”一样被踢来踢去，得不到解决。长此以往，孩子面对难题时也容易习得逃避的解决方式。

其次，父母需要知道学校布置的这个任务是为了什么。学校给你布置的任务是——和孩子一起预习明天的课文。你需要知道这个任务的真正目的是什么。

学校布置这个任务给家长，初衷是希望父母承担好自己的责任，在家里管理、督促、帮助孩子预习课文。

管理要点：

（1）知道孩子是否把预习这件事放在计划任务里。

（2）营造适合学习的环境，父母负责大的环境，孩子负责自己的房间和书桌。

（3）管理孩子预习过程中的表现。比如：小动作、时间把控、无关活动、情绪等。

督促要点：

（1）当孩子在预习课文的过程中出现中断、分神、发呆时，父母及时干预；

（2）孩子预习完后，父母检查后给予积极的反馈；

（3）当孩子表现出疲惫、无聊情形时，父母提供支持，要么让孩子坚持预习完再休息，要么让孩子先休息一下，再继续预习。

帮助要点：

这里的帮助侧重点在预习的内容和预习的方法上，使孩子的预习对学习起到作用。这一步属于技术活，需要父母平时的积累。

假设孩子明天预习的课文是一篇“看图说话”，那么父母应该提供哪些帮助呢？

（1）父母需要提前知道“看图说话”是锻炼孩子什么能力。这一步父母需要提前下功夫，看书、请教专业人士、培训都能解决这个问题。

看图说话，能锻炼学生的观察力、理解力、口头表达能力。

（2）父母的帮助往往体现在“巧妙的提问”，通过提问来引导孩子思考的方向和内容。比如：“图中有几个人，分别是男、是女？”“共有几只鸟儿，几朵花？分别可能是在哪些地方？”“是公园还是学校？”

（3）父母的帮助还体现在，了解自己提问的顺序。

科学的顺序是：按照图片本身的顺序，画面里有什么—它们位置在图片中哪里—它们彼此之间空间关系（谁在谁的左边）—它们在做什么。

此时观察的基本属于“外显信息”，接着就开始朝着“背后信息”（需要理解的信息）开始观察了。

问题43　三年级孩子偷偷用计算器做题，被老师没收，父母应该怎么办？

案例：

老师跟家长反映，三年级孩子偷偷使用计算器做老师尚未讲过的新题，计算器被老师没收了。一开始孩子否认这一事实，母亲询问计算器从何而来，孩子拒绝回答。后来，孩子被母亲要求写检查书，在父亲的巴掌下交代了计算器的来源。

在这个处理过程中，家长大概犯了9个错误。

第一个错误：这件事属于重要但不紧急的事情，不应该一回家就处理。先处理这事，造成孩子哭着写作业，把当天的作业也影响了。

第二个错误：既然妈妈已经要求孩子写了检查书，为什么晚上爸爸还要打孩子一巴掌？

第三个错误：既然老师已经告诉父母情况，为什么回家第一个问题是“你是不是用计算器做作业？”这个属于明知故问，等于在诱导孩子撒谎。

第四个错误：出卖老师，告诉孩子王老师打来电话揭发了他。这样等于在制造孩子和王老师之间的隔阂。

第五个错误：写检查书有什么意义？这件事没有得到处理，那些用计算器做的作业，孩子还是不会。

第六个错误：孩子毕竟是用计算器做数学作业，他不是拿计算器玩游戏，这里隐藏着他对数学的兴趣，可是这个兴趣没有得到激发。

第七个错误：孩子做的是老师没讲的题目，说明孩子有旺盛的好奇心，可是这个好奇心没有得到鼓励。

第八个错误：打孩子是暴力教育。

第九个错误：夫妻合作属于“压力转移型合作”，妻子搞不定了，就把这件事推给丈夫，等于把问题当作皮球一样踢给了丈夫，这样做不是成熟的合作模式。

通过这件事的处理，看得出来一些家庭教育依然非常粗糙不专业。

正确的处理流程如下：

（1）孩子回家，不要立刻过问此事（此事虽重要但不紧急，可以延后处理），先按照日常计划进行；

（2）等孩子作业写完了，由父母中的一方询问：“你是不是对老师没有讲的数学题感兴趣？我现在也感兴趣这些题目，请把它拿来给我看看吧。”（亲切语气、微笑表情）

（3）请孩子笔算一下题目。（如果孩子会了就直接表扬）

（4）如果孩子不会，就教孩子怎么计算，让孩子体验到成就感和愉悦感。

（5）表扬孩子的好奇心、探索行为。

（6）告知“我知道你不会笔算时用了计算器，希望以后别再使用计算器，如果不会做，可以问老师或者问父母，我们很乐意教你”。

（7）最后询问计算器是怎么来的，然后再处理。

问题44　一个孩子不写作业，背后的动机是什么？（冲突化解的标准流程）

我在直播课里曾经提到——人类的本性是爱学习的。但是这个“学习”是广义上的学习，并非指“校园学习”或者“书本学习”。

孩子不写作业这个问题，父母处理的前提是对它有一个比较全面的认知。

首先，不写作业是一种行为，而非一个问题。许多父母改变不了，是因为找错目标了。他们往往把不做作业当作问题，这一点大错特错，完全属于方向性错误，注定失败！

实际上，不写作业行为背后的原因才是真正的问题。

那么这背后的问题都有什么？我这里就先说说前5种常见问题。

（1）家庭管理失误导致；（特点是父母管理上存在明显的问题，比如：管理不到位、管理粗暴、管理没有原则等）

（2）亲子冲突导致；（特点是突然出现的不写作业现象，而且在此之前刚刚发生过亲子冲突）

（3）学业难度高导致；（特点是随着学业成绩的下降，开始逐渐不写作业）

（4）个人心理精神因素导致；（特点是个体存在某种精神疾病或者心理问题，并且在很多行为上都出现了退缩、自暴自弃现象，其中包含不写作业的行为）

接下来，我来说说其中第二种亲子冲突导致的不写作业，以及怎么处理。

其一，什么样的事情算亲子冲突呢？

这个判断标准有两条：

第一条：父母与孩子发生冲突的过程来判断，包括暴力打骂、说出严重侮辱性语言、作出严重的物品破坏、严重的体罚。（从过程来看）

第二条：根据事件给当事人造成的心理冲击来判断。比如：当事人感觉很委屈、很痛苦，并且对于彼此都感到失望，甚至出现了怨恨的心理感受。

其二，亲子冲突如何化解呢？

（1）最佳化解冲突的人员——当事人自己。

（2）时机很关键。

冲突发生后，一周左右是解决冲突的最佳时机，过了这个时间段，当事人解决冲突的动力会渐渐减弱。可怕的是，错过最佳时机后，当事人之间看似恢复平静的背后，其实隐藏着负面情绪。更加可怕的是，错过了最佳时机，人的大脑会去消化、处理负面情绪，这时就可能形成一些错误认知，这个错误认知会进一步伤害亲子关系，未来可能还会出现新的冲突。

（3）亲子冲突的处理流程：

第一阶段：父母通过对冲突的深刻分析，而且只能分析父母自己，不能对孩子的行为进行分析，避免产生新的分歧和矛盾，目的是建立信任和谅解。

（1）父母对冲突发生的原因进行深刻的分析：（可以借助外援）

A. 冲突发生的那段时期，我是否承受了什么压力？

B. 冲突发生当天，我是否遇到什么不顺心的事情？

C. 冲突发生当天，我身体是否不舒服？

D. 冲突发生前，我是否和他人有过冲突、矛盾？

E. 冲突事件中，我主要担心什么？我最怕的是什么？

F. 冲突事件中，孩子的什么反应让我最恼火？

G. 冲突事件中，我具体做了什么？这些行为的本质是什么？

（2）父母试着分析冲突给孩子造成的影响：

A. 这次冲突前，孩子是否存在什么压力？

B. 冲突发生当天，孩子是否遇到什么不顺心的事情？

C. 冲突发生当天，孩子身体是否不舒服？

D. 冲突发生前，孩子是否和他人有过冲突、矛盾？

E. 冲突过程中，孩子的反抗、拒绝背后的动机是什么？

F. 冲突事件中，孩子产生了什么心理感受？

G. 冲突事件后，孩子最痛苦、最难受、最失望的是什么？

（3）双向分析结束后，选择只有当事人双方在的场合和时机。当事人陈述“自我分析”。比如：妈妈开始分析自己在冲突中的原因和压力。（陈述上述第一步A到G的内容）

（4）当事人为自己不当的行为进行真诚道歉。（一句话够了，但是要真诚）

（5）给孩子消化的时间。（不要强迫对方立刻给出回应）

第二阶段：开始分析孩子的行为。

第一阶段结束后，3 天左右，孩子也消化了父母的“自我分析”，负面情绪会逐渐减少，此时就可以进入第二步——对冲突中孩子的行为进行分析。

（1）邀请孩子进行聊天；

（2）陈述对孩子在冲突中言行的理解；（上述第二步的A到G）

（3）请求孩子进行补充，或者提供解释；

（4）父母和孩子就冲突这件事达成共识、谅解；

（5）总结孩子的对抗行为（如：不写作业）是否是最好的处理方式。

第三阶段：处理对抗行为（不写作业）及其造成的后果。

这 3 个阶段的处理，基本上可以用于很多亲子冲突，帮助父母改变孩子那些不写作业、不出门、不吃饭、发脾气等对抗行为。

问题45　遇到这样的投诉，父母怎么回复?

案例：

今天，一位小学生的父亲在线咨询一件事。这位父亲很生气地讲到一件事，“郝老师，昨天我接到儿子小学数学老师的电话，其实已经不是第一次接到这样的电话了。我感觉很生气，但不知道怎么回答，想问问您的建议和分析。”

我：“嗯，说说看，什么事让您这么生气？”

家长：“儿子小学四年级，他们数学老师告诉我，孩子解题时，老师要求每一步都要单独空行来写，这样步骤就能一目了然，我儿子也空出了几行，但是他没有写出步骤，而是直接写出答案。老师认为他没有严格按照规定，即使答案是对的，也要把步骤一行行写清楚。”

我：“哦，明白了，那您生什么气呢？”

家长：“我生气的是，我儿子不按照要求写，是他不对，那老师应该直接批评他。可是这个数学老师语气很凶，很生气地跟我讲一堆大道理，说什么这是培养孩子逻辑严谨性，说从我儿子这个行为中可以看出他不为别人考虑，将来长大了进入社会、进入职场，这样只管自己省事，不管别人感受，是不行的，是不好的性格……”

那么，家长应该如何处理呢？

（1）处理孩子在这件事上的委屈情绪。

（2）调查孩子的答案来历，可以在安抚孩子情绪之后，请孩子写一道题的步骤给自己看看。

（3）父母根据孩子提供的答案来历，判断事件的处理方向。假如孩子无法提供步骤，就要询问答案的来历。假如孩子能提供步骤，那么先肯定孩子的能力，然后讨论，怎么处理不按照要求书写这件事。

（4）父母和老师通话，告知老师自己处理的步骤和结果，再次感谢老师对自己孩子的上心和用心，请老师继续严格管理孩子的行为，最后承诺会配合老师严格管理孩子的行为。

（5）父母最后再巧妙地提醒老师，他的推断可能言之过早。比如：“×××老师，我明白您不希望我儿子将来变成不体会他人感受、无法合作的人，所以您对他不负责行为看得很重。这一点我们和您的立场一样，我们也很重视此事。我只是希望，咱们成年人对孩子要有信心，一两次的行为不能定义他们是怎样的人，他们未来还有很大变数，太早的定性我担心反而真的让孩子觉得自己就是这样的人，这样一来，咱们岂不是成了真正的帮凶了。今后，在很多方面，咱们还要多沟通、多联络，共同培养孩子走上正确的道路，谢谢您的辛苦付出。”

问题46　孩子写作业拖拉敷衍，我们应该怎么帮他培养好习惯呢?

案例：

6岁男孩，一年级学生。父母的困惑是：孩子总是没有节制地玩，说好了玩多久，但到了时间还是一再地往后拖，喊他回来也像没长耳朵一样。

他的作业也是如此，比如：一些复习，或者一些阅读作业，全都抛在脑后，总是勉强做做，敷衍了事。我们应该怎么做去培养他的好习惯呢?

我常常提醒父母：学习家庭教育，重点并非学习“技术”，而是建立一种“思考分析问题”的模式（一种能力），具备这种能力之后，父母才会随机应变地自己解决问题，这也是我这本书的最终目标，我一直在做着这件事。

那么，我们就来试着分析这个背景资料，关注点在哪儿呢?

（1）父母对问题的判断——孩子写作业拖拉敷衍、孩子贪玩不能兑现承诺、孩子贪玩不听管理；

①父母判断的来源是什么?

来源于父母看到的孩子的行为表现。

②缺少什么来源?

缺少来自孩子的观点。（需要在聊天中呈现）

因此，父母的这个困惑背后实际上仅仅是他们的“担忧”，也是一种主观判断，缺少来自孩子的观点，自然找不到解决问题的出路。

（2）解决问题的思路

第一步：收集孩子的相应观点。

第一问——“你在玩的时候有什么感觉？”

第二问——“你在玩的时候，是否记得我们的约定？”

第三问——“对于我们约定的这件事，你有无被强迫的感觉？”

第四问——“想到做作业这件事，你有什么感觉？”

第五问——“说起阅读这件事，你有什么感觉？”

第二步：父母重新讨论孩子行为的本质。

可能结论有：孩子玩得高兴忘记约定；

孩子记得约定，但是抵抗不住快乐的诱惑；

孩子对于作业、阅读的认知（感觉）不好。

第三步：父母检讨自己在孩子心目中的威信度。

判断方式：自己的管理孩子是否尊重？什么情况下才会尊重？

这里父母需要区分清楚，孩子需要尊重父母这个身份吗？还是要尊重父母的管理？（类似于，尊重别人的工作）

根据这三步的结果，父母就会重新认知这些事情，才会看到问题的本质，然后做相应的调整。

认知建设在于刻意在聊天中表达认知+不断地重复。

威信度的提升依靠父母有原则+必要的坚持+友好地善后。

问题47　孩子觉得自己考试成绩下降造成情绪沮丧，不想上学，这是真相吗?

案例：

今天，接待了4个来咨询的学生，两个初三、一个初二、一个高二。其中有两个学生，3年前我们接触了其父母，预测了孩子的反应，今天出现了预测的反应，于是父母赶紧带着孩子前来咨询。

全家人都很纳闷，为什么我们能预测孩子的反应？从中父母可以学习到什么呢？

首先，科学就是干两件事：

第一，解释现象。

第二，预测未来会发生怎样变化。

3年前，夫妻俩带着老大来咨询高效学习方法，老大乐观、善谈、漂亮、自信，唯独成绩不好。老大在现场的谈吐惹得父母笑口常开，孩子成了整个场面的焦点。

后来，我得知家里还有一个妹妹（当时读小学），因为住校没有一起来。我对夫妻俩说："老大面临的问题真不算大问题，但是你们夫妻却很紧张。我更担心，这样的场面是否在家里也是常态化？"

老大诡笑着点头，我说："糟了，我更担心老二会承受压力，老大不知不觉中把所有的关注吸引走了，掌声、喝彩声都围绕着老大，老二很可能会失落、委屈、孤僻、古怪，希望你们夫妻注意这点。"

当时，夫妻俩有些将信将疑，因为那时候老二还小，还没什么迹象显露。

时隔3年后，夫妻俩带着老二来咨询了，原因就是老二变得越来越敏感、多疑。老二也不是故意这样做，但她的性格就这样在不知不觉中形成了。在学校学习的时候，注意力容易被分散，影响学习效果。

父母要想找到真相，要留意一些重大事情。老二中考不是很顺利，算是一个小小的打击，当时她以为自己没事，周围人也以为没事。其实，她的自我价值系统已经受到打击，出现了自我怀疑。最近的一次大考失利，唤醒了当年的阴影，她的担忧、恐惧越来越明显……

我们今天就集中讨论，是自我怀疑让我们情绪沮丧，而非考试成绩下降这件事，孩子需要重建信心，重新消化中考的意外。

父母和孩子聊回中考，重新进行分析解读，看看哪些是自己应该负责的，哪些是自己不该负责的。

经过分析，孩子由于前两天试题或陌生或偏难，第三天出现“沮丧后放弃反应”，结果成绩偏离预期。

那么，为了防止历史重演，孩子就要抓紧时间，提升心理素质了，这个可以找学校的心理老师，进行刻意训练，包括渐进式压力承受训练、视觉化想象训练……

问题48　孩子胆小不敢给父母检查数学作业，怎么办呢？

案例：

有一个家长问道：“我女儿小学四年级了，有一个习惯始终改不了。她自己也说过想改掉，可是做不到。她语文、英语都挺好，所以会主动把语文和英语的作业给我检查，但是她数学不好，就死活不愿意把数学作业给我检查。不管是作业还是考试，都不愿意给我们看，怎么说都不听，她也知道这样做不好，可她说控制不住自己。我们坚持叫她拿出作业来，但她就直哭，让我们很心烦。郝老师，这孩子是不是有心理问题啊？”

这位妈妈认为自己面临的问题是孩子不肯给父母检查数学作业。事实上，这是问题吗？假如这不是问题，那么问题是什么呢？父母遭遇某个所谓问题时，最需要的是分析能力，我们试着这样去一步步分析。

第一，不是孩子不喜欢数学的问题，因为她没有拒绝做数学作业。

第二，孩子没有拒绝给老师检查数学作业，说明应该和老师无关。

第三，孩子拒绝的是“检查”这件事，而且是拒绝父母检查数学作业，那么说明此事和父母有关。

第四，父母检查孩子数学作业会怎么样呢？曾经发生了什么呢？

孩子的拒绝背后是——恐惧（害怕、紧张），所以我们不难假设——以前父母是否在检查孩子数学作业的过程中发生了一些不愉快的经历？

这时，一条心理路程出现了：

早期父母检查数学作业过程遗留紧张、害怕的感觉—形成鲜活的记忆图示—产生抵触情绪—产生抵触想法—拒绝给父母检查数学作业。

这样看来，这个家长面临的任务是——怎么处理历史遗留的恐惧感，从而顺利检查数学作业呢？

第一步：这件事需要严肃谈话，因此要进行预约，预约3天后和孩子聊聊此事。

第二步：鼓励孩子谈谈以前检查数学作业时的感受。假如孩子说“不知道”“没什么”，沉默不语，哭泣，父母就要处理当下的反应。比如：“你不说话，是不是觉得不知道怎么说？”

第三步：父母不能解释、辩护、指责，只需要给孩子回应，表现自己在认真地倾听。比如：点头、微笑、看着孩子眼睛。

第四步：孩子通过倾诉，情绪渐渐稳定下来后，父母可以为自己的某些行为道歉，接着就是做出承诺。

但是，注意一点——不要指望、期待孩子会立刻给予积极回报。

一般而言，父母主动承诺，往往会遭遇孩子的故意不配合，这实际上是孩子在考验父母，孩子还没拿定主意是否相信父母。父母挺过考验期之后，信任才可能慢慢建立。

第五步：给孩子消化的时间。

第六步：3天后，再次尝试征询孩子意见，检查数学作业，如果孩子依然不愿意，可能孩子还有不好的感觉存在，或者孩子不敢相信自己的父母，那么父母不能表现出失望、焦虑、着急，要继续鼓励和倾听。

其实，这个案例里父母处理的事情实际上是重建孩子对父母的信任！因此，父母的耐心和决心至关重要。同时父母需要牢记住，一旦开始处理此事，就不能回头了，否则等于再次欺骗并伤害了孩子。

问题49　发现孩子在学校卖玩具赚钱，如何教导？

有位爸爸提出一个很有趣的话题，引来多人参与讨论。

这个话题，后来证实，很多家庭都出现过，同时我发现，几乎所有家庭都表示——当时真不知道怎么办。

从大家的回答里，我看到，有处理得不错的，有没有处理的，也有搞砸了的……

那么这个父亲问了一个什么有趣的问题呢？

这个父亲提出——“今天小孩跟我说，10元买的一个玩具，转手卖给同学，赚了5元。这个问题我该如何教导呢？”

这件事，说明孩子很喜欢模仿成人世界里的行为，其中包括经商行为。它不是大逆不道，也不是蓄意投机倒把，更不是从此就要走上堕落之路。

为什么家长潜意识里担心孩子经商呢？也许，我们潜意识认为，学生应该好好读书，不能做与读书无关的事情。

那么，父母遇到这种情况，应该怎么办呢？

第一步：假如这件事是你自己发现的，或者是由第三方告知你的，那么父母的第一步就是“了解清楚事情经过”，不管是直接询问孩子，还是向第三方询问，总之要把事情搞清楚。包括：

A. 这件事从什么时候开始？

B. 具体卖过什么？

C. 从哪里进货？

D. 资金从哪里来的？

E. 利润有多少？是怎么处理利润的？

F. 接下来的计划是什么？

注意，问到这里才算结束。这里隐藏一个目标，大家仔细看看父母了解的那6个问题，这实际上就是一个经商的最基本流程。从时间长短，到进货渠道，到资金成本，到利润分配，再到商业计划。

父母问清楚孩子的商业行为，从中找出哪些是需要父母引导的，哪些属于父母认同的，哪些是需要禁止的。

第二步：和孩子预约时间，正式谈这件事。（让孩子有时间整理思绪）

第三步：在孩子整理思绪过程中，父母也可以根据孩子的具体行为，进行筛选。

第四步：和孩子正式地谈谈此事。不用非常严肃，但是要做到正式。比如：表情、语气可以很轻松，但是谈话地点、形式很正式，没有干扰，没有外人，有一定的仪式感。大家都放下手上的事情，围坐在一起谈论此事。

第五步：父母可直接描述现在掌握的信息，请孩子补充和修正。

第六步：请孩子就此说说自己的观点。

第七步：父母说出孩子观点背后的动机与需求，并允许孩子修正、补充。

第八步：达成共识后，父母开始说自己的观点，以及对此事的要求。在这一步里，父母就需要把认同的部分、鼓励的部分、绝对禁止的部分进行区分表述。

第九步：询问孩子是否需要进一步解释，是否还有什么补充观点和要求，然后一一讨论，争取达成共识。

关于孩子在学生时代的经商行为，父母还是要坚持一些基本的原则，并且要在孩子面前清晰地表达出来。至于具体是什么原则，这个是由父母共同制定的。比如：什么年龄之前允许部分商业行为，什么年龄之前绝不允许商业行为，什么年龄之后父母不再干涉商业行为。再比如：在哪些时间、哪些场合、针对哪些群体是不能进行商业行为的。

另外对于金钱的使用要求、交易的物品种类等，父母也要有清晰的标准。

问题50　孩子是班干部，但是同学不听他的，怎么办？

案例：

一名高二女生眼圈微微泛红地说道：“我是纪律班长，晚修时有一项重要工作，就是维持纪律，制止那些说话的同学。可是我不管怎么说，同学们都不怎么理我，还是照样说话，甚至说我好烦。”

“看你神情，你为此痛苦很久了吧？”我问道。

她点点头，眼泪终于掉下来了。

我静静地等她自己止住哭声，过了10多分钟后，她控制住了情绪，问我：“老师，我该怎么办？”

我请她尽量在办公室里示范、还原在教室里是怎么维持纪律的。她镇定后，给我做了示范，也暴露了她的失误。

（1）声音很小，没有震慑力；

（2）语气很软，没有力度；

（3）略微带着乞求的味道，没有权威感；

（4）当同学没有积极响应时，她自己先哭了。

我告诉她："你现在面临一个选择，如果你觉得自己不适合纪律班长这个角色，不想做的话，我完全能够理解，这不是什么失败，只是不适合这个角色而已。但是假如你不想就此放弃，你必须要知道接下来你所要面临的挑战，虽然不是什么大挑战，但还是有一定的难度，你愿意冒险试试吗？"

她问我："什么挑战？"

我说："你说话的方式和音质可能是真正的原因，只要你尝试一段时间新的方式，可能事情就会出现转机。"

她表示很感兴趣，我继续介绍："人在做一些违规的事情时，其实内心是有一些内疚感的，你只要激发并且扩大对方的内疚感，对方就可能会妥协听话。"

她问我："具体怎么做呢？"

我介绍道："人内疚时，最不该做的是审问，那样可能造成对方辩解。其次，对于内疚不该做的是发火，那样内疚就会快速消失。再有，对于内疚不能做的是哭泣不止，那样对方会陷入不知所措之中，会产生烦躁感。"接着我给她举了好多生活中的例子，她终于完全明白了。

然后我告诉她，当对方内心深处有内疚感时，你要做的是待在现场，温柔地坚持。不发火、不黑脸、不哭泣、不讨好、不乞求，站在对方跟前，默默地、温柔地看着对方的眼睛，不要躲避对方眼神。这时，现场那些“中立同学”很可能会感觉到你属于“弱势群体”，会萌生保护你的欲望，他们很可能会支持你，谴责说话的同学。

另外，由于你没有任何攻击性，那些说话的同学就不容易出现防御和辩解的行为。最后，对方会迫于舆论压力和自己良心的压力，闭上嘴巴。这时候，你就要微笑，并大声地说“谢谢你”，感谢的话要让全班都听到，这样给了那个说话人台阶下，使他有面子，他更加有可能停止说话。

她高兴地点头，然后问我：“要是对方依然如故呢？”

我笑了笑：“如果真遇到那样的人，好吧，告诉自己这是对方的问题了，你已经做到最大程度的宽容，完全不是你的问题了。”

她笑着点头表示明白了，接着我们彩排了两次，确保她完全掌握后，我们结束了谈话。

几天后的下午，她兴冲冲地跑进我办公室，告诉我她成功了。

问题51　如何帮助孩子学会借助“同学资源”来做班级管理事务?

很多孩子在学校担任班干部，这是一种领导、管理能力的锻炼，因此很多父母都会支持。但是，孩子的学科学习里很少有相关的知识，父母也不一定会给孩子传授、介绍相关的经验。

现代管理也强调管理者要善于整合资源进行有效管理，并不是“一言堂”“高压”“专制”的管理模式。于是，在孩子经历一些管理困扰的时候，就是父母大显身手的时候了。

有一名高二男生（某班体育委员）找到我，提到自己的一个困扰：

他发现自己现在叫不动同学了。比如：做早操、集合、升旗集队等，自己作为体育委员喊不动同学，同学们好像总是懒懒散散地不听指挥。

我第一次回答他："周一升国旗，我悄悄去看看你是怎么叫的。"（没有实地调查就没有发言权）

前两周我偷偷地旁观他的实际工作状况，发现他喊人时有几点不足之处：

（1）全程没有笑容，眉毛立着。（估计他以为这是威严）

（2）频繁走动，没在一个地方站定。（频繁走动说明自己紧张，而且同学们也会感觉到）

（3）每次都是自己一个人在喊，没有助手帮助。

于是，我把他叫到办公室一起分析：首先，我表示理解他的难处和心情，同学们不听自己指挥，感觉自己失去威信，这种感觉很难受。

说到这一步，小伙子居然哭得跟泪人似的，看来他憋了很久了，为这个在家里也无端地和父母发脾气。我安慰他后，迅速带领他考虑怎么解决这件事。

首先，你需要找三个好朋友当助手，一起喊同学集会，因为当你们能量变大后，同学们不听4个人的指令，压力就会增加，所以他们听指令的可能性高很多。

其次，你们4个人喊话时，切记不要走动，站定一个位置喊指令，这样同学会得到持续的指令压力，走动等于自己在泄劲。

再次，平时不要和同学疏远，增进和他们的感情，增进感情后，同学如果不听指挥的话，会有情感上的压力。

男孩问我："如果我找不到帮忙的同学呢？"

我告诉他："那么第3点培养感情就是重要的准备工作了，管理要顺利，需要平时下功夫。”男孩点头，表示回去试试看。

为了增加他的意愿和勇气，我们又聊了很多关于“整合资源”的话题。

于是他按照我们讨论的3点建议去实施，今天心理课后他来告诉我：“感谢老师，现在有5个好朋友答应一起帮忙，再也没有以前那种喊了半天都没人动的情况出现了。”

孩子进入青春期后，父母需要通过学习，增加知识和提升能力，目的就是成为孩子重要的人生导师，在他们遇到困扰时，给予实质性的协助。

4

第四章　电子产品如何管理？

问题52　有人说这个时代了，不该管孩子使用电子产品，我们怎么看待这一观点？

案例：

小明的父母带着孩子来咨询，现在孩子才小学三年级，对手机和游戏表现出比较大的兴趣。也不怎么愿意下楼去找同学玩，而是和大家在线玩游戏。父母想制止，孩子表示“同学们都在线一起玩”。身边有朋友认为：“现在都什么时代了，不让孩子接触电子产品不可能，他早晚会接触。现在的限制会导致孩子更想得到，等真的得到时，就会更加失控。”遇到这种情况，应该怎么办呢？

这个问题困扰的已经不是一两个家庭了，时代的确有了很大不同，电子产品已经成为我们生活的“必需品”。我们的生活处处离不开手机、电视、电脑等电子产品。

那么，父母在孩子电子产品的使用上要注意什么呢？有几个忌讳的做法，需要父母注意。

第一，主动给孩子电子产品。

特别是当孩子需要娱乐打发时间的时候，父母为了避免孩子干扰大人的活动，主动给孩子手机、平板电脑来玩游戏、看视频。比如：一家人或几家人在饭馆吃饭，孩子吃完后，很快就会感觉无聊，于是开始动来动去，这样就会干扰父母的活动，很多父母为了避免孩子打扰自己（吃饭、聊天、谈事情），就会主动把手机、平板电脑给孩子玩。

这种做法在低龄段孩子生活中经常出现，它有什么危害呢？

主动给予的东西将来再从孩子手上拿走时，孩子会体验到巨大的难受、委屈、冤枉。

这样做等于为将来管理电子产品埋下了“情绪祸根”。

正确处理是，孩子感觉无聊、难受时，父母尽量做出调整，改变当下计划，做出正确的回应。比如：离开无聊的地方、开始其他活动来转移孩子的注意力。

第二，电子产品的使用界限不清晰。

电子产品的定位——它是工具，不是玩具。

电子产品使用场所——它不能出现在吃饭、学习的地方，在某些特殊公共场合，使用也是受限的。比如：影剧院、医院、法院……

电子产品归属——父母出资购买，所有权归父母，孩子拥有的是“暂时使用权”。

电子产品购买——它属于贵重物品，孩子（15岁以下）购买必须征得父母同意。如果超过15岁的孩子想购买电子产品，父母有知情权和部分决定权。

电子产品内容——电子产品里出现的内容（游戏、文字、图片）须符合国家相关规定，以及学校相关规定，同时也允许家庭存在一些个性化的约定。

电子产品使用的频率——家庭所有成员使用电子产品的频率需要克制，不能影响正常生活、工作进程。比如：熬夜刷抖音视频，耽误上班。

第三，电子产品已经成为家庭生活中快乐源泉。

我们生活需要快乐，只是快乐的来源需要多元化，单一化的来源容易让我们形成依赖，最终难以自拔。

有些孩子在很小的时候，花在动画片上的时间过多，这些动画片提供大量的快乐、愉悦，小朋友渐渐对周边事物不为所动，甚至失去感知能力。那么，此时的电子产品不再是生活的调剂品，而是“毒品”。

因此，父母需要考虑到这点，审视自己的家庭生活——我们的快乐来源多元化吗？

第四，电子产品的使用和学习挂钩。

这是最糟糕的事情，因为这样做会把学习动机带偏方向——学习不再是为了知识，而是为了换取娱乐。

一旦电子产品使用受限，孩子很自然就会失去学习动机。

比如：父母鼓励孩子“把作业写好一点，就奖励你看一会视频”“如果这次成绩进步，那么就奖励你买手机”。

客观上讲，这样的交换短时间会收到奇效，但久而久之，却会带来严重的后果。

时代的确不一样了，我们不可能把电子产品从生活中抹去，但是它毕竟是“高诱惑物”，随意地使用就会遇到麻烦。希望各个家庭在电子产品使用时警惕这4个方面的错误做法。

问题53　孩子想买手机，也给父母写了承诺书，到底该不该给孩子买呢？

案例：

有个家长提问：“我有一个六年级的孩子，十分想要一部手机，整天惦记着这事，我们夫妻俩多次拒绝，可他就是不死心，找出许多理由来磨我们俩，都快撑不住了。”最后孩子承诺写一份关于手机的使用规矩。

很多父母让孩子写出、说出关于手机使用的规矩，其实意义不大。孩子很难准确评价自己的能力，孩子更无法预测未来使用手机时，会遇到怎样的诱惑，也无法预知自己面对诱惑时，能否抵抗得住。

于是，父母需要盯紧这个要求——孩子，你怎么证明你有驾驭手机的能力呢？用哪些事来证明呢？等你拿出很多事实证据来证明，你有管理自己的能力时，我们再说买手机的事吧。

关于买手机的对话，对于父母来说是个“坑”，很容易掉进去，或者被某个聪明的孩子绕进去。

要想回答孩子，父母需要保持高度的清醒。

那么父母怎么回复好呢？其实就是一句话：“宝贝，有手机是你的权利，我们支持！你能不能有手机，取决于你能否通过我们的考核。”

如果孩子问什么考核，父母就说“自制力考核”；如果孩子问起怎么考核，父母告知“生活中各种事件中，我们会考察你的表现”。

所以，面对孩子提出“买手机”这个要求的时候，父母不能简单拒绝，也不是立刻答应，更不是要孩子“承诺未来怎么使用”，而是告知孩子“需要通过考核，证明自己能力后，自然能拥有手机”。

问题54　为什么父母随意和孩子签“电子产品使用承诺书”会造成二次伤害?

案例：

学员把她朋友家里的“手机使用保证书”拿给我看，问我这样做合适吗？属于科学的做法吗？

经常见到父母在管理孩子电子产品时使用“承诺书”的形式，初衷是希望孩子通过自己的承诺来约束自己，最终达到自我管理的目的。

这个目的是绝对没有任何问题的。但是，承诺书的效度，父母应怎么判断呢？

在谈到效度之前，我先说一个“降低承诺书效度”的情况——电子产品的承诺书会对孩子形成二次伤害！可能很多人会理解不了？孩子自愿作出的“电子产品使用承诺书”怎么会成为二次伤害呢？

没错！它绝对会！

其实，不是承诺书本身在打击人，而是人们发出承诺，如果失败，就会打击自我！

因为，人类发出承诺都是基于对自己能力、资源、事情风险的评估，比如：你敢于贷款买房，是因为评估了自己收入、工作稳定性（风险评估），才敢向银行借贷（作出承诺）。

一旦承诺失败，人接收到的信息等于证明自己的能力低（打击自我）！所以，承诺失败后，人的自我价值系统遭遇冲击、质疑，接着就引发情绪反应（发火），以及行为反应（辩解）。

随意答应的承诺效度很低，二次创伤的概率很高！二次伤害是伤害孩子的自我价值系统，自我价值系统遭受打击的后果可能是自暴自弃。

我们此时再来看看那些个案：小明小学成绩一路领先，进入初中之后，父母帮助他进了重点班，一进入重点班后，小明成绩就处于中等水平，此时小明真正遭遇的问题是自我价值受到威胁。第二个遭遇的问题是，初中学科增加，作业难度增加、作业量增加，小明的自我价值还没恢复时，这些增加的学业压力进一步导致他做作业速度下降，作业开始完不成，被老师、父母指责、催促。

遗憾的是，没人去仔细研究小明真正遭遇的问题，周围人（老师、父母）仅仅是关注作业没完成这些表面的事情。于是，冲突开始了，争执开始了，指责多了，孩子的感受是“处境一落千丈”，不再是小学那种顺风顺水的感觉，仿佛一切都不顺利！

心境低落，电子产品乘虚而入！（这才是真正的问题升级转折点）

到了初二，小明接触了平板电脑，游戏给他带来了快乐，极大地缓解了失落感，缓解了痛苦，转移了注意力，至少小明的体验是生活多了一份开心。

此时父母开始断网、收平板电脑，这等于在剥夺孩子的开心，并没有去找到真正的问题根源。小明用“二次离家出走”来反击，逼得父母不得不和他谈判，于是双方拟定了一份“电子产品使用承诺书”，小明也是真心坚持了2天，到了第3天他坚持不下去了。

因为，在学业上的能力并没有提升，学业依然让他感觉力不从心，作业速度不是想提升就提升的，学习成绩不是想提升就提升的，这些都需要时间和条件。双方都没有意识到——学业问题才是问题根源。

于是，承诺书失败了，小明自我价值遭遇“二次打击”，自暴自弃现象出现，干脆玩得更加疯狂，父母也更加对他失望，双方开始走向更危险的方向，大家都在暗示——小明你不行！

此时，我们回过头想想，电子产品的承诺书在何种情况下拟定才高效呢？

重要前提就是：

（1）找到问题真正的根源，不要轻易认为电子产品是元凶。

（2）要让人承诺，必须先仔细考虑，对方能力是否“达标”，能力不足时，情愿不要他承诺，或者减低承诺的尺度（符合能力范围的承诺尺度）。

（3）承诺将来怎么使用手机——高风险失败的承诺。

承诺未来怎么使用电子产品，这样的承诺很容易失败。根据以往的行为表现，对自己的能力进行承诺，孩子只能根据以往能做到的，来承诺未来。

简单讲，孩子应该具备承诺能力，比如以下内容：

××电子产品承诺书

我今年××岁，很想拥有自己的手机。经过深思熟虑，我对自己的自制力很有信心，理由如下：

1. 从小到大，我从来不会擅自使用父母的手机，因为我知道那不是我的东西，每次使用都征得所有者同意。

2. 我使用电子产品，不管是娱乐还是学习，我都会计划时间，说明我是有计划性的人。

3. 而且我每次都按时还给所有者，这应该证明了我能控制住自己。

4. 如果我没用完，可承诺的时间到了，我还是能停下，说明我能抵抗住诱惑。

…………

承诺人：×××

×年×月×日

问题55　孩子暑假玩手机玩过头了，即将开学，手机收不回来，该怎么办?

一个家庭前来咨询的问题是，孩子暑假玩手机过了头，现在即将开学，收不回来了，怎么办?

我们有一段对话，值得每个家长反思和牢记。

父亲："我们现在叫儿子把手机交出来，他不交。叫他少玩一会，他不听。一说他就关门不理我们，说什么都嫌我们烦，跟他讲道理也不听，我也硬抢过他手机，也摔烂了好几部，他就自己省点饭钱来自己买手机。被我们发现了，叫他交出来，他根本不理我们……"

我：“您觉得玩手机是问题，还是你们的关系出了问题？”

父亲：“我们就想他不要总是玩手机，说话算数，他也答应了我们少玩手机，可是从来都做不到。一说他就进房间锁门。”

母亲：“晚上不睡觉地玩手机。”

其实，这类情况非常多，这些父母就是看不到自己家里真正的问题是什么，他们认为的问题，都不是根源。

假设，一个孩子在家庭管理过程中，反应很强烈、极端、不可理喻，那么就说明亲子关系破裂了，这时候家庭成员应该修复关系，然后才能解决那些手机问题……

手机失控是现象，关系破裂是根源。

不解决根源，那么必然失控！

所以，这件事的正确处理方法是：

（1）评估现在和孩子的关系到了什么状况；

（2）寻找父母教育策略里失误的地方；（前面两步可能都需要专业指导）

（3）恢复关系的同时，尝试新的方式管理手机使用。

（4）实施之前还要想清楚，管理孩子电子产品所要冒的4个风险，因为一旦开始行动，就不能半途而废了，那样将增加下一次管理手机使用的难度。

问题56　该不该给孩子看短视频?

短视频软件，现在不仅是很多成年人在使用，许多未成年人也开始玩它了，特别是小学生和初中生。要想知道它控制人们手指的秘密，就要从心理学的角度去解读，原因是：

（1）它不需要动脑筋，属于毫不费力的活动。所以，心智不成熟的孩子容易迷上。

（2）虽然无须动脑，但是能够获得快乐，容易让人去做。

（3）一个接一个，不间断播放，人想停下来，需要调动一定的意志力才行。

（4）视频文件，人们理解起来难度较低，不像抽象的文字和绘画，理解起来有难度。

（5）永远不知道下一个视频是什么，容易引发好奇心，所以难以自拔。

（6）最重要的是，门槛低，什么人都可以参与。

（7）直接使用手机录播一体化，操作难度小，人也不会太抗拒。

正因为如此，很多教育工作者提醒父母，让孩子少接触它，担心它是精神鸦片，会让人堕落。

我也同意这种担忧，不过从积极面看，如今网络世界里，人们的“忠诚度”其实很低，因为太多产品会冒出来替代“前辈产品”，从而满足人们需求，所以我想，过不了多久，它如很多电子游戏一样，成为明日黄花。

但是，父母还是应该高度重视，因为它占据孩子大脑，使孩子不再有思考的习惯。心理学家发现，长时间对着视频信息，大脑使用的基本上是“视觉思维”，抽象思维没有得到锻炼，这对于正在学习知识的孩子来说是不利的。

另外，科学家发现，人类接受外界输入信息时，画面信息遗忘速度最快，其次是声音信息，最后遗忘的是文字信息。比如：你在看电视新闻时，主持人说的话，其实你是边看边忘记。听一段故事遗忘的内容就少一些了，看一段文字记住的会最多。

问题57　孩子手机被父母摔了，离家出走，父母怎么处理?

开学初，很多父母反映孩子滥用电子产品问题，也有好几个家庭为这事发生激烈的冲突。最严重的两个家庭，孩子手机被爸爸摔烂了，孩子愤然离家出走……

如果家长遇到这种情况，有什么需要注意的?

（1）立刻报警，稳定情绪，积极配合警方寻找孩子。

（2）见到孩子时，要控制好情绪。太伤感、太激动、太生气都不好，因为那样会让孩子尴尬，对后续处理此事不利。

父母不该显示最关心孩子去哪儿了，那样容易使孩子失望。父母最先关心的应该是——孩子你因何而走?所以，妈妈第一句不如说：“孩子，你到底在烦什么？”等梳理完毕孩子的心事后，最后一个环节才讨论“昨晚你待的地方是否合适”。

（3）不要在回家路上就询问：“这几天都是怎么过的啊？”“你为什么要离家出走呢？”更不能在路上威胁“回去好好治你！”。

父母生气归生气，但请控制住自己的情绪，否则可能会造成二次伤害，导致孩子再次出走。

（4）不能说“回来就好了，以后别这样了，有什么要求跟我们说就是，我们答应你就是……”这样做等于在鼓励孩子使用极端方式！将来可就麻烦了！

（5）父母主要目标是：帮助孩子恢复正常生活。减少孩子的罪恶感，因为孩子离家出走，会有内疚感，父母要利用好这个内疚感。

（6）告知孩子，双方都冷静3天，3天后再聊聊此事，请孩子准备自己的发言。

（7）父母利用这3天，做好聊天的准备，要做好技术层面、心理层面的准备。如果不知道怎么办，就请教专业人士。

离家出走是孩子的一种极端方式，父母既不能暴力对待，也不能妥协，唯有利用这个机会，和孩子聊聊，协商解决。

问题58　孩子睡前玩电脑、手机时间过长，该怎么办？

孩子睡觉前玩手机太久，绝不是手机的问题，更不是游戏的问题。问题的出现肯定和两个因素有关，一个是与父母的管理水平有关，一个是和孩子的自制力水平有关。

假如你们家正在面临这个问题，我建议如下：

（1）父母坐下开始反思，分析哪里出了问题。如果分析不出来，就拿上所有资料去请教专业人士。

（2）试着回忆一下，孩子大概从什么时候开始“这么不听话”，主要回忆那些“原则事情上不听话”的场景。

（3）最后，父母评估一下亲子关系、夫妻关系、家庭关系是怎样的状况？不要去指责谁，也不要埋怨谁，只是客观地描述关系怎样。

假如以上分析都有了结果，然后看看应该怎么解决问题，如果不知道怎么解决，就去寻求帮助。

假如父母有了方案，准备实施之前，还要想清楚几件事：

（1）孩子迷恋手机和电子产品，不等于他这辈子就完了。

（2）孩子迷恋手机和电子产品，停不下来或者超时，的确会影响他未来的发展。

（3）行动前，想清楚4个风险：

A风险：管理电子产品可能会严重影响你们的亲子关系；

B风险：管理电子产品的过程中，可能会激发出家庭中的其他矛盾；

C风险：管理电子产品的行动，一旦开始就不能半途而废，想清楚这点很关键；

D风险：管理电子产品的行动，可能会导致孩子用“放弃学业”来向父母施加压力；

多数父母失败的原因之一，就是在行动之前根本没有想清楚这4个风险，也没有做足心理准备。

其实，单纯说处理这个睡觉前玩手机的事情，方法是非常简单的，就是父母平静、礼貌地坚持让孩子“放下手机”“交出手机”。父母做好的准备就是——不管多久，我们都坚决地重复这一句简单的话——“请你把手机给我”，直到地老天荒也是重复这一句，孩子执行了后，就礼貌地说一声“谢谢”。

问题59　孩子长时间待在家里，电子产品上瘾怎么办?

这件事，大概需要五步来完成，我现在一一介绍。

前提：找一个合适的时间、地点，孩子没有在玩游戏，而且心情轻松，大家手上都没什么事情做的时候，同时现场只有父母与孩子三个人。

第一步：请孩子明确离开学还有多久。

第二步：全家每个成员记录“现今这段时间自己的生活状态、生活内容是什么”，然后再记录“开学后自己的生活状态、生活内容是什么”，根据大家的记录，找出具体的“落差”是什么。

需要注意的是，父母写自己的，孩子也写自己的，都要描述清楚具体事件。

详细的记录出来后，任务就出来了，父母和孩子分别记录自己的“前后变化”是什么，这一步叫作“找出具体落差”。

比如：

孩子的变化：起床将要提前4小时，上午不再打游戏而是上课4小时，中午多了1小时午睡，下午继续2小时的上课，开学后运动类活动时间增加了1.5小时，晚上多了3小时作业学习时间，而电子产品使用时间减少了9小时。晚上睡觉提前了3小时。

第三步：根据开学倒计时，再结合具体的落差，请孩子2天内草拟一个方案，就是“如何在14天内逐步缩短落差的方案”。父母同样也是2天内自己草拟一份“如何在14天内平均缩短差距的方案”。

需要注意的是：双方相互监督草拟方案，引入竞争机制——看看谁最先把方案设计出来。低龄段的孩子，可以请一位监护人协助草拟方案。

第四步：当孩子开始草拟方案时，父母却在单独协商，任务就是预估孩子可能会出现什么反应。在方案上，需要父母达成共识。

父母达成共识+科学方法=出效果！

没有达成共识，再好的方法也会失败！很多失败的例子都不是因为方法不对，是因为父母之间并没有达成共识，导致下一个关键阶段“执行阶段”，出现“扯后腿”“唱反调”“不合作”等现象，最后功亏一篑。

第五步：帮助孩子完善方案，最终变成“可操作的方案”，并且由父母带头执行，而且坚决地执行。绝不能妥协，做到了有表扬奖励，做砸了有批评和处罚。

另外，假如中途孩子某一天没有做到，父母一时半会不知道怎么处理时，怎么办呢？可以采用“延时处理法”，就是告诉孩子“今天你的计划没有做到×××，我改天找你聊聊这事，明天你先继续往下执行你的计划。”然后挤出时间了，去请教、去学习、去商量。

家庭教育的事情，大多数都是“重要但不是十分火急的事情”，所以不要给自己、给孩子背负沉重的包袱。另外，落差统计表我也附在下面，请自行学习。

生活事件落差统计表

记录内容	前期	后期
起床		
洗漱		
早餐		
早餐后		
午饭		
午饭后		
下午		
晚饭前		
晚饭		
晚上		
睡前		
睡觉		
具体落差		

问题60 孩子在六一儿童节组团打游戏，父母该怎么办？

案例：

孩子六一儿童节放假回来，说要组团打游戏，目的是方便和同班同学交流，而且孩子已经答应同学晚上八点，全班组团打游戏，庆祝六一儿童节，请问父母该如何处理？

分析：

（1）这里包含孩子的诚信问题，如果父母轻易拒绝，会影响孩子的诚信建设；

（2）孩子与同学组团打游戏，还包含团队合作问题，如果父母轻易拒绝，也会影响孩子的集体归属感，可能会受到同伴的指责；

（3）娱乐游戏是孩子的权利，父母简单拒绝也会造成“不公平感”，从而可能伤害亲子关系，为今后管理埋下隐患。

（4）孩子的这个要求属于临时突发事件，它是否和原有计划出现冲突呢？假如出现冲突，如何应对这种变故，也是孩子和父母展现“灵活性”的时候，同时也是一个孩子的成长契机。比如：原有计划被迫暂停，那么孩子需要提供“善后计划”，这个就是一种成长经验。

父母处理的具体步骤如下：

第一步：面对突发事件，父母不能立刻答应和拒绝，先沉住气，并表现出积极的态度处理此事。

假如还有时间，那么父母首先私下讨论，告知孩子耐心等待几分钟。父母商讨接下来需要询问什么，评估答应和拒绝的风险是什么，参考建议如下：

A. 了解游戏时间；

B. 了解游戏内容（评估上瘾风险）；

C. 谁来监督孩子的游戏时间；

D. 了解孩子承诺此事的背景信息（如果孩子是“组织人”，拒绝此事的风险较高）；

E. 假如和原有计划有冲突，还要询问孩子是否有补救方案。

第二步：以“为了你的诚信和维护你在同学中的地位”为理由同意孩子先和同学们玩游戏。（假如游戏属于家庭里绝对禁止的游戏，则不能答应，请孩子和同学们协商更换游戏）

以上两步是必须在游戏前做的。

第三步：假如有时间，先询问孩子的计划，让孩子说出自己的计划，具体什么时候开始和什么时候结束。如果孩子没有想出方案，这时候可以训练孩子的规划能力，让孩子自己去规划。父母再进一步给出补充意见，并且和之前的计划对比，评估是否有冲突。存在冲突时，和孩子讨论具体补救的措施，同时讨论出孩子如果没有按照要求完成的具体善后措施。

（假如时间不够，此步可以于游戏结束后再询问）

第四步：监督孩子的游戏时间，按照孩子计划的时间提醒孩子结束游戏。如果孩子到时间不愿意结束，还要求再玩，父母需要重复简单指令“游戏时间到了，请关掉手机”。

第五步：留意孩子在游戏过程中的其他满足、行为方式，比如：友情、成就感、挫败感等。如果是正向的满足，则考虑其他的满足方案。比如：发现大家情感得到很好地联结，就鼓励孩子约这些同学来家里玩、打球……如果是负面的打击还要考虑是否需要善后。

第六步：监督落实明天任务的执行。

补充处理建议：

假如出现特殊情况（比如：时间来不及处理的时候）：

（1）父母先让孩子玩，并且告诉孩子："你擅自更改计划和同学打游戏，我们不接受，但为了让你兑现承诺，不让你失信于同学，你先玩，等结束后，再找你谈。"

（2）父母再私下讨论，如何帮助孩子从这次经历中获得成长，帮助孩子学会规划、考虑周全，并且提醒孩子：下次不能像这样突然告知。

问题61　哪种情况下，孩子的手机不能随便收？

假如孩子的主观体验（自己感觉）出现以下情况，且出现得越多，断掉手机、游戏的风险越高。因为于此时的孩子而言，手机等于快乐的源泉。

（1）现实生活孤单，没有什么朋友，网络交友提供了重要途径。

（2）成绩较差，在校园里、课堂上没有成就感，听课非常困难。

（3）自尊感低下，现实生活里没有什么值得骄傲，基本上生活一无是处。

（4）家庭生活无聊、郁闷，总是充满冲突，手机游戏给了安全的避风港。

（5）在家里感觉被严重忽视，充满孤独，手机游戏给了温暖的安慰。

（6）在现实生活里没有任何特长，在网络世界里却构建了庞大的价值世界。（虚拟世界价值感大于真实世界）

（7）现实生活里快乐缺失，只有在网络世界里才能找到快乐。

问题62　在收孩子手机、电脑时，孩子哭闹要挟怎么办?

案例：

小明，一年级，男生，很喜欢用妈妈的手机看电视，爸爸的手机他不敢用，就只是用妈妈的。

如果妈妈不给他，就会不开心，不停地哭，并且说一些“妈妈讨厌”的话，让妈妈很难受，也很内疚，不知道这样会不会影响孩子的心理健康。

此时，父母面临几个选项，你知道哪一个正确吗？我们来一一分析吧！

A. 妈妈：“你应该睡觉了，不能再玩手机了。”

妈妈仅仅是传递了指令，没有处理孩子的情绪、动机，风险在于会激发反抗，影响亲子关系。另外，指令属于“不做……”类指令，不如“请把手机给我”更好。

B. 妈妈：“你怎么又哭了，明天作业早点写完就可以看了。”

话头一开就是抱怨，这一点对孩子情绪平复没好处。后半句属于“未来诱惑”，有些父母用“未来诱惑”来缓解眼前压力，其实效果并不好，眼前的利益对人吸引力更大。

C. 妈妈静静地等孩子哭到自然结束。

妈妈使用的是“自然冷静”处理法，但是单独使用它会显得父母冷漠，除非有后续的方法配合。

D. 妈妈：“我不给你手机，所以你就不开心了？”

妈妈使用的是标准化共情技术，在这里不妥，因为孩子的感觉是“这不是废话吗？”但是副作用是在强化孩子一个错误认知——我的不开心是妈妈造成的，谁叫她不给我手机呢？妈妈说成“你觉得是我不给你手机，让你不开心？”就好多了。

E. 妈妈：“别哭了，再哭就要挨揍了，爸爸可没妈妈那么好脾气。”

妈妈这句话在威胁孩子，当然不对了，孩子很快学会了威胁，同时妈妈还出卖了爸爸，等于把爸爸当作了“大灰狼”！

F. 妈妈把孩子带到阳台上去哭，防止吵到其他家人休息。

妈妈使用的是“隔离技术”，这一步可以，但是地点需要斟酌，阳台同样属于家庭公共区域，隔离是把孩子带到安全的场合，更多的是带到私密场合，所以应该带到卧室。另外，带到阳台容易让孩子感觉“我的情绪是别人不愿意看到的东西”。

G. 妈妈：“你如果不哭，我就给你手机，但是只能再看一集。”

这一步等于妥协，也就是孩子哭闹的目的已经达到了！妈妈以为这叫让步，但是在原则事情上的让步就是妥协，表面看好像维持了一个约定“再看一集”，看似训练孩子自我管理，其实不然，孩子哭闹成功了，才是危险的。

H. 妈妈安抚孩子的背部，说：“对不起，妈妈让你不开心了。”

妈妈有肢体安抚，这个可以，但是不应该道歉！妈妈又没有做错什么，为什么要道歉呢？这样岂不是培养孩子错误的认知！

那么正确处理是怎样的呢？

（1）给孩子换个安全地方哭，并陪伴一定的时间，让孩子自然冷静下来。（换安全私密地方是首选）

（2）冷静下来后，再反馈孩子情绪的动机——“你想用哭来让妈妈给你手机？”

（3）聊聊孩子喜欢的动画片，探索孩子的需求点。比如：“跟我

说说这个动画片吧，这一集是在讲什么？”“跟我说说，你怎么一定此时看这个动画片呢？”（关心细节后的拒绝反抗度会降低）

（4）找到“一定看动画片的需求点”后，再提供几个可以看的时间给孩子选择。

问题63 初中生睡前总是用手机下棋，而且不守时、屡教不改，父母该怎么处理?

案例：

初三学生小明，喜欢用手机下围棋。他是一名优等生，所以父母一般都不干预他下围棋，想着这也不是坏事，对孩子放松有帮助，对思维发展也有帮助。

但是，随着小明进入初三之后，父母渐渐有些担忧，因为感觉小明并不把中考当回事，一点也不紧张。

有一天23：30，爸爸看见小明在床上用手机下棋，于是说：“时间不早了，早点休息。”

小明：“知道了，你先睡吧。”结果小明玩到凌晨3点，才去洗漱睡觉，发出的声音让父母知道了此事。

接下来该怎么办呢?

第二天早晨，一切都照旧进行，大家有说有笑地吃早餐，仿佛昨晚的事情没有发生一样。饭后，爸爸送小明上学，路上只有父子俩在车里。

爸爸：“昨晚赢了？”

小明：“嗯，下了8局才赢了。”

爸爸：“赢了就好，以后别再这样了，我不赞成你用熬夜来打赢游

戏，如果影响第二天学习，得不偿失。”（这句话需要语气温柔）

小明：“可我一定要赢了，才能睡着。”

爸爸该如何对话下去呢？下面几句，哪句合适呢？

爸爸：“我想知道，这个赢棋对你为何如此重要呢？”

爸爸：“那你控制好时间，赢不了，第二天再下吧。”

爸爸：“你是在和谁斗气吗？”

爸爸：“下棋嘛，玩玩就好，没必要这么认真。”

爸爸：“我赞成你追求赢，以后别随便答应我，可以和我说实话，我会支持你的。”

小明：“哦。”

爸爸此时还可以聊什么呢？

爸爸可以继续抛出需要小明思考的话题。

爸爸：“昨夜下棋可能对你今天上课有影响，你有什么办法应对吗？”

爸爸：“今天上课，你别睡着了哈。”

爸爸：“如果你上课睡着了，该怎么办？”

以上处理方式，我们可以看出这位父亲的信念非常强大，保障了自己的情绪稳定。他相信，人的本质都是希望自己变好，希望自己学有所成，即使是学困生，其实内心深处都是想要好成绩的。父亲坚持这个信念，才会不慌乱，保持镇定，那一晚他才会“安心入睡”。

父亲的理智在于既不盲目乐观放过此事，也不会暴跳如雷地上纲上线，他相信孩子不会成心搞砸自己的睡眠。

而父亲使用的方法无外乎就是：

（1）先关心孩子的需求；（昨晚赢了？）

（2）再肯定孩子行为中的积极一面；（赢了就好。）

（3）平静地告诉孩子做什么；（以后别再这样了。）

（4）处理完事情，再探索孩子认知；（对你为何如此重要呢？）

（5）最后处理事件的连带问题。（可能对你今天上课有影响，你有什么办法应对吗？）

问题64　家境一般的高中生一直没有手机，宿舍同学都有了，孩子为此表示不想上学，怎么办?

案例：

小明是一所普通高中的高二男生，这所学校在市里排名中上，孩子成绩还不错。但是，家境普通。妈妈工作十分辛苦，爸爸身体不好，平时也非常忙。家里还有一个妹妹刚读小学。

由于家里经济条件有限，父母一直没有给孩子买手机，同时父母也不希望孩子把精力浪费在电子产品娱乐上。没有手机，小明无法融入寝室这个小群体。有两个同学的手机被宿管没收，小明被怀疑，渐渐被孤立。又因学习压力增大，他再也承受不住，不愿意去学校，家里人很着急。

事情发展到这个程度，有电子产品管理的因素，有校园适应的因素，还有孩子自身心理素质方面的因素和家庭支持方面的因素。

第一，孩子遇到这种情况，该不该给孩子买手机呢？

父母遇到这种情况时，首先要知道“我孩子遇到的问题本质是什么”。

孩子的认知——因为我没有手机，所以融不进集体，造成我被人看不起。因为没有融进圈子，所以造成被人怀疑、被孤立的局面。

那么，孩子看到的原因是根本的原因吗？

要想证明反向推理就是：假如有了手机就一定能融入集体吗？融入集体只能靠手机吗？

这时，我们不难发现，孩子的推理认知其实很粗糙，甚至是错误的。接下来，父母就要考虑——我面临的任务是“同不同意买手机呢”还是“帮助孩子看清真相”。

很显然，买不买手机和其他因素有关，包括：家庭经济状况、孩子的自制力水平。眼下帮助孩子认清问题的本质却是更重要的任务。这些认知不进行调整，即使给孩子买了手机，结局也很可能依然没有变化，那时候孩子会产生更大的挫败感，感觉自己尽力了，家庭也尽力了，但是还无法改变局面。这样看来，父母随意同意买手机，可能隐藏着更大的风险。

所以，解决方案是：

（1）帮助孩子看清问题的本质；

（2）和孩子进行认知交流，帮助孩子调整自己的认知；

（3）根据家庭经济条件和对孩子自制力的把握，与孩子商量买手机这件事。

问题的本质是：

融不进集体，不一定是因为没有手机，很可能是因为自卑产生的恐惧，恐惧让我们自己在不知不觉中远离群体；别人是否看得起自己是我们无法掌控的事情，关键是我们是否看得起自己？它决定了人的精神状态和气质。别人的怀疑是客观事实，那么我们能否勇于面对他们的怀疑，正面地交流解决呢？我们躲回家里，是因为同学的孤立呢，还是因为我们自己恐惧去面对他们？

第二，这件事暴露了什么？

（1）孩子方面：

从这件事中，我们不难发现孩子表现出来的退缩反应、回避反应，几乎没有丝毫的正面处理的痕迹。比如：没有友好地和同学交谈。这些都意味着孩子的恐惧，那么恐惧来源于什么呢？

顺着这个思路继续思考下去，结合孩子自己表述的“就我没有手机，被同学看不起”这句话，我们看到孩子的一个问题——他自己看不起自己。这个问题可能是孩子心理方面的核心问题，它导致了孩子不敢融进集体、找不到融进集体的其他策略、不敢正面处理此事。

（2）家庭方面：

这件事发生了整整一年，孩子都没有和家里人说，即使他想要手机也没有开口。这不是“懂事”，而是“不信任”。

懂事——会让父母知道自己想要手机，但是考虑到家境，主动放弃拥有手机的念头，然后和父母诉说因此带来的烦恼，寻求父母的理解和帮助。

不信任——自己想要手机不和父母说，遇到烦恼没有向父母倾诉和寻求帮助，自己默默承受压力，但内心并没有真正放弃买手机的念头。

所以，父母需要思考的一件事就是我们为何失去了孩子的信任。

第三，从暴露的问题出发：

经过两次咨询，我们基本上把握了这件事中的真正问题是什么。

表面问题是——买不买手机、回不回学校；

真正问题是——家庭关系的不信任、孩子的自卑心理。

这样我们知道了问题所在，于是后面的13次咨询就围绕这两个任务展开，经过15次咨询，母子关系明显改善，妈妈终于变成了孩子的支持者，孩子开始信任母亲（父亲在外地工作，教育任务主要落在母亲身上），他明确了个人的价值不是取悦他人。他决定重返校园，找寻自己真正的价值。

问题65 职中学生因成绩垫底辍学在家，玩手机上瘾，父母该怎么办？

案例：

小明初中在一所很好的学校读书，这个学校大概有70%的学生会考进重点高中，有20%的学生会进入普通高中，还有10%左右的孩子去了职业高中。

很遗憾，小明去了职业高中。从初一到初三来看，小明的成绩一直在下降，特别是在初二时期。成绩的下降导致一系列问题出现：家庭冲突、父母指责、电子产品依赖、游戏上瘾、亲子关系受损……

初三下学期，小明开始努力一些了，可惜为时已晚。8月底新学校军训，小明去了一天就给父母打电话表示“我不读书了，我想去打工”。夫妻询问原因，小明只是表示：“学校太垃圾，没什么意思，学不到东西，还不如出去工作。”

父母鼓励半天没有任何作用，于是托人给小明找了一份工作试试，结果小明才上了两天班就和组长吵架，认为“组长太变态，管理落后不民主，不把员工当人看”。这样一来，小明也不再去上班，就待在家里继续玩游戏，父母陷入极度的焦虑之中……

这个家庭经历1年的咨询，小明于第二年回学校复读高一。

那么，父母面临这类困扰时，应该怎么做呢？从这个案例的解决过程中，我们可以吸取哪些经验呢？

第一步：看清什么是真正的问题。

这一步其实需要花一定的时间，主要是父母当下的情绪会干扰他们冷静分析。当孩子不去上学之后，父母会陷入焦虑，这种心情我们完全理解，只是必须要帮助父母从焦虑中先镇定下来。

有时候，我发现帮助父母镇定下来的不是我们专业人士，而是时间！

刚开始，父母内心存在着期待和美好愿景，这些美好的想法其实在此时是不切实际的想法。我在咨询中，经常会提醒父母“孩子如果能回学校，早就回去了，之所以暂时回不了学校，是因为有些问题一直没有处理”。（处理问题不等于要解决这个问题，这是两回事）

随着时间的推移、事态的发展，学校可能会要求家长先办理休学手续，等第二年根据情况考虑复读。办理休学后，父母往往会渐渐镇定下来。

我们就进入第一步“找到真正的问题”，父母的任务是回答一个关键问题——“孩子怎么了？”这个看似简单的问题会难倒很多父母。

多数人会把“不上学”“玩手机上瘾”当作问题，实际上这些不是问题本身，而是问题引发的严重后果。从小明的发展规律来看，他怎么了呢？

贯穿整个发展轨迹的线索就是成绩下降。

成绩的背后代表——自我价值（自尊感）、未来前景、学习过程中的感受。（比如：听不懂时的难受）

成绩下降会引发——自我价值下降—学习中不良感受（烦躁）增加—自我效能下降。（我觉得自己做不到、做不好）

自我效能的下降，造成孩子学习动力下降，孩子大脑产生的决策——

我不想去上学了。（因为大脑感觉学习是没意义、没希望的事情）

第二步：父母调整自身心态，目标是“做能兜底的父母”，途径就是“提供兜底的支持”。

家庭这个系统中，管理者如果能做“兜底的父母”，孩子就会恢复对自己的信心，自我效能才会开始萌芽，恢复学习的动力和信心，最后回到学校。

父母如何提供兜底的支持呢？

（1）提升容错度。

容得下（不是容忍）孩子此时的错误，不带情绪地告知孩子怎么处理或者询问孩子怎么处理，表现出父母对于错误的态度——我允许你出错，不允许你放过错误。

（2）提供必要的协助。

这里的协助并非是培优性质的协助，而是最底层的协助。比如：小明没去上学了，那么他最底层的需要是什么呢？最坏的结果就是，小明要自谋出路，这一步很难讲是喜是忧，没法预估。但是，小明假如要去自谋出路，他最底层的需要包含：精神情感上的支持（消除小明的负罪感）、经济上的支持、经验上的支持、共同处理困境的支持。

而休学在家的孩子并非是自谋出路，因此他们最底层的需求就是父母提供精神情感上的支持+共同处理困境的支持。

精神上的支持，通过父母的镇定来体现；（情绪稳定）

情感上的支持，通过父母对孩子的态度来体现；（保持关心）

共同处理困境，通过没有抱怨、没有责备、没有评判地一起讨论困境的出路。（逢山开路、遇水搭桥）

至于其他的辅助，包括：休学调整期间需要保持一定的补习热身；

外出散心；去体验生活艰辛。

这些其实都是“边角余料”，并非主要方案。它们也不可能解决根本问题。不过，有些父母采取一些极端的方式处理孩子不上学的问题，比如：送去准军事化管理机构。这些极端的做法，如果还是瞒着孩子背后操作，那简直是错得离谱！！得到的仅仅是怨恨。既怨恨父母的无情与欺骗，也怨恨自己的无能与软弱。

一旦孩子出现这样的“创伤体验”，你觉得接下来会有什么后果呢?

问题66　孩子即将过生日，亲戚想给孩子买手机，父母该怎么办?

案例：

有一个家长问到这么一件事，春节时他们全家回到老家，见到了小时候带过孩子的长辈。由于长辈和孩子从小关系很好，并且多年不见，又赶上孩子要过生日了，亲戚就提出给孩子送礼物，问孩子想要什么，孩子（初二）顺口就说：“我想要一部××（品牌）手机，爸爸给我用的是淘汰的旧手机。”亲戚满口答应，决定过几天就去买。

请问，这个怎么处理?

单纯处理这件事并不难，婉言拒绝有多难呢？那么，难在哪里呢?

难在父母自身的道德感和自我感大小，父母其实面临两关：

第一关：拒绝长辈好意是否违背礼节？（挑战道德观）

第二关：父母敢不敢拒绝？有这个胆子吗？（挑战自我能力）

至于拒绝的具体话术，那是最简单的事情，甚至都是无足轻重的事情。父母一开始就走错方向，以为是“我们不知道怎样巧妙说话来拒绝”，其实压根不是这个问题。

因此正确的处理是：

父母相互聊聊，鼓励彼此看清真正的难题在于自身的观念上，采取相互鼓励、相互安慰的方式讨论：

（1）我们拒绝长辈不是不孝顺、不是不尊重，至于长辈会不会生气，那是他的认知带来的结果，我们不希望他生气，但是这不是我们能决定的事情。我们会尽力告诉他，我们拒绝的原因是什么，如果他真的生气了，我们也能接受。

（2）我们处理好孩子的失望、委屈，帮助他渡过难关。

问题67　孩子上学后，父母是否就应该少看电视、少用手机，不能打游戏？

案例：

记得有一位家长问我这么一件事："郝老师，您好，去年我学习家庭教育，专家跟我们说，自从他女儿出生之后，他们家就没再看过电视，仅仅在春节的那几天看看春晚，后来孩子上了高中，为了保障她的学习，夫妻俩干脆把电视卖了。所以，他女儿从来就没有电子产品的上瘾问题，全家都是看书、学习。专家讲这才是负责任的合格父母，郝老师，请问这样做行不行呢？"

这件事我们要怎么看呢？

（1）这是专家的个人经历，不能当成科学方案。

从家长反映的情况来看，这个故事仅仅是专家的个人经历，并没有经过广泛的实践检验，因此不具备可复制性。

（2）并没有呈现没有电视和电子产品不上瘾之间的关系。

专家的故事里，他呈现了一个数据——我们家没有电视机（我们不看电视），也呈现了一个结果——我女儿对电子产品没有上瘾。

可是专家没有阐明，它们之间有什么关系。这并不能说明它们之间是因果关系。

（3）父母这样做是真的伟大呢，还是没原则地牺牲？

这个故事往往会感动一些人，因为里面隐藏着一种“牺牲”。

可是，牺牲就是伟大的吗？这个没有人注意到。

为了弄清楚这件事，我们分几种情况来讨论：

（1）假如是女儿要求父母这样做，父母也愿意这样做，且不觉得痛苦。

女儿有一点过界，她可以请求父母这样做，但不能要求父母这样做，如果她的要求背后还有报复心理，那么越界就更多了。

（2）假如女儿请求父母不要看电视，父母有点不愿意，不过为了女儿还是答应了。

女儿的做法没有越界，但是父母委屈自己的部分有点不妥，这种委屈会变成隐藏的压力，对健康不利。如果孩子成绩很好，父母会觉得牺牲得到了补偿，假如孩子成绩不好，父母隐藏的压力就会发作。

（3）假如女儿没有提出任何想法，父母自己决定不买电视、不看电视。

女儿没有越界，父母的做法“蛮横”了一些，因为娱乐也是孩子的权利之一，父母无权完全剥夺它。除非父母和孩子讨论过，双方达成了共识。

（4）假如女儿没有提出任何想法，父母自己决定“不买电视、不看电视”，女儿会询问“为什么？”，父母告诉孩子“为了你的学习，为了防止你电子产品上瘾，我们决定全家不看电视，我们也没得看。”

女儿没有越界，但是父母出现了道德绑架、不信任预测等行为。

道德绑架使我们放弃了自己的权利，也希望你跟着放弃自己的权利。

（5）假如女儿开始没这方面的想法，父母自己决定不买电视，不看电视，后来女儿从他人嘴里知道了电视很有趣，也想看电视，但她不敢跟父母说，她觉得，“父母也是为我好，他们自己也没有看，算了吧，我如果说了，就是对不起父母的一片苦心。”

这里父母和女儿都有不妥的地方，父母在于“蛮横”侵权，女儿在于糊涂地“分不清是非”。

父母的目标是好的——为我好。

父母实现目标的手段是错的——不和我商量，剥夺我的娱乐权利。

我表达自己的诉求——不等于背叛父母、不等于不爱父母、不等于不尊重父母。

（6）假如女儿开始没有这方面的想法，父母自己决定了不买电视，不看电视，后来女儿从他人嘴里知道了电视很有趣，也想看电视，于是她告诉了父母自己的想法，父母还是以“为你好”的理由拒绝买电视。

女儿的做法没有任何问题，父母侵权、道德绑架、一意孤行，只在乎目标，不在乎用什么手段实现目标。

（7）假如女儿开始没有这方面的想法，父母自己决定了不买电视，不看电视，后来女儿从他人嘴里知道了电视很有趣，也想看电视，于是她告诉了父母自己的想法，父母买了电视。

女儿、父母的做法都没有问题，唯独遗漏了一点“扫尾工作”，那就是孩子对整件事的认知——她是怎么理解这件事的？这个需要父母买了电视之后，找机会了解孩子的观点，再给予适当引导。

（8）假如女儿一开始就想看电视，父母却决定不买电视，不看电视，女儿和父母经过多次交流，最终双方达成共识，父母买了电视。

在这个版本里，双方都有所成长，父母和孩子都在这件事里表现出了成熟、理智的做法，通过沟通交流来达成合作。

通过这8种情况的对比，不难发现这件事的逻辑远远不是专家讲的那么简单，这背后的具体做法反映着不同的教育理念。作为父母，要清楚科学的家庭教育的本质。

问题68　小学生私自拿父母的钱给游戏充值，该怎么处理?

案例：

我们每周都会在“父母家庭教育答疑群”里组织答疑，巧合的是，有4位朋友都提到类似事情：小学生（四至六年级）私自拿父母的钱给游戏充值。说教、打骂、讲道理都做过，就是没用，这个怎么办呢?

其实，这事在这个年龄段很常见，父母在处理这事之前，重点是怎么解读这些事情。换句话讲，就是分清“什么是主要问题，什么是次要问题”。

主要问题是：

（1）孩子对父母的恐惧。（有需求却不敢和父母谈判达到满足）

（2）孩子对父母不信任，也包括对自己的不信任，不相信谈判能解决问题。

次要问题是：

（1）欲望管理失控带来的问题。

（2）不经同意占有他人财物。

不算问题的是：游戏充值是合理、合法需求。

优点是：敢于自行解决问题。

5

第五章　情绪管理

问题69 父母情绪失控摔东西后，怎么善后?

长假来了，不知道多少父母将要摔孩子手机了。连续两天收到6位父母为这类事情求助，而且“战争规模”都还不小。很多家庭即将进入“假期冲突期”，刚放假、刚团聚的和谐将渐渐消失，现实的冲突将开始现身。

严格说，孩子没有收入，其买手机的钱如果来自父母，这些手机的所有权应该属于父母，那么父母摔手机的行为属他们的权利范围里的事。

但是，摔东西这种行为，意味着父母的情绪失控了，作为成年人无法控制住自己的情绪，这点需要提升。

那么，怎么提升呢?

（1）父母真诚地为情绪失控而道歉。不要奢望孩子立刻消气，这是人之常情，别这么苛求自己和孩子。

（2）双方关系暂时还会很紧张，因此道歉后就要立刻住嘴，让彼此冷静几天。父母千万不要多辩解一句，那样等于强迫孩子原谅自己，这很可能会遭遇失败，最后等于白白道歉了，事情会走向更糟糕的局面。

（3）3天后，如果双方情绪冷静了，坐下来聊聊，一般都是成年人先放下身段主动开口。（说的内容最好是描述自己的情绪和动机，对自己进行剖析）

问题70 孩子以发脾气来要挟父母陪伴写作业、睡觉等，父母该怎么办?

一个妈妈问我：“二年级孩子做作业时，总是需要我陪他，否则他会大发脾气，老师这个怎么办？”

父母原来以为，问题是——孩子总是要妈妈陪伴。

这个真的是问题吗？

我回答：“谁都希望有人陪伴，就像我们大人也希望有家人或朋友的陪伴一样。”

妈妈：“我不陪他写作业，他就发脾气，这个还不是问题？”

我：“当人们感到不高兴或者不满足时，他们可能会发脾气。这很正常，因为情绪需要释放。重要的是要找到解决问题的方法，而不是让脾气持续下去。您提供的信息中没有提到具体的问题。如果您能告诉我具体的细节，我会尽力帮你。”

妈妈：“乱发脾气呢？”

我：“那是问题带出的现象，不是问题本身。”

她继续摇头，表示不懂。

我：“还是用流感来解释吧，头昏、咳嗽这些都是问题带来的现象。真正的问题是免疫系统没有战胜流感病毒。”

妈妈仿佛有点明白了，我继续说：“您既然不想孩子总是依赖父母陪伴，那么你别陪就是。”

妈妈：“那他发火怎么办？”

我：“也就是，您不知道怎么处理孩子发火这件事。看，这就是一个问题了，请问孩子发火后，父母做了什么？”

妈妈：“那只好陪他了。”

我：“也就是父母妥协。看来第二个问题出来了，父母承受不起压力，最终妥协了。”

妈妈：“那么怎么办呢？”

我："既然理出两个问题：一是父母不知道怎么处理孩子发火，二是父母承受不起孩子发火带来的压力，最后以妥协告终。那么你们夫妻就去学习相应的处理方法吧。"

所以，父母很多时候，盯着孩子的某个问题，其实只是现象，真正的问题是往往是其他方面。

问题71　孩子哭着打电话给父母，父母该怎么办？

案例：

"我孩子打来电话，说又被宿舍同学笑话，想躲开同学，可是同学的那些玩笑，让他实在受不了，他刚才在电话里哭诉，我不知道怎么帮他，老师帮帮我啊……"妈妈焦急的声音表现出巨大的压力。因为我去过他们学校做过讲座，这位妈妈找到了我。

我安抚这位母亲，请她试着深呼吸："您慢点说，告诉我中午孩子哭诉的细节，好吗？"

因为这个孩子好不容易在我们和父母的努力下，鼓起勇气回到学校，又要去面对那个他暂时难以适应的环境。

父母简单安慰和鼓励，此时没什么实质性帮助。如果让孩子去承受，虽然我们可以美其名曰"让孩子在磨难中成长"，但是这和"撒手不管"又有多大的区别呢？

我安抚了妈妈的情绪，然后说："您丈夫在旁边吗？"

"在的，在的。"

我知道，接下来要做的事，对于焦虑的妈妈来说，操作起来难度很大。所以，我邀请孩子的父亲来执行。

"第一，当孩子打电话求助时，你们尽量不要立刻飞奔过去安抚，那样对成长不利。

“第二，孩子哭诉时，您注意听事件细节，如果他说得不详细，您等他说完，缓慢问问细节，用我讲座上教的流程问。

“第三，孩子焦虑实际上是因为他的注意力全部集中到了外界，所以您要帮他把关注点拉回自己身上。比如您孩子刚才描述的——他们怎么还在说上学期的事啊，他们怎么老针对我啊，这些话就是在关注外界。”

“哦，明白了。”那位父亲仿佛懂了。

“怎么拉回来呢？您听好了，您跟孩子说：‘宝贝，我知道很艰难，但爸爸希望你这样做试试，看看自己的手，告诉我你的手现在是怎样的状态？发抖吗？凉的还是热的？’接着再问问您儿子呼吸怎样，是急促，还是平缓？如果急促就让他跟着您做深呼吸，闭上眼睛深呼吸。等您儿子深呼吸后，您再问问他，感到累吗？需要坐下来休息一下吗？最后，叫您儿子喝水，小口小口补充水分。然后再说说心情是不是好转一些。”

这位父亲有点茫然，我告诉他，孩子焦虑不可怕，可怕的是焦虑时的不知所措。因此，父母可以尝试带着孩子从关注身体状况开始，再过渡到关注呼吸，调整呼吸，喝水，坐下来，都是帮助孩子冷静下来的通用方法。

需要注意的是：父母的语言速度要适度，语气要平静。

半小时后，妈妈来电说：“今天没事了，孩子又过了一关，现在已经回到宿舍午休了。”

问题72 是不是所有情绪都要关注和处理?

昨晚，在“资优父母学堂”上，我提醒父母，不是所有情绪都需要关注和处理。

特别是那些带有目的的情绪（斗气、赌气、要挟……）是千万不要关注的，对它们的处理也要滞后。比如：孩子要爸爸把手机给他玩，爸爸不给时，孩子发脾气，扬言“不给手机，我不吃饭了”，同时还跑回房间里。

那么，此时任何监护人都不应该跟进房间，孩子这是在用情绪给父母施加压力，希望父母妥协满足自己。

如果父母进房间处理这个情绪，不管成功与否，已经是在“回报关注”了。这样很容易助长孩子的坏脾气。

孩子不想吃饭，是他的选择，父母应该尊重他作出的选择。有人问：“那么饿着了怎么办？”请记住，这是孩子必须体会的重要一课——我要为自己的决定负责！

等孩子冷静后，父母才可以关注孩子。并说：“前天，没要到手机，你当时很生气，还要挟我们，以后请你别再这样，你可以过来和爸爸商量一下，什么时间可以用手机。”

另外，我出一题，看看多少人回答正确。

高三学生高考成绩不理想，分数远远低于自己预估，现在又面临填报志愿，好几天还没拿定主意，中午饭桌上，妈妈问：“你想好了吗？”

孩子忽然发脾气，“我现在不想读大学了，读了又有什么用？一样不好找工作。我不想随便去读大学，读了也没啥意思！所以，我不知道到底是去读普通大学，还是听同学劝去复读。”

爸爸："你可以先读一个普通大学，进了大学如果专业不好还可以转专业嘛，再说如果你进入大学，认真吸取教训，将来还可以考研啊！现在就放弃，岂不是很可惜。"

孩子："好烦啊，哪有你们想的那么容易。"

妈妈："一点也不难，你爸爸说得对，你现在重要的是不要逃避，进了大学还有很多机会。这次，你一定要听我劝，英语很重要，英语一定要过六级，四级都很普通了，出来工作英语至少要过六级。"

各位朋友，这样的聊天错在哪儿？整个聊天气氛显得平静，双方没有争吵，也没有指责和攻击性语言。那么，错在哪里呢？

父母主要的失误在于——没有听懂孩子那句"气话"。

出于情感的原因，以及事情的重要性，父母很容易产生焦虑情绪，导致他们的理智思维受限。于是，分不清那句话到底是"气话"还是"计划"。

结合案例来看，高考的分数远远低于自己的预期，那么很可能这次高考对他打击不小，同时也显示他有点不甘心。所以，此时孩子的情绪可能是很沮丧、生气，结合不甘心的心理活动来看，估计他是在生自己的气，因为考试成绩没有达到自己的预期。

因此，此时父母的最佳处理方案是，处理孩子的这个情绪以及他的心理活动——生自己气。可以采用直接询问："你在生什么气呢？是生自己的气吧？"这样做的目的有两个：

（1）告诉孩子，我们理解你的心事。

（2）让孩子看清自己的心理活动，有利于他控制自己的情绪和言行。

问题73 情绪管理中，“安慰”和“理解”有什么不同？

在儿童情绪管理当中，父母需要知道“安慰”和“理解”完全是两回事。

安慰——使用初级共情，肢体安抚，针对浅层心理活动，往往直接提出一些缓解情绪的方法和建议。

理解——使用高级共情，言语跟踪，反馈过程，针对的是深层心理活动，往往不会提出建议，却说中对方当下的心事。

安慰一般不具备帮助孩子成长的作用，理解却能帮助孩子成长。（通过强化自我意识来达到）

有个小朋友，在小区里玩，4次主动表示想加入小伙伴的游戏，结果都被拒绝了。

妈妈在旁边看着心疼。当孩子第五次向一个小伙伴准备表示“你好，能一起玩吗？”妈妈出手了，她给儿子想了一个办法——带着玩具加入。

儿子也按照妈妈提供的办法去做了，结果还是被拒绝了。于是孩子哭着回家，边走边说：“他们好小气，我以后再也不找他们玩了，我讨厌他们！”

此时，妈妈提供安慰就够了，继续观察孩子情绪发展。妈妈可以抚摸孩子的背说：“我知道你不开心，生气了，我们回家吧。”

后来，连续3天，儿子一提到这件事，都很气愤，情绪反应始终都很大，那么此时，父母就需要提供理解！（因为孩子的反应说明，这件事的影响比较大）

妈妈看着孩子眼睛，等他抱怨完了，说：“你怎么了？你是不是觉得，大家都不喜欢你？”

孩子点头，妈妈继续说："我知道了，因为前天晚上，你被小伙伴拒绝了5次，所以你搞不明白为什么这样，于是你生自己的气，觉得自己很傻地去找他们？"

妈妈这时候就是在提供理解。

孩子之所以发脾气，源于被拒绝了5次，影响到了自我价值！

妈妈表达完理解后，就可以传播正面信息了。

妈妈："我觉得还是有很多人喜欢你，还记得有一次你帮小明给自行车打气，他请你喝酸奶。还有一次，舅舅来家里做客，你帮妈妈泡茶招待舅舅，舅舅也说过很喜欢你。还有一次，你在幼儿园上大班时，你主动帮刘老师拿东西上楼，她到今天都还经常提起此事哦。"（妈妈通过描述具体事件，来增加孩子的自我价值感）

很多父母在处理孩子情绪时，其实只是在安慰而已！并非在理解孩子，所以效果很不好。

问题74　如何设置"情绪冷静区"？

父母在训练孩子情绪管理能力时，使用"情绪冷静区"的方式去训练。它的原理是：

第一，给予孩子时间去自行冷静，不能每次都依赖外界帮助处理情绪。如：别人的抚摸、擦眼泪。

第二，孩子能够自然冷静下来的能力才是他本人的能力。

第三，利用专门的环境有利于孩子的情绪得到缓解和放松，专门的环境有安全感、舒适感，具有安抚作用。

第四，长期采用这种方式成长起来的孩子，将来成人后，如果有了情绪，他才会主动提出建议"我需要冷静想想……"这样的成年人并不多，大家情绪一上来，往往都变得固执，非要争个输赢才罢休。

一位家长介绍：自己儿子曾经情绪化严重，难以控制自己的脾气。后来孩子妈妈用的就是我介绍的方法“情绪冷静区训练”，坚持了一学期，如今明显感觉孩子的情绪管理能力大大提高，周围人评价是“感觉这孩子情绪控制得很好，再也没有乱发脾气的时候”。

妈妈的做法成功的原因有3个：

（1）方法科学。（经过检验的方法）

（2）父母坚持操作。

（3）父母在坚持过程中情绪也是稳定的。

那么，情绪冷静区怎么设定？操作流程是怎样的呢？

情绪冷静区的选址要满足以下几个条件：

（1）一般选在孩子熟悉的地方，卧室是首选。

（2）最好是角落，这样有安全感。

（3）布置一些能让孩子放松的抱枕、软垫子。

（4）要有明显的“边界装饰”，使它区分周围，这样能够强化孩子“这里是放松的安全屋”的感受。

（5）零食、绘本、玩具酌情考虑，假如它们能够让人放松，才允许出现在冷静区。

那么，情绪冷静区的使用流程是这样的：

（1）父母发现孩子有了某种情绪。

（2）平静地带孩子到情绪冷静角。（操作要点在于——平静）

（3）减少语言，眼神关注，陪伴为主。（情绪和语言往往相互干扰）

（4）第一次使用情绪冷静区的时间可能较长。

（5）强烈情绪时可以肢体抚摸、帮助孩子深呼吸。

（6）严禁同时做其他无关事情。（如看手机、看书）

（7）制订每次使用冷静区的时间计划，时间要有计划地逐渐减少，减少的幅度因人而异，父母自行把握，不要太纠结，只要记住：心里想好的时间，到时间可以离开，继续忙自己的事情。比如：父母约定好了，每次在冷静区就陪孩子待5分钟，那么到了5分钟时，父母就起身忙自己的事去了，过一会儿再来看看，孩子的情绪怎么样了。

问题75　孩子不能控制情绪，乱打人，怎么办?

案例：

小孩准备上小学了，但有一些行为让我觉得不知用什么方法去教才有效。小孩自我防备心很重，别人只是说一些气话或态度不太好，并没有动手打他，他却会先打别人。问他为什么这样做，他说觉得对方会伤害他，所以就先动手打对方。

儿童不能控制自己情绪时，有时候会失控去“打对方”。这个是在用动作表达情绪。

重点在于——我们虽然理解它，但是不能纵容它存在下去。

所以，父母必须及时制止它，需要注意：

（1）父母看见它出现时，是否及时发出指令制止它。比如：“住手！”

（2）父母不用反复询问“为什么打人？”这样询问等于强化孩子对不良行为的合理化。孩子就会因为父母的询问，下意识寻找“打人”的理由，而忽略了重要原则——打人是绝不允许的暴力行为，问理由在事发当时没有意义。

（3）“为什么打人”的问法也不合适，这个属于“询问想法”。“询问想法”的效率低于“询问事件”，想法属于抽象思维，儿童往往不容易组织语言回答，但是事件是好回答的，所以询问事件效率高于询问想法。建议妈妈以后要问也是先问：“出什么事了你要打人？”

（4）处理完打人事件后，孩子承担了自己的责任。比如：道歉、赔偿。在这些事情之后，另找时间或者另找地点，父母可以询问孩子“怎么回事？”问完事件之后才问想法“你当时怎么想的？”

所以，案例中的父母处理的重心放在了询问孩子打人动机上，容易造成孩子把暴力行为合理化为“我觉得对方要打我，所以我先动手了”。父母问出这个“理由”，又有什么意义呢？

父母应该做的是，及时制止它，反复强调“住手”这个指令，使孩子大脑只需记住“不能打人”这个原则。然后处理后果，承担责任，进行善后，最后另找地方询问孩子事件经过和想法。

问题76　孩子发脾气怎么办？

案例：

我的儿子快6岁了，胆小，但在家很不听话，做事情，没做好，我还没说他，他自己倒心急了，发脾气，有时还扔东西发泄，和他讲道理也不听，乱发脾气，有时我就打他，但过后他又忘了，脾气照旧。请问该怎么办？

孩子发脾气一般分为三种情况：

1. 习惯性发脾气

发脾气往往因为某事、某人而情绪波动大，并且带有突发性特点，多数是用语言表达的，有时还伴有肢体动作或行为。而习惯性发脾气就是指经常性地为某事、某人发脾气。

习惯性发脾气会出现规律化，父母需要找到这些规律，即都是因为何事发脾气？都是在何时发脾气？都是怎样发的脾气？并针对这些事件做相应的处理，比如：聊天讨论、安抚、给出表达情绪的具体建议。

接着记录孩子发脾气时，父母都是怎么应对的，有效吗？分析是怎么取得效果的。特别是父母需要留心孩子周围是否也有脾气大的成年人，减少不良示范。

比如：小明每次数学题做不出来时，就会出现拍脑袋的动作，同时异常生气。父亲总是及时按住孩子的手，阻止他继续拍脑袋，同时询问“我看看哪道题把你难成这样了？”成功地转移了孩子的注意力，使孩子的情绪得到缓解。

2. 偶然事件发脾气

平时情绪稳定，在遇见某件事、某个人，特别是遇到挫败时，就突然发脾气，这种偶然发脾气往往和持续的压力有关。

处理偶然性发脾气时，父母首先不要上纲上线，不要紧张，接着不要关注那件“导火索事件”，而是去思考“孩子最近有什么压力”。

采用换环境、冷处理的方式，等孩子情绪稳定下来后，再询问：“最近有什么事困扰你吗？”

比如：孩子最近和同学关系不好，回家后找不到削笔刀就发脾气。

3. 青春期特有的发脾气

青春期的发脾气往往和激素有关，但也会和持续压力有关，另外青春期的特殊心理需求（自我意识）也容易导致发脾气，因为青春期特别在意这些需求。

青春期孩子自我意识强的表现——特别爱面子。比如：面子、话语权等。

有一次，一个初中生正在爸爸的车上看英语书，爸爸看见了说：“我早就叫你应该多看看英语书了，你的英语是最薄弱的，你看现在不是很好嘛。”结果孩子听完这句话，反而把书放下了，听起了音乐。照理说，爸爸那句话是在表扬他，怎么会让他放下书了呢？这里就是“自我意识”在作怪。

面对青春期的发脾气，父母需要提前做好准备，要专门接受相关的学习，包括：沟通、管理模式升级、情绪管理、学业等方面的技术学习。

关于这位家长的提问，我是这样回复的：

孩子早期可能是因为偶发事件导致的挫败感，引发不良情绪，在得不到父母关注的时候，情绪会升级，甚至达到用行为发泄的程度，这时还是得不到父母的有效处理，就可能变成发脾气。

但是这种发脾气属于“偶发性发脾气”，最后为什么变成常态化的发脾气，其中很可能存在“满足因素”，或者父母存在妥协，使得偶然性发脾气得到了好处，于是就可能演变为“习惯性发脾气”，这一点需要父母再举几个例子来判断。

同时，父母也存在不良示范——发脾气、攻击等行为，也会给孩子提供不良示范。

解决问题的建议：

（1）从事件中暴露出父母自我情绪管理不足，因此父母首先需要学习自我情绪管理技术；

（2）父母还要学习沟通技术；

（3）父母学习家庭教育管理技术，特别是解决冲突的技术；

（4）孩子也需要提高情绪管理能力；

（5）全家接受家庭教育咨询，有可能家庭存在“专制”“忽视”的教养模式，需要进行改变。

问题77　孩子有时候通过发火来操纵父母，你意识到了吗?

案例：

我小孩现在上大班了，从小到大脾气都不好，特别容易发火。比如两三岁的时候，吃饭不合他的意就摔碗、扔碗，现在动不动就说离家出走、摔门，甚至说跳楼。在学校也很容易和人发生冲突，但是很快又像没事一样。他最近很喜欢插话，而且他的插话和我们说话的主题无关，不停地说，还要我们听他的。这让我感觉和以前不一样，我担心孩子有点不正常。

一般而言，儿童的行为模式是父母需要特别关注的地方。因为儿童不善于用语言准确表达自己的想法、动机，他们的思维也不会像成年人那样成熟冷静。儿童往往通过行为来向外界传递自己的想法和动机。

所以，研究儿童的途径之一就是观察他们的行为模式。

那么，父母需要关注行为模式的什么方面呢?

第一，观察自己孩子在同样事件、同样情境下，行为模式是否和同龄人相同。

第二，看行为的程度。比如：儿童喜欢用大声喊叫的方式表达委屈，那么喊叫的音量和时间长短就是行为的程度。

其中，“发脾气”是儿童常见的情绪模式和行为模式。它不仅是一种情绪表达，还会出现“行为”。比如：摔东西。

假如，父母发现自己孩子在同样事件下、同样情境下的行为模式显得与同龄人迥异，那么就要格外小心了。此时，首要的任务就是，排查是否为身体疾病所致。比如：肚子疼、嗓子疼、口腔溃疡等都会有发脾气现象出现。

排除了身体疾病原因后，接着就要看是不是病理性的发脾气，主要看孩子是不是没有理由地发脾气。毫无缘由地发脾气，又不是身体得病，那么可能就是精神类病理性发脾气。比如：多动症、儿童精神分裂症等。最好带孩子去精神类专科医院检查。

第三，假如前两者都排除了，就看是否属于“欲望不满足”发脾气。就是因为某件事没有得到满足，此时儿童就会通过发脾气来给父母释放信号、施加压力，来满足自己。

此时，父母的处理要谨慎，因为此时的发脾气属于一种“技术性发脾气”，它的本质是在施加压力。所以，父母错误的回应很可能造成这种模式固定下来，形成不好的习惯方式。

比如：大人认为孩子因为吃饭这种小事发脾气不应该，但是在小孩的世界里，吃饭就是头等大事。如果孩子是因为父母夹菜太慢而发脾气，重点是等他发完脾气父母做了什么。

如果给他夹菜夹快点，也就是孩子的发火让他得到好处，也就是他通过发火把父母操纵了。就像你们在聊天，孩子通过提高音量，要你听他说话来打断你们说话，控制这个局面，父母应该怎么做呢？

最科学的做法：

第一，平静地控制住孩子的行为。比如：示意孩子安静、停止喊叫。

第二，声明原则或者规则。帮助孩子的注意力集中记住这个信息，需要注意的是，语言要简单明了，儿童的短时记忆力不强，说多了，孩子也记不住。

第三，给孩子一个可操作性的指令。比如：现在请你等我把话说完、现在请你坐下来……

第四，等这件事过去后，另找时间和地点，再和孩子讨论他的需求，以及下次再遇到这种情况，他可以怎么做。

问题78　孩子不愿意剪头发，且每次剪完头发都嫌剪得太短而发脾气，怎么办?

案例：

10岁男孩，不愿意剪头发，每次剪头发都要商量好久，且每次剪完都嫌剪得太短而发脾气。

孩子在学跆拳道，喜欢偶像的狼尾头，自己也想留那样的头发。但作为一个学生，学校不允许留长头发，且他也不适合这样的发型。

跟他讲学校不允许留长头发，他说学校有些同学比他的头发还长，老师也没管。让他自己去问老师能否留长发，他也不肯去问。

首先，我们来分析一下这个故事：

（1）假如只出现一两次这类情况，那么这属于“成长中的一件趣事”而已；但是多次出现，意味着背后存在某种值得关注的东西。（这个还不能定义为问题，但是要找出真正的问题）

父母需要学会关注数量，要知道偶然现象和多次现象意义完全不同。关注偶然事件意味着父母在过度担忧。

（2）什么机制造成孩子每次都不死心地发脾气？委屈背后的认知是什么？

（3）他已经知道了学校的规定（他是10岁的孩子，不是2岁的孩子），那么他坚持表达自己的意愿，想得到什么呢？

（4）父母的教育任务是解决这件事，打消他的意愿，让他从中学会什么？

接下来，我们试着从孩子的角度来重新看待这件事：（务必采用孩子的视角）

我每次剪头发，妈妈都问我要不要剪短发，让我感觉好像有选择的机会，那么我当然要争取留长发啊。

结果，每次都是剪了短头发，那我能不委屈吗？我妈妈怎么总是不尊重我的想法啊？烦死了……

我告诉她我喜欢长头发，希望她支持我，她却跟我说是学校不准，明明事实不是这样（有同学长头发）。我到底该相信谁？

让我自己去问老师，我怎么敢去问，我能相信老师吗？烦死了。

这里包含的知识点有什么呢？

（1）商量式教育的弊端。

（2）孩子的认知建设。（对事件、对父母、对自己的认知）

（3）信任关系的维系。

（4）“认同性理解”和“普通理解”不一样。

怎么处理才合适呢？

首先，父母需要看到这件事的真正危机是：信任危机，孩子对父母的认知对未来不利，父母首要任务就是——改变自己在孩子心目中的印象。

其次，父母进行一次深入聊天，以自我分析开头。

父母找一个机会，微笑、轻松地跟孩子说：“每次剪头发，我都问你要不要剪短，让你感觉好像这事好像有选择的机会，那么你当然要尽力争取留长发啊。

“结果，每次都是剪了短头发，让你很委屈，怀疑妈妈怎么总是不尊重你，让你不敢信任妈妈。

“你告诉我喜欢长头发，希望我支持你，我却跟你说是学校不准，明明事实不是这样（有同学长头发），让你怀疑到底该相信谁？

“我让你自己去问老师，你不肯去问，我想你是在犹豫，是否要相信老师。

“我现在终于能体会到，为什么你会这样烦躁，发脾气。现在，我会反思自己的所作所为，你只需要相信我，我并不想让你委屈，我只想让你知道我是值得信任的父母。”

综合建议：

（1）父母每次处理的策略就是商量，这本身就是在纵容孩子的“磨叽”“不死心”（这事有商量的不良经验）。

因此，告知孩子学校对发型的具体要求，直接带孩子去执行，坚决执行之后，再单纯处理情绪。（正确认知——这是制度）

（2）孩子最终获得“新的经验”，这发型的长度没有什么商量余地，但是我妈妈还是关心我的感受。

（3）孩子表达对某种发型的喜好，父母可以交流“模仿偶像发型”目的是什么，认同理解他的意愿之后，无须讨论能否实现，不要误导孩子出现不切实际的期待。

认同性理解——在认同对方某个想法、动机的合理性基础上的理解。

支持性理解——在认同对方某个想法、动机的合理性基础上，支持对方行动的理解。

普通理解（也称尊重性理解、基础理解）——明白对方的感受以及真实想表达的意思（懂对方心事），但不一定认同其合理性，也不一定会支持对方行动，也无须表达自己的观点。

不同的理解方式是根据不同的需要产生的，有的时候，孩子的某个想法、动机不仅需要被理解，而且需要父母的支持。某些想法和动机（关于非原则性、普通事件的想法和动机），父母给予基本的理解就够了。

问题79 孩子心情不好，不想写作业，因为被老师处罚了，孩子觉得老师处理得不公平，怎么办？

案例：

郝老师，您好，事件是这样的，今天放学接儿子（11岁男生，5年级），他状态超级不好，精神低落不开心，问什么都不说话，晚餐也不吃，后来直接开始写作业了。接送站辅导作业的老师说他每天都很活跃的，超级话痨，但今天安静得一句话都不说……

（由于篇幅关系，省去了家长处理的过程。）

简单地看这是一件关于“师生矛盾”的事件，它的处理牵扯到“情绪管理技术”“沟通交流技术”“家庭管理技术”。

处理好，师生关系不受损，孩子还有认知方面的成长；处理不好，师生关系受损，孩子积压情绪，对于学习造成干扰，同时形成一些扭曲的认知，比如：感觉老师针对我，这个认知很可能是情绪导致的扭曲认知。

我们看看父母在处理情绪方面做了什么？

（1）妈妈前期的关注、陪伴做到位了。

（2）回家鼓励孩子倾诉，询问事件是正确的。只是不需要提“看到宝贝不开心妈妈难受”，父母此时的镇定是重要示范，父母的情绪不稳定，对孩子没什么好处。

（3）沙发上继续陪伴可以，转移活动“泡澡”，是个处理情绪的好方法。

在认知交流方面，父母做了什么？

（1）孩子倾诉完事件经过之后，妈妈反馈的是“要不要妈妈去找老师把这些事情聊一下？”妈妈直接卷入事件的处理中，妈妈是想通过处理事件，帮助孩子稳定情绪。

本来孩子也觉得“自己的不开心来源于事件”（这是简单、朴实的认知），妈妈的卷入，等于是在强化孩子的这种感觉。事实上，孩子的情绪来源于他在事件背后的“认知观点”。

从科学沟通的角度来看，妈妈需要反馈这段话表达的意思，而不应该立刻跳到“怎么善后”，等于浪费一次孩子观察自己的机会。（浪费一次成长的机会）

比如：“宝贝，原来你晚上一直不开心原因在这里，我不知道我听懂没有，我说说我理解的意思。首先，你生气的是被郭同学出卖了，他是带头的，还逃脱了处罚，你感觉很冤枉。其次，老师要你去操场跑步，让你感到害怕；再次，就是老师说你对不起妈妈，让你觉得难受；最后，就是老师要取消你最爱的轮滑课，改成文化课，让你很委屈，我是不是大概听懂了，你有没有补充的？”

（2）孩子表达出自己的某种观点，父母却在直接“灌输认知”。

孩子表达“老师对那些好学生都是轻声细语，对我就是态度很不好”这句话背后，暴露了孩子对老师的认知——老师喜欢好同学、不喜欢我；暴露了自我认知——我不是好学生。

妈妈的回应是直接“灌输认知”——“我们要先改变自己，让自己足够自律，管住自己变成那个好学生，让老师找不到说你的理由，学习也就会越来越快乐”。

这种直接“灌输认知”属于“说教”的一种形式，效果非常有限，往往遭到孩子立刻反抗、拒绝接收。事实上，孩子果然很伤心地哭着说“我做不到”。

接着父母继续“灌输认知”——“最后我告诉他人无完人，每个人都有缺点，我们不要求自己一下子变得那么完美，努力地一点点去改变就好，妈妈相信你可以的！加油！妈妈永远陪在你身边！”

直接“灌输认知”不会让孩子成长，因为他不会从这件事里提升任何认知。

（3）同时，父母灌输的认知观点也站不住脚，只是孩子认知水平尚低，没法反驳而已。

正确的认知交流应该怎么操作呢？

这个案例，表面上看是情绪管理，其实最重要的目标是认知交流，因为这些负面情绪主要来源于不正确的认知，处理认知就是最好的情绪管理方式。

正确处理参考如下：

孩子洗完澡开始倾诉事件经过，父母认真、专注地听，千万不要急着发言表态，等孩子倾诉完。

妈妈回应：“宝贝，原来你晚上一直不开心原因在这里，我不知道我听懂没有，我说说我理解的意思。首先，你生气的是被郭同学出卖了，他是带头的，还逃脱了处罚，你感觉很冤枉。其次，老师让你去操场跑步，让你感到害怕；再次，老师说你对不起妈妈，让你觉得难受；

最后，老师要取消你最爱的轮滑课，改成文化课，让你很委屈，我是不是大概听懂了，你有没有补充的？”

等孩子确认妈妈的理解准确之后，妈妈再转入“对这件事的认知”“对自己的认知”的交流中。

妈妈：“现在我完全理解你的委屈了，感觉舒服些了吗？”等孩子确定心情平静之后，妈妈继续：“你怎么看你们四个人在走廊上奔跑这个行为？”

孩子如果回答：“我们违反纪律了。”

妈妈：“我还想知道，郭同学逃脱了处罚，你是什么感觉？”（探索对事件的认知）

孩子回答：“不公平。”（暴露认知）

妈妈：“真正的公平是承担自己的责任。”（表达观点）

孩子：“那他没承担。”

妈妈：“你承担你该承担的部分，至于他，你可以想办法告诉老师，不过老师不一定立刻相信。记住，老师假如不相信，这不是你的错。”（表达观点）

等孩子确认明白后，妈妈接着说：“经过这些事情，宝贝，你怎么看自己的呢？”（探索自我认知）

孩子可能不回答，或者回答：“我觉得倒霉。”“我觉得老师针对我。”

妈妈需要始终保持目标清晰：“我最关心的是你怎么看待自己的行为？”如果孩子表达不出来，妈妈才说出自己的看法。

妈妈：“我想，你是做了违规的事情，但是你没逃避责任，接受处罚，虽然心里难受、委屈，但你还是承受住了，这一点你别忘了。有时我们抱怨你、批评你，我们不一定都是对的，有时我们也不一定控制住了情绪。你不应该因为这个而不喜欢自己，你要相信自己可以做好这些事情。”（输入积极自我认知——我可以做好）

父母处理原则——让孩子知道他把事搞砸了，且知道具体搞砸在哪里，并同时输入“他可以变成怎样的人”积极自我认知。

这些事件的背后，其实考验着父母的认知水平、父母的情绪管理能力、孩子的情绪管理能力。

还是那句话——看不到问题所在，就别想解决问题。

问题80　小学生、中学生的情绪管理策略都一样吗?

孩子的成长中情绪管理的目的是提高他们自身照顾自己情绪的能力，年龄不同的孩子理解力、自控力完全不同，所以处理的策略完全不同。

小学生情绪管理的策略：

（1）以培养自然冷静为基本目标。

（2）离开现场是首选。

（3）情绪冷静后，以分析“对情绪的觉察”和“情绪的控制”两个方面为主。

（4）最后总结事件中的经验教训，重心放在“遇到此事我能有什么其他选项”。对情绪背后的认知并非重点，根据小学生的理解力大小，随机应变灵活处理。

中学生情绪管理的策略：

（1）自然冷静不再是目标，而是基本素养。（起点）

（2）情绪冷静后，分析情绪背后的认知是什么。（这是重点）

（3）讨论事件中的经验教训，重心放在“我怎么防止今天这事再次发生”？

从这里，我们不难发现规律，年纪越大，认知建设越是重点；年纪越大，预防事情越是重点。毕竟我们要“吃一堑，长一智”。

问题81　专家建议我们关注孩子的情绪，我们怎么做才合适?

在心理学里，情绪的确是重要内容，它是人类行为的“发动机”，意思就是，情绪在推动、带动行为。掌握情绪，就等于掌握的行为自控的关键。

那么，在关注情绪这件事上，我们怎么做呢？

第一，区分孩子年龄大小。

孩子年龄越小，父母介入程度越大；孩子年龄越大，父母越要退出介入。

第二，区分事件性质。

原则性事情，先事件，后情绪。

非原则性事情，先情绪，后事件。

比如：写作业属于原则性事情，那么孩子写作业时的情绪，就需要等他写完作业再处理。这样做的目的，看似“残忍”，实际上是为了培养孩子一个认知——原则的事情，比我个人的情绪更重要。（这就是责任感的培养）

第三，划分情绪责任。

年龄小的时候，可以说孩子的情绪受到事件影响。

年龄越大的孩子，他的情绪就主要是他的大脑负责，不能再怪罪于外界事件。

问题82　有人说孩子有情绪的时候，先要“冷处理”，这样对吗？

案例：

一年级女生的妈妈反映：“我女儿脾气不好，每次检查作业的时候，总是发脾气不接受批评，有人告诉我，小孩子耍脾气，需要先‘冷处理’。于是我决定冷处理，不理她，但是发现她的脾气越来越大了，请问怎么办？”

冷处理没错，重点是：您分得清“冷处理”和“冷暴力”的不同吗？

冷处理的核心是——冷静地处理事情和情绪；

冷暴力的核心是——暴力式冷淡对方。

冷暴力分为四种类型：

（1）带有情绪地置之不理；

（2）带有情绪地立刻离开现场；

（3）直接置之不理；

（4）拒绝交流，并且伴有新的刺激。

冷处理——平静地陪伴，不再增加任何刺激，当情绪开始稳定时可以离开一会儿。

两者最大的区别在于，行为者本人是否带有情绪，以及是否立刻离开对方？立刻离开对方最容易让孩子感觉“被抛弃”“被嫌弃”，那么这已经不是“冷处理”了，而是一种伤害。

问题83 孩子脾气暴躁，总是给自己惹麻烦，总是被老师投诉，怎么办?

案例：

初二女生小明，眼睛很美，有一种古典美，体形微胖。但是，眼神中时常流露着自卑和暴躁。父母感觉，孩子对父母时好时坏，情绪不稳定。好的时候，心疼父母，但是稍微不慎就会发大脾气。

父母遇到这类事情，首先要解读“脾气不稳定、暴躁”背后的原因是什么。

孩子脾气暴躁、不稳定包含几种可能：

（1）青春期内分泌紊乱造成；

（2）心中充满怨恨（表面看是怨恨父母，其实是嫌弃自己）；

（3）有压力（心事）且是感觉无解的压力，会导致情绪不稳定。

经过咨询了解到，孩子在小学三年级（住校）的时候，遭遇过学生欺凌（父母不知情），出现小便失禁。老师当作尿床处理，结果误导了家长。家长带着孩子用各种迷信的方式处理。后来，这种现象消失了（因为欺凌的学生升初中了），父母也没放在心上。

其实，这才是“悲剧”的开始。孩子经历了创伤，自我价值系统遭遇打击，自我嫌弃开始了。

当父母描述到四年级这个症状“不治而愈”时，我猜测，从那之后，孩子就出现所谓的“调皮捣蛋”现象。

孩子点头、父母说是的，从四年级开始，孩子在学校上课睡觉、说话，经常违规，我们就天天被老师投诉。

家里的责备开始多了，抱怨多了，孩子的自我价值系统更加受打击，越来越嫌弃自己，导致越来越多的“违规”。一个人看不起自己的时候，才会做出“不珍惜自己”的举动。

随着我们聊天的进行，一个经历坎坷、极度不自信、极度自我嫌弃、脆弱、失去生活信心的孩子的形象渐渐浮出水面，妈妈第一次认识了自己的宝贝女儿，感受到了女儿的委屈，理解了女儿暴躁情绪背后的真正的原因是什么……

那么，接下来，妈妈知道了该如何帮助孩子，知道自己该给孩子支持、理解。具体操作就是有“容错度”，就是面对孩子的错误时，父母应该很平静地告诉孩子该做什么，假如父母对于“错误”抱有情绪，那么就是父母内心出现“受害者心理”。

容——容得下。（不是容忍）

孩子是人类，就有“犯错”的可能，那么父母处理这件事就是，孩子即使做不到、做不好，那么也是继续平静地告诉她该做什么，无须持有情绪。

问题84　处理孩子情绪时，父亲和母亲的共情一样吗?

案例：

一高中生和家人来咨询，孩子在学校学业压力大，他觉得自己初中有点荒废，所以中考没有考进重点高中，而实际能力应该能进入重点高中，如今只是去了普通高中。所以，高中一开始孩子就决定奋起直追。

他卸载了各种手机软件，一门心思扑在学习上。照理说，父母应该感到欣慰，可是却产生了另一种“担忧”。

他们担心，孩子做了这么多，万一效果不理想，孩子会不会更受打击?

他们的担忧不无道理，这种“高投入”如果没有对应的“高回报”，人会很痛苦、沮丧。

果然，父母担心的情况出现了，孩子高一成绩提升并不明显，年级排名虽在上升，但上升不突出，这个结果明显不是孩子想看到的。高一第二学期，他渐渐感到疲惫，跟着出现自我怀疑，自我认知也在动摇，他开始频繁给家里人打电话，并时不时地在电话里发火。

妈妈曾经学过家庭教育，自认为能够帮助孩子。她采取的策略就是“共情”，比如：“我理解你很难受。”“我明白你很焦虑，妈妈完全能理解你。”……第一次说这样的话，孩子情绪稍微好转，但是每次都说这样的话，孩子越来越烦躁，最近一次就直接愤怒怼回去——“我不需要你这些鸡汤！你压根就不能理解，你怎么理解？你帮不了我。”妈妈听了后很委屈，因为电话开的是免提，爸爸在一旁实在听不下去了，大吼：“你这么大了，不要总依赖我们，整天抱怨，自己想办法！别管他了，他爱干什么就干什么！”

妈妈的委屈、爸爸的愤怒、自己的焦虑一下子都堆积在一起，男生把电话摔得粉碎。

第二天父母去学校看孩子，孩子避而不见，父母不知所措，特别是妈妈感觉自己有强烈的无力感。于是全家人在小长假，一起前来咨询。

听完他们各自的描述，我知道了问题所在：

（1）妈妈学的东西有问题，共情在实践中作用有限，它不是万能神器。

（2）男孩子此时需要“父性共情”，而不是“母性共情”。

（3）父母第一步应该是解读孩子情绪背后的认知，并和孩子的核心认知进行交流。（孩子这么大了，并不一定需要外界帮助他处理情绪，最应该处理的是他的认知）

（4）孩子的问题在于自我认知动摇了，父母的问题在于“被吓着”后的慌乱。

一般人只知道“共情”技术，但是不知道它分父性、母性两类。它们针对孩子的不同性别、不同事件性质来使用。一般而言，父亲使用“父性共情”，母亲使用“母性共情”。

为了便于理解，你先记住：在家庭结构中，父亲代表“可兜底的靠山”，母亲代表“可容纳万物的海洋”。

所以，父亲和母亲同样是共情，表达方式完全不同，作用也不同。

比如：当孩子面对自己的错误和失败带来的自责、内疚、惭愧时，需要母性共情来化解对自己的攻击。

妈妈使用温柔、慈祥、坚定的语气说：“别怕，妈妈不会因为你的错误嫌弃你。”

这句话代表母亲的包容与接纳，等孩子情绪稳定后，可以讨论事件怎么处理。

当孩子面向外界进取受挫、受到打击而沮丧、失落、恐惧、焦虑时，需要父亲提供父性共情来帮助孩子找到勇气、找到支撑。

爸爸使用镇定、坚毅、果断的语气说：“别对自己失去信心，天塌下来我和你一起扛，没什么可怕的！”

如果孩子感受到力量，情绪会稍微稳定，父亲的重心是“回到事件中，讨论怎么处理”。

父母说出这样的话，孩子不会马上变得开心、勇敢，不会那么简单。因此，接下来父母的情绪就要接受考验，是沮丧，还是保持镇定？

父母要牢记，我们该做什么，而不是“我们要得到什么”。父母不能给自己背上包袱，而是牢记自己该说什么、该做什么。

问题85　孩子的“起床气”怎么处理?

这个“起床气”往往是因为“突然失去温暖”导致的情绪，科学家已经证实，温度的变化的确很影响人的情绪。

控制“起床气”常用的方式就是“提前演练”。

父母和孩子在晚上睡觉前，一起聊聊第二天早上可能出现的“起床气”，重点讨论——“如果你又有情绪了，我们可以做什么？”

但是，在讨论我们可以做什么的时候，重点不在于具体的行为，而是孩子将要如何面对自己的感受，这样才能真正提升孩子的自制力。

比如：

A 爸爸：“明天早上叫你起床，要是又发脾气，我们能做什么？”

孩子：“你们不要管我，我一会儿就好了。”

A 爸爸：“你的意思是，我们不要待在房间里，可以去做自己的事情？”

孩子：“是啊！”

A 爸爸：“好的。”

B 爸爸：“明天早上叫你起床，你又发脾气的话，我们可以做什么？”

孩子：“你们不要管我，我一会儿就好了。”

B 爸爸：“你的意思是我们可以离开房间，去忙自己的事情？”

孩子：“是啊！”

B 爸爸：“如果那样，你想想，在你不开心的时候，我们却离开了你，你会有什么感觉呢？”

这两个做法结果完全不一样！

A爸爸仅仅是询问了自己第二天能做什么，但是并没有提升孩子对这事的认知。（做的是行动准备）

B爸爸不仅是询问孩子第二天能做什么，而且抛出问题，引发孩子思考自己会有怎样的感受。（做的是心理准备）

问题86　孩子回家吐槽在学校不爽，他的情绪我们怎么处理更好呢?

案例：

大多数孩子会有这样的做法，他们遇到一件事，遇到事情时并不敢表达自己的想法，更多的是选择回避，然后他们主观感觉不爽，回家就要跟父母“吐槽”……此时的烦恼借由“吐槽”就传递给了父母。

案例中的情况经常出现，有时觉得其实挺难为父母的。因为在起初的几次，父母会尽力安抚、出谋划策，试图帮孩子解决问题，可是孩子并不会听从父母的意见，去改变自己的应对方式。（不改变自己的应对方式，结局当然不会改变）

于是，同样的吐槽又重复出现，父母就开始感觉烦躁、沮丧，心里其实有句话——“怎么又来了，你为什么不听父母的建议呢？只知道回家抱怨，烦死了……”这个时候，大多数父母就会发脾气指责孩子，孩子就怪父母“不理解我、不帮我”，说实话，站在客观的角度看，父母真够冤枉的。

孩子要的是“被抱抱”的感觉，他的倾诉不是为了解决此事，所以父母必须要分清楚，孩子的“吐槽”性质仅仅是“求抱抱”，并不想成长、并不想改变自己、并不想解决此事。父母会因为爱孩子而轻易“陷进坑里”，费力不讨好。

这一切，总是重复出现，一家人不得其解，因为父母与孩子，双方都没弄懂一个关键认知。

孩子的逻辑是这样的：是这些事件导致我不开心，如果没有这些破事，就天下太平了。而实际上逻辑应该是：孩子面对这些事情的方式导致自己不快乐。比如：外部事件是“有同学议论我矮”。

A 方式——我忍着不表达自己的想法，觉得他们嫌弃我。（结局就是让自己沮丧）

B 方式——我和气地告诉对方，我不会在乎你的看法，我喜欢自己。（自己不沮丧，对方也不太尴尬）

C 方式——我回敬对方“你也不高”。（自己很出气，对方很尴尬，继续树敌）

也许还有 D 方式，不同的应对方式会带来不同的情绪。

父母需要帮助孩子看到自己的认知逻辑，看到自己的应对方式决定了自己的情绪。

第六章　家庭生活

问题87　孩子总是半夜惊醒，跑去父母卧室，不敢自己一个人睡，孩子出了什么问题？

一位母亲自述，自己9岁儿子最近总是担心父母不在了，晚上睡觉总是半夜惊醒，跑到父母卧室。也不再像以前那样，自己可以一个人待在车里等父母……

妈妈焦虑地问："我儿子是不是有问题？需要带他来见您吗？"

我："您担心他有什么问题？"

"他从小就胆小，比妹妹都胆小，内向，话不多，我怕孩子性格有问题。"

"明白了，我想知道，你记得他什么时候开始这样吗？"我问。

"有半年了。"妈妈回答道。

"你们夫妻俩有没有和他好好聊聊呢？"我问。

"聊过，没用的。"妈妈还是很紧张。

"跟我说说看，你们是怎么聊的？"我问。

"我们问他为什么这么害怕。"

"很好，你们夫妻说了一个关键词，害怕。孩子的这个感觉你们捕捉得很准确，不过，问一个9岁孩子为何害怕，估计是白费力气。"我说。

妈妈很困惑："为什么？"

"他才9岁啊，他怎么能说得清楚呢？他如果说得清，还要你们父母干吗呢？"我笑了。

"那怎么聊啊？"母亲有点明白了。

"聊事情，问问孩子最近都遇到什么事情，经历了什么事情，慢慢聊，别急，别那么紧张。就是日常聊天嘛，你看你们现在的表情，连我都感觉好大一件事似的。”我大笑，夫妻俩也笑了，然后爸爸问：“这个真的没问题？小孩子为什么这样呢？”

“从你们提供的线索看，小孩子可能受到什么信息刺激了，害怕失去父母而紧张，当然真正原因依赖于你们收集足够多信息后才知道。不过，儿童担心失去父母是很常见的心理活动，就连成年人也会担心老父老母的健康啊。人之常情嘛，重视它，不等于它是问题。”

父亲又问：“明白了，那我们怎么做？”

“继续跟进，收集背景资料吧，不过我倒是很想知道，孩子半夜到你们房间后，你们怎么处理的？”我询问他们怎么处理孩子不睡觉这事……

其实，大多父母需要家庭教育顾问，提供及时服务和指导，同时也增强信心。

问题88　如何看待孩子日常犯的错误?

很多父母都关心这个问题——如何对待孩子的错误？大家都知道，处理错误的过程最是考验父母教育水平的时候。

孩子的所谓错误很多是在成长中必然会出现的，当然还有一部分属于被错误教育“训练”出来的错误。因此，父母应该学会区分哪些是必然的错误，哪些是不该有的错误，然后才能说怎么处理它们。

父母在对待孩子的错误时，应该是怎样的心态，怎样的方式呢？如何做才是对孩子最负责的做法呢？

父母面对孩子的错误时，首要的是自身心态的设置，对于那些必然出现的错误，应该采取宽容、接纳的态度，并及时使用科学有效的解决方法，帮助孩子从错误中吸取教训，最终获得成长。

而对于那些被错误教育“训练”出来的错误，父母需要及时地反思。处理的流程是这样的：

第一阶段：父母坐下来进行信息回顾。（先想好如果找不出答案就去找谁请教。）

（1）它最早是什么时候出现的？

（2）它的存在肯定暴露了家庭管理里有漏洞，看看是什么漏洞。

（3）管理反思结束后，就看执行过程中出了什么问题。对于那些漏洞，全家是怎么运作的，导致漏洞一直存在。

（4）这个问题暴露了家庭成员之间的关系怎样？

第二阶段：针对这些问题寻找解决方案。

第三阶段：这些方案需要全家参与，最重要的是父母具体做什么，有什么阻力？

第四阶段：根据执行新方案的情况，及时总结反思，或者请教专业人士。

父母需要深信，错误虽然是我们都不愿意看到的，但是错误其实也是在向我们传递重要信息，我们需要理性冷静地解读错误，并从中找出今后改进的方向。

问题89　孩子大了，父母希望他独自睡觉，该怎么操作？

案例：

儿子5岁了，父母一直陪睡到了5岁，今年父母希望孩子独立睡觉，不要再依赖父母的陪伴。为此，父母做了充足的准备，决定了基本策略就是事先约定、强调身份界限、温柔地坚持。

比如：晚上睡觉前，父母郑重地告诉孩子，今晚你将一个人入睡，因为你已经5岁了，需要独自睡觉。孩子反对的情绪立刻出现，跟着各种借口都出来了，父母顶住压力，给予倾听，但坚决没有妥协。

晚上，孩子依然从自己房间跑进父母房间，甚至表现出非常可怜的样子，给父母施加压力。母亲耐心地把孩子带回自己房间，安抚入睡后，再回到自己房间。

这样折腾几个回合后，孩子在自己房间睡着了。可是到了第二天、第三天、第四天，一直到了两周后孩子还是坚持每晚到父母房间来，希望父母能够陪睡。

母亲有些不耐烦了，渐渐开始冲着孩子发脾气，父亲也和母亲一样对着孩子发脾气，使得孩子每天晚上都要大哭一场，事后父母也很内疚，不知道这样的坚持还需要多久，不知道会不会对孩子造成伤害。

经过仔细询问事件、收集信息。这个家庭亲子关系稳定、夫妻关系良好，孩子没有任何生理性疾病症状，唯独有5年父母陪睡历史，而且这5年的父母陪睡又是非常幸福愉快的体验。

所以，孩子的痛苦体验的确会持续一段时间。我告诉夫妻俩：

（1）如果你们选择继续让孩子和你们一起睡觉，并不能说一定对孩子不利，并不能因此就断定孩子将来生活会一塌糊涂，未来的变数依然很大。

（2）如果你们选择改变，要做好充足的准备，不仅是准备孩子方面的，更包括你们要做好心理准备，这是一段艰难的心理冲击过程，你们会面临自己情感与良心的双重冲击。

（3）如果你们选择改变，唯一的办法就是目前采用的——强调身份界限、事先约定、温柔地坚持，这些都是好策略，可以继续使用。

（4）唯独需要调整的是“夫妻的配合”环节，比如：妻子情绪上来时，丈夫的配合怎么做最好呢？

（5）妻子需要得到丈夫的支持和帮助，建议妻子回家，找一个正式的、安全的、私密的场合，和丈夫聊聊自己的心理过程，明确告诉丈夫要做什么、不能做什么。要点是：只聊自己，不要涉及他人的行为，使丈夫在没有压力的情况下去体会妻子的感受。

（6）在我和助手的帮助下，妻子在我的办公室里练习这么一段话："老公，我跟你说说我的情况。为了让孩子独立睡觉，我坚持让他自己睡，他很烦躁，让我很内疚，很有挫败感，担心这样对孩子不好，所以我失控发火。这时我需要你帮我冷静，可以拍拍我的背，提醒我深呼吸。我最怕见到的是你和我一起发火，这样并不能帮我冷静，我反而会更焦虑、更担心，最后咱们三个人都会变得焦虑。我现在想要继续坚持，必须得到你的帮助才行。"

问题90　你是在和孩子"讲道理"，还是在"辩论"？

我经常在咨询中、讲座中，问家长这个问题——您真的在和孩子"讲道理"吗？之所以问这个问题，是因为我发现很多父母分不清"辩论"和"讲道理"的差别。

比如：请看下面一段对话。

爸爸："先把作业写完，再玩嘛。"

儿子："为什么不能先玩够了，再写作业啊？"

爸爸："作业写完了，就可以安安心心地玩啦。"

儿子："那我也可以先安安心心地玩完了，再安安心心地写作业啊。"

爸爸："先玩的话，玩得太开心后，写作业的时候就不容易静下心来。”

儿子：“你不让我玩够，我也没心情写作业啊！”

这个爸爸可能以为自己是在和孩子很冷静地讲道理，其实他是在和孩子辩论观点，根本算不上讲道理。只是这个辩论没有情绪而已。

辩论观点和讲道理实际上完全是两回事。

讲道理——是讲述一个正确的客观规律，并且是经得起实践检验的客观规律。

辩论观点——讲述自己认同的一个主观想法、观念，它是没有经过实践检验的，也没有经过大数据验证的认知。

“先作业，后玩耍是高效的方式”，这个是爸爸认同的观点，根本没有任何科学依据，只要找人试试，就不难发现，会有很多例外出现。

我们再看这段话。

爸爸：“学生可以通过及时写作业，来巩固刚学习的知识点，也可以通过做作业来鉴别知识点掌握的情况。”

儿子：“那是先玩好呢，还是先写作业好呢？”

爸爸：“这个很难说，主要看你是否有计划，是否会按照自己的计划，坚决执行。”

这段对话才是真正讲道理。

再比如：

“人基本上有三分之一时间是在睡觉，所以你要珍惜光阴。”（讲道理）

“人生有三分之一是在睡觉，所以时间宝贵。”（观点）

“语文和英语都属于重点科目，所以你要认真对待。”（讲道理）

“学好英语，就能走遍世界。”（观点）

“英语是语言类学科，词汇量掌握多少，是关键。”（讲道理）

“英语好的人，能去大公司里工作。”（观点）

据我观察，发现父母和孩子沟通时，基本上都是在辩论观点，并非他们认为的讲道理。

问题91　为什么父母喜欢和孩子辩论？这样做的危害是什么？怎样操作更好？

首先，辩论分为两种情况：一种是非理性辩论（俗称吵架），另一种是理性辩论。

非理性辩论的特点是：排他性，不承认对方观点有合理之处。

理性辩论的特点是：共存性，承认对方观点的同时，说出自己的观点。

其次，我们再来分析父母和孩子的辩论。孩子表达观点时有可能表达自己的需求，替自己行为进行解释，表明自己的态度。

父母表达观点也可能是在表明自己的态度、替自己行为进行解释、表达自己的动机。

父母和孩子的辩论最常见的模式就是各抒己见，并且压制对方的话语权（强制对方闭嘴、打断对方说话），出现只有倾诉表达，而没有倾听的局面，这就属于“非理性辩论”，最后造成双方都感觉到：对立和拒绝，会引发负面的情绪出现。

更大的危害是伤害亲子关系、影响倾听能力的锻炼。造成负面情绪，引发更多问题行为。

那么该怎么做呢？

A. 面对原则事情、紧急事情，不做任何观点的辩论，只是允许孩子表达自己的观点，父母坚持提出具体行动指令同时，要警惕孩子会引诱父母开始辩论。

比如：早上，父亲叫小明起床时，小明开始“诱使”父亲辩论。

小明：“为什么一定要上学啊！能不能不去啊！”

父亲：“你想说什么？”

小明：“上学很辛苦的，又没什么意思，老师讲的东西又用不上，在家休息两天……”

等孩子说完，父亲接着说：“明白了，现在给你5分钟，赶紧从床上起来！”

B. 面对非原则事情、非紧急事情，父母应该采用理性辩论的方式表达。

比如：

晚上10点，小明洗漱完毕后，躺进了被窝，这时爸爸进来准备道晚安。

小明：“爸爸！”

父亲：“什么事？”

小明：“明天能不能不去上学呢？好累啊，想在家休息两天。”

父亲：“怎么回事呢？”

小明：“感觉上课好无聊。”

父亲：“什么科目感觉无聊了？”

小明：“政治课最无聊了。”

父亲：“你因为这个不想去学校？”

小明：“是啊，好烦啊！”

父亲：“我明白你的意思，感觉政治课无聊，所以不想去学校。”

小明："是啊，我们那个老师又……"

父亲："嗯，然后呢？"

小明："数学课也超级无聊。"

父亲："数学课是蛮难的。"

小明："嗯。"

父亲："好了，时间不早了，赶紧睡觉，明早我给你做早餐，想吃什么？"

小明："……"

问题92　为何父母喜欢翻旧账？父母翻旧账会伤害什么？怎么操作更好？

很多父母和孩子沟通时，都习惯翻旧账，总是提到以前的一些事情，这样的做法让孩子很"不爽"。从科学沟通的层面看，这样做不是有效方式，属于低效的方式。究其原因，是对话的人抵触情绪上来了，导致聊天低效。

那么，我们不禁要问——为什么父母喜欢翻旧账呢？

首先，父母翻旧账为的是增加说服力。当父母在管理孩子时，往往担心自己的指令、要求说服力不够，于是通过翻旧账的方式，暗示孩子的行为是长期错误，来增强这次要求、指令的必要性。

其次，翻旧账的目的是增加压力来促使孩子服从当下的要求。翻旧账就是把以往的过错和当下的过错联系在一块，暗示孩子屡教不改，通过这个压力希望增强孩子的内疚感，从而改正当下的错误行为。

从本质上讲，翻旧账属于一种批评，同时也是一种抱怨式指令。

它的危害包括以下几点：

A. 伤害亲子关系。因为它暗示父母对孩子过去的错误耿耿于怀。

B. 伤害孩子自尊心。因为它表明孩子有很多错误。

C. 激怒孩子。因为它表明父母不信任孩子。

D. 诱导孩子辩论。

E. 也会让父母的情绪上来。（就是生活中常见的“我越说越来气”的情境）

父母应该怎么操作呢?

从科学管理的角度来讲，父母给孩子提出要求时，应该使用“描述性语言”，描述出孩子当下的具体情况。比如：你回到家里已经70分钟了，你还在玩游戏。到现在为止，你的书包都没打开过，作业也没有做。这就是描述性语言，用于描述当下情况。

接下来，父母就可以使用：

直接指令——请你开始做作业；

期待指令——我希望你在1分钟内开始做作业；

选择指令——你要不做作业，要不就来帮我做事。

问题93　孩子在外面玩耍，不小心伤到旁边的陌生人，怎么办?

比如：小朋友扔飞盘，结果无意伤到旁边的陌生人，那么父母的第一步应该做什么呢?

经过我的大量观察，发现第一步“口头上叫孩子道歉”是最多的反应。这种用口头语言要求孩子道歉的处理方式，容易陷入形式主义。不适合低龄段孩子，孩子很快发现，只要自己立刻口头承认错误后就没什么麻烦了。那么，教育的目标——吸取教训，并没有实现。

应该怎么处理呢?

第一步，采取行动，不使用语言。父母看到孩子扔飞盘打到路人后，立刻停止手头上的事情，带着孩子查看对方伤情。这个过程本身就是在潜移默化训练孩子善后。

第二步，亲自安抚受害人情绪后，以中间人的身份，介绍自己孩子跟对方认识，让双方通过认识彼此来建立联结。

第三步，提醒孩子给对方道歉。如果孩子不愿意，父母立刻以“孩子的父母”的身份向对方道歉。注意，不是代替孩子道歉，而是以孩子父母的身份进行道歉。

第四步，回家和孩子聊聊此事，看看他是什么感受，当时不道歉是因为什么。最后提醒孩子，再遇到这种情况时，需要做什么。

问题94　“借事教育”需要注意什么？

很多父母向我反映：孩子难教！我一直怀疑，事实真是这样吗？从这么多年的实践来观察，我认为根本不是！

其实，父母真的太把孩子当“孩子”了，而忽略了孩子首先是人，他的反应其实和父母的反应是一样的。

父母太把孩子当“孩子”了，这会造成两种结果：

（1）因为你是孩子，所以我比较容易原谅你的错误；

（2）因为你是孩子，所以我需要处处教育你。

父母需要牢记住——“不是什么事，都能当作教育孩子的好契机！”那些小事、非原则事情，不是拿来教育孩子用的。

比如：

10岁的小明到楼下小花家玩，他想找小花借玩具，小花嫌小明玩玩具总是会搞坏，就挡住门，不让小明进门。小明伤心地回家，坐在沙发上生闷气，这时候爸爸居然以为这是一个教育孩子的好机会！

爸爸凑过来说："是不是小花妹妹说你搞坏她玩具，所以不借给你了？爸爸早就告诉过你，玩玩具要注意爱惜玩具，你自己的玩具都经常搞坏了……"

小明发飙了……父亲却觉得"这孩子怎么这么不懂道理啊"。

这位爸爸以为自己在教育小明，实际上他是在做另一件事——在别人伤口上撒盐！

这种小事，父母需要使用技术：

（1）观察表情来猜猜孩子的心情怎样了。

（2）温柔地询问事件，切忌上纲上线说教！

（3）言语跟踪把聊天进行到底，帮助孩子恢复理智。

（4）问问孩子怎么看待这件事，以了解孩子的观点。

（5）只要观点不离谱，就让孩子去体验生活吧。

孩子冷静下来后，他其实是能感知到——别人为何不让我进门？

父母需要很多专业化的学习和指导。教育是门科学，不是光讲爱就能搞定的事，父母也不是处处都在充当"教育者"。

问题95　孩子不让别人轻易进她房间，父母怎么办？

案例：

在给一企业员工培训家庭教育的课堂上，有一个妈妈提出一个问题：自己小学三年级的女儿，从来不让别人轻易进她房间，连父母都不让进。她还喜欢关门，连自己的床，除了最亲近的奶奶可以睡，其他人（包括父母）都不可以睡……就算十分疼她的小姨也不可以。

妈妈不知道怎么和孩子聊这事。

我现场即兴请学员扮演孩子，设计了一段聊天对话，给这位妈妈练习。

对话是这样设计的：

妈妈："宝贝儿，这么多年，老是关着门窗，不通风。还有爸爸妈妈进你房间都要很谨慎（让女儿体会自己的感受），弄得我们好像做贼一样。这房子是我们的（告知物权归属），可是我们进你房间都得变得很小心。我感觉好像那个地方是你的领地一样（暗示，我们懂你）。这个房间是你的领地，我们不能轻易进去，是吧？（共情、尊重）。"

然后妈妈要注意看女儿的反应。

女儿："是啊，那就是我的领地。"

妈妈："那你把自己的世界划分得很清晰哦，别人不能随便进入。这说明你的自我保护意识很强哦（反馈过程，不反馈内容）。"

这样把谈话引向"自我保护"这个主题。假如孩子承认是出于自我保护，话题就可以往下面转。

妈妈："宝贝，妈妈在担心，你在学校会不会也是这样？"

（这个时候父母点到即止。把这个话题抛出来，让女儿自己去反思。）

接着继续说："我最担心，你在学校这样，可能会交不到朋友。因为你总是把自己关在一个世界里，虽然你很安全，但是你可能会错过一些朋友。"（妈妈需要挑明——自我保护妈妈能理解，也尊重，明白这样做能让她感觉安全，但是她可能会失去朋友。）

妈妈："其实这上半年我一直有跟她聊这个话题，我说："你以后出去工作，周围大部分都是同龄人，要是这样的话，你没有办法去上班做事，因为你跟同龄人没办法交往。"

我：“您这是吓唬孩子，哪里是在聊天啊。”

妈妈很认真地记下两个版本的对话，开始对比研究。

问题96　出去玩，两个孩子争吵起来，父母该怎么办？

事情是这样的，小六和Loy两个人在玩玩具，当时小六在搭积木，Loy手上正在玩另一块积木，本来两人都相安无事地各自玩各自的积木。

过了一会儿，小六开始争抢Loy手上的积木，Loy抢不过就哭了起来。

两位妈妈马上过来拉开孩子，各自安抚自己的孩子。（这一步做得不错）

Loy当时在哭泣，她的妈妈问其不语。

小六妈妈问小六：“你为什么抢Loy的玩具？”（这句话属于询问想法，是难回答的问句，应该询问“怎么回事啊？”）

小六回答说：“因为我需要一块方积木搭我的停车场。”

小六妈妈问：“那你也不能抢人家的玩具啊，把积木还给他。”（妈妈的观点提出过早了，因为事件的过程尚没完整，还有疑点）

于是小六把积木还给Loy了，结果小六归还积木后，自己也开始哭了，而此时的Loy却不哭了。

Loy妈妈问他：“你的玩具被别人抢了你很不开心是吗？”（这句描述了孩子的情绪）

Loy点头，Loy妈妈又说：“下次如果别人抢你的玩具，你又抢不过人家怎么办呢？”（这句话错了，小六可就在现场，这种问话会让小六和小六的妈妈都处于尴尬境地，甚至可能会加深两个孩子之间的矛

盾。妈妈应该把这些理性思考类的聊天，推迟到晚上孩子入睡前）

Loy说：“请老师帮忙。”

妈妈说：“好的。”

这里妈妈只是探索争执后的处理方式，她漏掉了关键的3个问题——防止争执出现、孩子对物品的归属可能不清楚、索取他人物品的方式。

这3个问题，同样需要两个妈妈让孩子去思考。

正确处理是：

（1）孩子争抢积木。妈妈出现，在事件了解清楚之前，让小六把引起争议的积木交给积木的所有者。比如：交给老师或妈妈暂时保管。

（2）分开两人，各自到独立安全环境，双方妈妈分别还原事件。

（3）倾听完事件，简单共情或者安慰就够了，并给孩子自然冷静的机会，两边的妈妈都可以离开孩子，去忙自己的事情。

（4）离开前，两个妈妈都要在不同的地方，做同一件事——从事件里归纳出问题。

（5）提醒孩子，在两天内想想这些问题，有什么其他方式解决。

问题97　带孩子去朋友家玩之前，父母需要做什么?

有这么一个案例：

爸爸带儿子去同事家串门，大人们很久没聚会了，难得放暑假有空。儿子十岁，主人的儿子八岁，他有很多汽车玩具，男主人要求自己儿子把玩具拿给哥哥玩。（这里其实就埋下冲突的可能性）

弟弟带着哥哥进了自己的房间玩汽车模型。大人们留在客厅聊天。大概半小时后，房间里传出哭声，弟弟哭着跑出来找妈妈：“妈妈，哥哥打我！”此时，哥哥（客人）没有出来。

哥哥的父亲冲进去一看，自己的儿子正在玩呢。于是问：“你为什么打弟弟？”（又是低效率的询问想法，应该使用高效率的做法，询问“怎么回事？”）

哥哥：“我没有打他，我只是轻轻推他一下，是他自己没站稳摔倒了。”

爸爸：“你为什么推他？”

“他不让我碰那个车，我就是拿起来看看嘛，然后他就抢，还把我手弄疼了。”小家伙辩解。（爸爸的审问方式导致孩子撒谎的可能性增加。）

这时候，爸爸说：“他不给，你就玩其他的啊，为什么推弟弟呢？快点去给弟弟道歉，不然就回家吧。”（爸爸在使用威胁的方式处理）

哥哥不服气：“不，回去就回去！他的玩具都没我的多。”

看来爸爸的威胁没用，小家伙同意回家，这样反而让老爸下不了台，不知道怎么收场。现场很尴尬，弟弟的父亲只好出面打圆场。“算了，哥哥是无心的，你是主人，就让哥哥摸一下玩具嘛。”

弟弟不干了：“他说摸一下，可是一直不放下来……”

有意思的结局出现了，居然出现四方都很不开心的“全输结果”！

这件事的正确处理流程应该是这样的：

（1）出门前父亲提醒儿子，将要去的地方，全家多少人，分别叫什么，那个男孩多大，听说对方喜欢什么，咱们需要准备什么礼物去拜访。

（2）当争执出现后。（永远都会有争执）哥哥的父亲冲进去，把哥哥带出游戏区，到另外一个看不到弟弟的房间。

（3）双方父母都给孩子几分钟的自然冷静时间。比如："宝贝，到爸爸这儿来，坐下。"然后陪伴弟弟哭泣，别急着问事情。

（4）孩子冷静后，双方父亲分别还原事件经过，然后两边父亲碰头还原整个事件。

（5）父母提出这件事暴露出来的问题：父母不提供方法，只是提炼出问题。比如，哥哥的父亲蹲下说："我知道你想看看他的玩具车，可是那是弟弟的，他可以不给你。就像我上次要你把玩具送给同学，你也不同意。现在我们遇到一个麻烦，由于你在别人家里，不经同意拿别人玩具，还出手推倒弟弟，导致咱俩都不能再在这里玩了，你说，怎么办？"

（6）孩子作出选择后，父母再讨论这些选择会有什么结果，并最终决定怎么处理此事。

问题98　父母让孩子几岁开始考虑"我将要过怎样的生活"，如何做到?

从何时开始，父母应该让孩子考虑"我将要过怎样的生活"这个话题呢？如何做到？

"我未来将要过怎样的生活"这个话题其实就是一个孩子的"生涯规划"。

为了解决这个问题，我就要问家长一个问题——您的家庭发展目标是什么？

这时，几个棘手的问题忽然摆在了成年人的面前：

（1）我的家庭发展目标是什么？

（2）实际上，孩子觉得"我们家在追求什么？"

（3）怎么让孩子知道我们的家庭目标呢？

（4）怎样邀请孩子加入“家庭团队”呢？

我们的人生目标有很多，这不能做统一的要求。但是，父母自己首先要知道目标大致分为：成就类目标、经济类目标、情感类目标、健康类目标。

接下来我介绍一份练习，是需要父母和孩子在家里自行练习的。

· 第一步：请每人（每对父母）在纸上写一个自己认为的家庭目标。

· 第二步：父母交换意见，看看这两个目标是否矛盾，能否组合为一个目标。

· 第三步：这个目标是孩子也想要的呢？还是属于父母共有的？如果属于父母共有的目标，请回到第一步重新开始。

· 第四步：找到这个目标和孩子的学习有什么联系。

· 第五步：根据目标，试着写出实施计划，如：我们做什么就能实现这个目标。

当父母达成共识后，才能引导孩子生活有目标。思考“未来我要过怎样的生活”，需要有足够的参考信息。父母的生活仅仅是他的一个参考信息源。

另外还包括：阅读名人传记、侧面观察其他认识的人生活、参观体验其他人的生活。

如果从整个家庭的发展来看，也有三个阶段的任务：

（1）孩子1—6岁期间，父母处于“示范我的追求”阶段。

在此期间，父母要展现自己是有追求的人。

（2）孩子6—12岁期间，父母处于“明确家庭目标”阶段。

在此期间，全家都需要明确自己在家庭目标里的“小目标”是什么。

（3）孩子12—18岁期间，父母处于“协助孩子实现目标”阶段。

父母不能强求孩子按照父母意愿生活，但是父母可以提供客观、完整、科学的信息，供孩子进行思考、对比，最后父母还要帮助孩子考虑各种可能性以及背后的风险、代价、结果。

问题99　我经常恐吓孩子，有哪些地方做错了，该如何改正?

案例：

有位妈妈在父母群里问：我5岁的儿子因为胆子比较小，早上不肯起床，我就经常吓他，你还不起床，爸爸妈妈上班去了，你就自己在家看屋子哦。在外面，他哭着要买东西，不肯走，我就赶紧跑，留他一个人在那哭，他也会赶紧跟过来，这样做是不是不合适？如果不合适应该怎么做呢？带他去外面玩，他也不肯出门，我要是说不去就在家看屋子，他马上就同意去了。老师，我这样做对吗？

我的回复如下：

（1）不知道你是否想过，也许正因为你经常使用恐吓、吓唬的方式管理孩子，所以孩子胆子那么小。

（2）这个案例里，暴露出父母在情绪管理方面的问题。

很多父母接触了一些家庭教育方面的培训，自己也看了很多相关的书籍，却陷入一个“畏首畏尾”的处境，明明心里生气，却要强压着情绪，不敢表达。其实这样做既教育不好孩子，也对自己健康不利。情绪就是人类的一种自然反应，它滋生力量，躲避危险，施加压力，影响他人，人类进化出所有情绪，就是因为它们管用。

（3）教育不是建立在“笑眯眯”上，更不是建立在“伪和谐”上。

（4）在孩子出现不良行为时，比如：早上赖床、撒谎。父母可以表露真实的情绪，也可以使用强硬的语气，让孩子看到父母为此事很生气，这并不是件坏事。前提是，孩子的确做出一些不良行为，父母的情绪反应也在可控范围内。

（5）如果某件事属于孩子能力不足造成的，比如：作业不会做而耽误了时间、记忆力不强造成背单词不多。这些属于能力局限造成的问题，父母就不能生气了，更不能大发雷霆。

（6）那么遇到孩子起床这件事，在头天晚上父母就要管理孩子睡觉的时间，管理干扰物品，比如：手机（在声明睡前不能玩手机后，孩子依然做不到时，就要直接拿走手机）。

（7）叫孩子起床的理由只能是时间理由，不能以上学、吃饭、洗漱为理由叫孩子起床。比如：“八点了，起床”“天亮了，该起床了”，这些是可以的。

有朋友问：“这样做的话，是不是意味着我们不顾及孩子的感受了？”

我们说的“顾及孩子的感受”，不是指把孩子感受挂在嘴边，不是指处处和孩子共情，我们顾及孩子的感受更多的是在我们意识层面，目的是避免说那些贬低的语言，避免说出评价类语言，避免伤害孩子。

问题100　宝宝不爱吃蔬菜，我怎么讲道理引导都没用，请问怎么办?

上午监考，下午没有监考就赶到办公室，接待一位来访家长。这位家长问我这么一个问题。

（1）跟3岁的孩子唠叨吃蔬菜的重要性，这本身就没必要。这个年纪很难理解这么复杂的信息。父母着急上火后怒吼就更没意义了。因为小宝宝偏爱蛋白质（肉类）本身就是自然规律，那是因为肉里富含他们大脑发育所需的物质。

（2）正确做法是——先拿出本子来登记哪些蔬菜是小家伙不想吃的，做一番记录，然后研究一下它们是否有共同点。

注意：颜色、味道、温度、形状是关键，然后想办法改进引起小家伙的食欲。

（3）有些蔬菜是不是父母要求宝宝吃的？其实，很多蔬菜是可以相互替代的。

（4）千万别固执发火，如果希望孩子吃某种蔬菜，也要先让这个蔬菜天天出现在孩子的视野范围内，这叫“混个眼熟”，然后从最小单位开始逐步增加，这个最小单位是根据“不被发现”为标准衡量的，把这个最小单位的蔬菜加入孩子饭里。比如：从1克开始……人的胃口是可以塑造的。

问题101　孩子经常咬手指，怎么戒掉?

一个女生描述自己从小学开始一直有咬指甲的习惯，父母讲道理、打、让孩子写保证书等都没有用。为此她也很着急，父母也施加很大的压力，于是前来寻求心理专家的帮助。

我问她第一个问题："你为此事感到痛苦吗？"

她表示："其实我没什么，就是我父母一定要我改掉。"

我又问："明白了，你做好戒掉这个习惯的准备了吗？因为你意愿的强烈程度决定了效果的好坏。"

她想了一下，说："我想戒掉它。"

我又追问她："你真的决定了？你可以回去想想，因为要戒掉某个行为，需要付出一定代价，你愿意承受这压力吗？"

她想了想："这个压力到底是指什么？"

我就给她举例："一般行为习惯是可以塑造和改变的，采用的训练方法很多，其中有一步会挑战你的自尊心，也就是你要承受'丢面子'的压力。"

她说："这个没问题。"

于是我们开始正式地讨论此事。

我询问她："你告诉我三次以上咬指甲的时间、地点、当时在做什么。"

她告诉我："独自复习入神时、上课遇到难题时、公共场合需要表现时。"

我又问："请你想一想告诉我，完全没有咬指甲的都是什么地方？"

她说："考试时，还有在家里不敢。"

我又问："看电影、旅游逛街、异性面前、悲伤难过、孤独、无助时呢？"

她说："没有。"

从这段对话里，我基本上判断她咬指甲很可能和紧张、无聊有关。

于是我开始和她讨论方案，要想戒掉一个习惯，有四种途径：

（1）去掉良性回报，建立痛苦回报。比如：在指甲上涂上苦味剂、辣味剂一类的东西，让咬指甲变成一种不舒服的回忆，那么就会减少咬指甲的欲望。

（2）群体监督压力。你要当众宣布自己将要戒掉这个习惯，请周围所有人监督自己执行。那么你就要面临“说出去的话不能再收回来”的压力，就算周围没人在监督你时，你可能都会感觉有人盯着自己，于是这种压力会降低咬指甲的欲望。

（3）重新找一个自己可能会咬指甲的场景，当自己想咬指甲时，立刻进行自我控制，弹一弹手腕上的橡皮筋，既能转移注意力，也可以利用橡皮筋制造的轻微疼痛刺激阻断咬指甲的欲望，以此来锻炼自己的控制力和承受力。

（4）请求伙伴监督。找一个能保证和自己长时间接触的闺密，请她负责监督，只要一发现自己即将咬指甲，她就出面立刻干预，阻止咬指甲的行为，使大脑里的反射神经回路被干扰，降低咬指甲的频率。这种方式需要外界人员配合，耗费时间长，但压力最小。

这个例子，对于父母而言，学习点在哪里呢？

首先，父母在聊天之前，需要关注以下几个方面，做好相应的准备：

（1）父母需要关注的是，自己是怎么得知此事的。

（2）这种情况存在的时间多久，简单地讲，历史越久远，消除的难度越大。

（3）这种情况的频率多大？

（4）这种情况是单纯模仿，还是受人教导？

（5）这种情况是否和性有关？比如：伴随着性满足。

（6）这种情况出现的时机，是否与情绪紧张、焦虑或身体疲惫有关？

（7）父母须试着分析出孩子这种行为的目的（需要），跟着分析孩子最大的压力可能来自哪里。假如分析不出来，可以请教专业人士。

一般而言，这类行为除了与生俱来之外，往往还和外界诱惑（包括不良音像资料）有关，其次就是和想摆脱现有的某种压力有关。比如：人际关系、学业、家庭关系紧张的压力。

接着，父母可以和孩子预约交流此事。父母首先表明自己的态度，然后聊聊孩子的压力，包括促使这种行为产生的压力，也包括行为产生后孩子的心理压力。通过聊压力帮助孩子释怀。同时，把孩子的专注力引向自身动机的讨论上。增加孩子对自己行为的认知，有了科学的解读，孩子的罪恶感、尴尬都会减少很多。

父母绝不要一上来就说“这种行为如何伤身体、如何影响学业”，这不是在给孩子减压，是在增加压力，对事情没有任何帮助。

聊完动机、压力之后，父母开始请孩子补充观点、补充事件经过，可以请孩子聊聊这种行为是怎么出现的，第一次是什么时候，什么背景下出现的。

为什么不能一开始就聊事件经过呢？原因是，一开始聊这个，容易让孩子误解——你们就在乎我干了什么？不关心我为什么干这个。

最后，父母才去和孩子聊聊——“接下来，你的打算是什么？需要我们怎么帮助你？”要想彻底解决这种行为习惯，必须要孩子配合才有用，否则没有多大的胜算，甚至还可能出现副作用。

在这里我重点讲讲，当父母撞见孩子的某种怪癖时，父母正确处理的流程如下：

（1）如果发现的地方是公共场合，就把孩子支开，并且不要表现出惊讶或紧张的表情。回家后，再告知孩子，让他先去忙自己的事情，今天的事情需要找个时间好好聊聊。

（2）如果发现的地方是私密空间，比如：孩子自己的卧室。那么父母立刻离开房间，并在门外告知孩子，请孩子收拾好现场。等孩子再次来到父母身边时，再预约谈此事的时间。

前两步的目的是避免双方继续难堪！让大家都能体面地让此事过去。

（3）然后父母利用这“空档期”，开始收集相关资料，进行后台分析。

（4）有了充分的准备之后，可以开始和孩子坐下来聊聊此事。

问题102　孩子总是不好好睡觉，该怎么办?

案例：

小学一年级学生小明（化名），晚上十点左右上床睡觉，大概十点半时，妈妈进入小明卧室，发现孩子还没睡，在看漫画书。

妈妈走过去说：“怎么还没睡？”

“睡不着。”孩子说。

妈妈：“那也不要看书了，静静躺一会儿就可以睡着了。”

小明：“不行啊，我试过了，没用的。”

妈妈坐在床边，安慰小明：“乖乖，别看了，快睡吧！”

小明：“妈妈再给我讲个故事吧！”

妈妈：“不行，快点睡觉吧，明天还要上学呢。”

小明："再讲一个故事嘛！"

妈妈："不行，你快睡吧，时候不早了。"

小明继续磨叽，妈妈继续解释。

妈妈的这种做法有点不妥，因为她待在孩子房间里越久，对推进睡觉这件事越是不利！

第一，妈妈待在房间里，对小明而言，这就是希望在眼前，所以会引诱孩子继续磨叽。

第二，妈妈这样做，在暗示孩子——睡眠是父母看重的问题。于是会造成孩子出现的认知是"这是父母在意的事情"。这样一来，孩子不再感觉到"睡眠是我的事情"。

妈妈收走漫画书后，应该告诉孩子"你赶紧睡觉，我也困了，要去睡觉了"，然后直接跟孩子道别晚安。那么，有父母会问："那么要是孩子睡不着，怎么办呢？"

我常常回答："要是睡着了呢？"

家长又问："睡着当然没事了，睡不着岂不是影响孩子第二天的学习？"

我会回答："这是孩子的事情，父母需要做的是管理孩子按时睡觉这件事，不应该这么关注结果。结果不是父母的事情，这结果是孩子自己需要承受的事情。父母帮得越多，孩子退化得越多。"

问题103　叫孩子起床有什么技巧？

早上叫小朋友起床上学这件事，是年轻父母比较头疼的一件事。怎么做才妥当呢？

正因为很多父母不太愿意在这件小事上多花精力，于是每每叫孩子起床上学时，就着急上火。孩子小的时候，这件事也不会构成多大的麻烦。

实际上，这里可能埋下了隐患。

第一，起床这件事处理不当，会影响到孩子对于上学这件事的情绪。比如：处理不当而产生抵触情绪。

第二，起床这件事也牵扯到父母的管理能力和孩子的执行力。

第三，起床这件事处理不当，可能还会造成孩子常常拖拉。

简单地说，叫孩子起床这件事很讲技巧。比如：

甲妈妈："宝贝，快点起床，要上学了哈。"孩子正在温暖被窝里的感受与上学的感受反差巨大，抵抗也就强烈。

乙妈妈："宝贝，8点了，起来穿衣服。"妈妈辅助孩子穿衣服，孩子感受落差不大。穿完衣服，接着第二道指令："宝贝我们去洗脸。"这就叫"指令细分技术"。

那么，我再来说说，父母在叫孩子起床这件事上常犯的错误有哪些。

（1）指令跨度大，从起床直接跳到了上学。孩子容易感觉郁闷，怎么起床就是为了上学呢？

（2）指令包。也就是父母叫孩子起床时，一口气说出一堆指令。比如："宝贝，快点起床了，还要刷牙、洗脸，穿好衣服下楼来吃饭，吃完饭我们就要去上学了，快点，听见没有？"指令包实际上是最低效的一种管理指令，因为字数越多，对方大脑短时记住的就越少，结果执行的可能性就越低。

（3）指令搭配不合理。搭配不合理的指令，容易引来孩子的狡辩。比如："宝贝，起床了，要吃早餐了。"实际上，家里没饭吃，孩子也是要起床的，那么何必拿“吃早餐”来叫孩子起床呢？

（4）起床的名义问题。起床只能和时间有关，不应该和上学扯上关系，由于人起床时很容易不开心，特别是睡眠不够、被迫起床时，都会感觉不开心。父母把一个“容易不开心”的起床和上学捆绑在一起，时间一久就让孩子对上学这件事产生不爽的情绪。

所以，起床的名义不能是上学，而是时间，这才是最合适、最公平合理的安排。

问题104　孩子放学总是买零食，怎么办？

案例：

爸爸：“老师，我孩子放学总是去买零食，这个怎么解决啊？”

我问：“您是怎么处理的？”

爸爸：“我先问他，为什么要吃零食，他说肚子饿。可是晚饭他也不怎么吃，我们叫他不要吃零食，他就是不听。所以，到了吃晚饭的时候，什么都吃不下了，为这个没少挨揍，可是没用，老师怎么办啊？”

很多父母遇到孩子的某种行为、某件事情时，有一个习惯的反应——直接问孩子“你为什么……？”这种父母我把他们称之为“武断型父母”，他们不同于“调研型父母”。

那么，什么是武断型父母？什么是调研型父母？

武断型父母——他们在遇到事情时，不去收集背景资料，他们习惯直接去问、直接下结论，甚至直接下指令，或者给孩子提出很多抽象的建议。

调研型父母，也称研究型父母，他们的处事风格与“武断型父母”迥然不同。

（1）遇到一件事情、孩子的一个行为，父母不是简单地询问原因。

（2）首先父母会收集此事、此行为的背景资料。

（3）根据收集到的信息，分析并形成自己的观点。

（4）拿着观点去和孩子交流。

（5）提出自己的要求、建议。

所以，假如资料中这位父亲是武断型的，那么他可能什么也解决不了，只剩焦虑了。假如他是调研型的，就会在遇到事情之后，立刻进行一番调研、研究，收集相关的信息、背景资料，然后试着去分析数据，得出自己的观点，再去和孩子讨论交流。

孩子放学总去买零食这事，父母需要收集哪些背景资料呢？

（1）他是一个人去买，还是和谁去买？每次都是这些人吗？都是谁叫谁去的？

（2）他买这些零食后，怎么处理的？一个人吃，还是分享？

（3）这家店是必经之路上的，还是专程去的？

（4）买零食那天下午，孩子的活动量如何？

（5）买零食那天的午餐，孩子吃得如何？

（6）买零食的那天，孩子情绪怎样？

（7）都买了哪些零食？这些零食有什么吸引人的地方呢？

（8）零花钱是随便给呢，还是有计划地给？

（9）零花钱的使用，父母有什么要求，还是没有要求？

（10）家里零食是怎么管理的？

（11）孩子和父母的关系如何？

父母根据收集到的资料，要么自己分析，要么找专业人士帮助分析，这样就能客观、准确地把握孩子放学买零食这件事背后的动机、需求，然后再思考方案，那么这件事才能得以解决。

问题105 我女儿对死亡很恐惧，怎么办？

案例：

两周前，我们全家回老家，听到鞭炮响，我女儿就说：“我不想死，我害怕死。”就这样，她反反复复念叨了两三天。

因为一年多以前，家里老人去世，她目睹了很多人哭，放了很多鞭炮……当时她应该没有害怕，只是觉得很新鲜吧。

可是后来她说：“如果姥爷死了，我就不能回老家了，还要在家哭。”

外婆觉得非常不吉利，也不会开导她，就说：“不要说这样的话，这样不礼貌的。”

这两天她说不想死，我问她：“你知道什么是死吗？”女儿说：“不知道。但是我不想死，想吃长生不老的药。”

我告诉她：“人没有那么容易死的，如果注意安全，保护好自己，就可以活很久很久……不怕，爸爸妈妈会永远陪着你的。”

还有，这两天晚上她老做噩梦，不知道跟这个有没有关系。请问在这方面如何做？

我能感觉到这位家长的担心，担心孩子受到家中丧事的持续影响，同时不知道怎么应对才对孩子有利。从家长反映的信息来看，还看不出有什么真正的“危险”，不过，利用这个机会进行适度的生命教育，倒是可以的。

首先，她女儿的反应属于应激反应，孩子遇到一些强烈刺激（丧事场景），这些刺激会在大脑停留一段时间。（鲜活记忆）

其次，假如父母要处理此事，就要注意以下几点：

（1）父母要深呼吸战胜自己的焦虑情绪，相互宽慰安抚。

（2）坚信采用科学方法处理之后，情况会好转，并且不会有什么阴影留下。

（3）科学处理的方法如下：

①当孩子有情绪时，首要做的是陪伴，同时倾听孩子表达害怕的感受。

②不要试图让孩子放弃害怕，那样做等于否认她的感觉，会让她更加焦虑。

③让每一次聊天都在减弱孩子的恐惧感。策略是从身体安抚开始，抚摸孩子的背部、头部等位置，并尽量让她用语言倾诉，父母做关心的倾听者。当孩子感觉到有人理解自己的心情时，负面情绪就会开始减弱。

④不能在近期接触新的负面刺激。

⑤时间会把所有“鲜活刺激”变成“平淡刺激”。

⑥多参与户外运动、活动，让这些有趣的活动占用大脑注意力，使这个刺激尽快淡化。

最后，请父母记住：没有关心的恐惧才是真正的威胁！得到关心的恐惧是人类成长的台阶！

问题106　给孩子喂饭引发的隔代教育矛盾、夫妻教育理念不合，怎么办?

案例：

在一次幼儿园举办的“家庭教育沙龙”里，有几位家长都提到“祖辈喂饭”这件事。

甲先生：“老师，我面临一个问题。我和我爸因为孩子喂饭这事发生激烈冲突。我妈也追着喂，哪怕孩子明明不吃了，手一直推碗，我妈还是担心他没吃饱，追着喂，趁孩子不注意就倒一勺到孩子嘴里。说过多次都无效。哎，越来越觉得力不从心，觉得老人和我们夫妻有代沟。关键是不可能把一些概念灌输到老人脑袋里面。他们觉得我们都是杞人忧天，还有就是他们始终固执地觉得，明明他们就是为孩子好，多给吃两口，孩子会长得更壮实，他们有成就感，不明白我到底担心什么。郝老师，这是怎么回事啊？他们为什么这么难接受科学建议呢？”

其实，这位朋友所遇到的烦恼，并不简单，很多时候我们就是因为感觉事情很小，却又一直无法解决，所以这巨大的落差会让我们感到无能、痛苦。如果你知道背后的各种影响因素，那么你自然知道这些事情不是那么简单，那么自己也不会过度焦虑，也不会因为没解决而自责。（这点极为重要，所以，有时因为我们不知道，我们迷惑而痛苦；有时因为我们知道得很清楚，我们无奈而痛苦。）

这些事情产生影响的因素包括：

（1）人们判断、回答问题模式；

（2）彼此关系；

（3）当天情绪状态（包括健康状况）；

（4）说话的形式与内容（形式影响大于内容）；

（5）建议的场所；

（6）建议和需求之间的冲突；

（7）改变固有习惯的难度；

（8）知识结构；

（9）精神疾病；

那么我再回到案例中的问题：

爷爷奶奶面临的问题实际上是“追着喂饭到底对孩子有什么影响”这个很大、很抽象、很复杂的问题。他们的大脑回答不清楚这个问题，于是他们的大脑悄悄、自动地替换成另外一个问题“让孩子多吃饭，对孩子健康怎么样？”因此他们理所当然地说：“我们让孩子多吃一点，才能长得壮一些啊……”

这位朋友提出的问题，非常有代表性。我们父母现在应该明白了，为什么我在父母学堂上反复强调——“给孩子提问一定避开抽象、模糊、很难说清楚的问题，这样才有利于孩子思考。”

比如：不再问孩子，“你说你学习怎么样？”“你说，你对得起老师吗？”……这些问题都会在孩子脑子里变成另外一个问题，时间长了，孩子有可能更加不客观看待事情了。

因此，建议这位朋友，先把问题明确具体，找出对应的具体答案让爷爷奶奶接受。

让爷爷奶奶真实体验到“追着喂饭会让孩子的胃受伤，遭遇噎住的危险”，途径可以采用：

（1）专家讲解（利用权威人物）；

（2）相关新闻图片（视觉震撼性会大于文字的震撼性）；

（3）观看相关纪录片；

（4）和医生聊聊；

（5）利用专业书本。

最后，记住还要另找出其他辅助策略，比如：如何与老人家谈判，如何说服老人家。

问题107　孩子明明做错了，批评他就发脾气，也不愿意道歉、承认错误，怎么办?

案例：

我儿子3岁了，昨天晚上和表弟在家里玩，看见表弟手上的橡皮，估计是觉得很好看，于是就要抢过来玩。表弟不给就开始哭闹，结果两人纠缠在一起。我跟他讲道理也没用，于是我就拿起橡皮还给表弟，结果他哭闹得更严重了。

另外还有一件事，孩子晚上刷牙后想吃零食，我们不让他吃零食，他也是不干，开始发脾气，甚至动手打妈妈。后来我们夫妻俩等孩子平静后询问“打妈妈对不对”，孩子回答说“不对”，我就叫他给妈妈道歉，但孩子不愿意道歉。

郝老师，请问我们该怎么处理?

这位朋友其实问的是两个常见问题的处理，里面牵扯了“关于如何执行”“聊天沟通策略”“如何拒绝孩子无理要求”等几个方面的技术。

关于两个孩子起了争执，甚至打斗，父母看见后怎么办。

第一步：考虑管理的权限。父母要考虑“这两个孩子，我们都有权管理吗？”如果都是自己的孩子，或者亲戚的孩子，自己都有权管理的话，父母首选的就是把两者分开，并同时进行处罚。而处罚的原因是——他们相互打斗。（如果只是语言性争执，父母可以不处罚。）

父母的执行原则就是：①打斗行为是绝不允许的行为；②因为你们打斗所以同时接受处罚；③确认孩子知道这个底线要求。

注意：（这个非常关键）父母不要立刻充当“裁判”和“法官”！不要第一反应就去当面判断谁对谁错，在那种情绪激动的时候，两个孩子是无法说出准确事实的！当面质问事实，很可能会加重两人的仇怨及情绪。

第二步：情绪降温。将两个孩子分开，各自回各自的地方（房间），这样能促使他们情绪冷静下来。如果没有新的刺激，时间和空间能帮助孩子冷静下来，而且这种自然冷静下来的能力，才算孩子大脑的“功劳”，属于他自己的能力！

第三步：调查经过。孩子完全冷静下来后（到了第二天也无妨）夫妻俩分头找孩子聊天，这时就需要应用我们在课程里教大家的聊天技术和处理技术。（记住：聊天从事件开始聊起，落脚点是探索孩子在事件里的感受和需求。）

第四步：提出明确可操作的要求。比如：你们俩握手言和。而案例里的“给妈妈道歉”，就可以放在这个阶段，道歉必须是在情绪冷静下来之后做，才有意义！情绪之下的道歉，往往是应付了事，没有什么实质意义。

第五步：增进关系（修复关系）。此时，父母营造一些兄弟俩一起活动的机会，帮助两人迅速从争执中走出来。比如：带兄弟俩去看场电影。

假如，这两个孩子中的一个是别人的孩子（同学等），也就是父母无权管理对方时，父母的策略就是管理好自己的孩子。

那么，第一步就变成：带自己孩子离开现场。因为现场是一个“强刺激源”，它对孩子情绪降温不利。带离自己的孩子后，就可以进行第二步“情绪降温”了，其余的各个阶段基本上一致。

第二个问题，如何拒绝孩子的无理要求？

孩子毕竟是孩子，要求他们有时站在父母的角度看，的确是“无理要求”，但请注意——这不是真的无理要求，只是暂时不合时宜而已。

第一步：拒绝时用语要简练，字数越少越好。比如：一个字“不”或者两个字“不行”。字数越多，孩子的情绪越容易变得糟糕，这样反而在削弱拒绝指令的力度！

第二步：拒绝时，请看着孩子的眼睛，目的是施加“关注压力”，同时可以观察孩子的情绪变化。但是表情要平静，语气需要做到坚定而温柔。

很多人都问过我——什么是“温柔而坚定”的语气呢？

这个我们在课程里专门进行了解释和练习。简单说就是“缓慢而有力”的发音！有力的发音是为了显示“力度”和“原则性”，缓慢是为了显示“沉着冷静”。

第三步：“科学善后”阶段。拒绝不是重点，如何善后才是重点！

拒绝的副作用就是——孩子感觉在丢失父母的爱！

所以我建议父母在拒绝的语言后面，请接着告诉孩子——“妈妈爱你”“爸爸爱你”这类信息。记住：注意您的语气，必须发自真心，否则前功尽弃！

帮助孩子体验到：自己的要求被父母拒绝了，但是并没有失去父母的爱。（要求被拒绝，人没被拒绝）

第四步：进入最关键的时刻“考验坚持”阶段。

孩子会因为遭到父母的拒绝而伤心、难过，甚至会情绪暴躁、发脾气。不管孩子用什么方式，是温柔地伤心，还是激烈地发脾气，其实本质是一样的——给父母增加情感压力，让父母做出让步和妥协。

如果周围还有干扰人员，那么父母所承受的压力是更大的，更加容易妥协放弃。

这时就考验父母在培训班里学习的“温柔坚持”能力了。

问题108　关于孩子的注意力问题，父母怎么做？

案例：

有一位妈妈问："请问，郝老师，关于孩子的注意力方面父母需要做些什么呢？"（这位妈妈的孩子才4岁）

首先，我说说关于注意力的一些错误常识。一般情况我们都以为注意力是一种单纯的心理品质，或者说是一种单纯的能力。

其实，不是那么简单！

随着脑科学的研究，我们发现注意力和思维是捆绑在一起的，就像硬币的两面一样，不能分开看待。注意力的投入总是伴随着思维活动的参与，它是为了维持思维活动的进行，而出现的一种心理动能。

注意力的集中会提升思维的效果，大胆的假设是：反过来，我们增强孩子逻辑思维的频率是否会增强注意力水平呢？

科学研究证实了这个假设的可行性，因为人类的注意力水平和大脑额叶的发育有关，而适当的思维训练的确有助于大脑额叶的发育。

综上所述，我给这位母亲的建议如下：

（1）锻炼孩子的注意力，可以考虑玩思维游戏；

（2）注意力的分配就是一种自制力的分配，它是有限的脑力资源，所以当孩子在进行一件有注意力投入的事情时，您不应该强调他的坐姿，让他把有限的自制力全都投入在事情当中；

（3）孩子的学习能力很强，很快就能学会一个活动，熟练后大脑就开始变得自动化，此时他的注意力也开始抽离活动，所以需要及时增加难度，使他的注意力重新回来。

（4）如果需要转换不同的活动，请在中间加入一个放松活动；

（5）注意力参与的活动总是伴随着"兴趣""爱好"，这个可以作为起步的活动。孩子没有兴趣的活动，父母越逼他参与，等于在逼他练习“分散注意力”！最终得不偿失。随着年龄的增加，自制力的增加，逼迫孩子做一件事情，他的注意力分散现象才会逐渐减少。

（6）每个人都有“着迷现象”，心理学称之为“心流”，也有人称为“最优体验”，当孩子对某件事情出现着迷，忘记时间、忘记自己、忘记饥渴时，这件事的进行意味着注意力高度集中，父母一定记得把“事情”和“着迷”区分开。比如：孩子打游戏进入着迷状态，父母记得首先表扬孩子这种着迷的状态，并表达对这个状态的其他期待，最后再说打游戏超时这件事情，不能一竿子打死。

（7）孩子的注意力投入，最早是他自发的投入，来源于他的爱好。那么父母要强化、引申到其他方向，甚至开始的时候，您要表现出对那个新方向的强烈兴趣，不能简单地发出一个指令，就让孩子把注意力转移到我们希望的方向。

（8）自制力水平如何，可以通过各种体育运动来锻炼，特别是那些球类运动，因为运动就是“帮助大脑练习控制身体”，而这个自制力水平又决定了注意力的水平。

最后总结：注意力水平、自制力水平、逻辑思维水平，三者是相互制约、相互促进的！

问题109　小孩子攀比父母的收入，怎么办？

案例：

一位妈妈问，前几天带儿子去上早教，课前她和小朋友在图书角玩耍，他跟旁边的小姑娘争论谁的爸爸更厉害，儿子竟然对小姑娘说：“你爸爸有我爸爸厉害吗？我爸爸是开茶馆的，他是老板。你爸爸能挣多少钱？他挣不到钱，能给你买漂亮的裙子吗？”小姑娘妈妈拉着她走开了，我在旁边听得一愣一愣的，儿子的这番话让我好震惊，我们大人从没教他说过这些话。他小小年纪怎么那么虚荣，我该怎么引导他呢？

那么，父母面对孩子攀比时，该怎么办呢？步骤可以参考下面几点：

（1）不要因为孩子的这番话就给他扣个“虚荣”的帽子，这只是“孩子气”一类的幼稚语言，父母不要太在意、紧张这类事情。

（2）父母的紧张背后是不是有自己的尴尬、难堪在里面？因为那位妈妈专门强调了——别人家长走开了，加上中国人特爱面子，担心别人认为自己没有教好孩子。于是，父母可能会下意识地希望“澄清自己”，于是出现大量的“解释”。问题是没人责备他们啊，何必解释呢。解释给谁听呢？这一点需要我们冷静地自省。

（3）父母理清自己的心理活动之后，就算是做好真正解决这件事的准备了。

（4）当父母平静而自信之后，我们再回头看看这件事，两个几岁的孩子说的话，我们干吗那么紧张？

（5）当然，听到这类话时，父母不能完全置之不理，还是要给予孩子必要的指引。建议父母回家后告诉孩子：“今天你和牛牛对话，我都听到了。我知道你很爱爸爸，希望他也得到小伙伴的尊重。不过，我不喜欢你拿爸爸的工作和收入来炫耀，其实爸爸还有很多值得推崇的优点啊，比如爸爸很会照顾人、很爱小动物……下次，你可以试试说说这些。”

家庭教育，父母传递正面信息给孩子就够了，明确告诉孩子可以做什么，不可以做什么。但是，事先的“共情”是非常有必要的，否则后面的正面信息就传递不出去了。

问题110　孩子畏难，我们怎么办？

案例：

某女士：今天和孩子聊天，有些东西蛮触动我，也让我有点不知所措，想来这里请教下。因为一直有感觉孩子对什么都无所谓，而且畏难情绪比较重。比如：她要求订的一套“边玩边学”的材料，买回来后放在那边好久没有动。问女儿为什么，孩子的解释如下：

（1）她说这些东西做不做，学不学无所谓，最重要的是她自己，自己每天玩得高兴，不受伤就好了！

（2）她说“这些东西都好麻烦，麻烦她就不想碰”，我问她“什么不麻烦”，她说“就坐在那边不麻烦！”

从这个妈妈的提问，可以看出，中国的父母们还是普遍太紧张家庭教育，总是想做到“称职”的背后是“总怕做得不好”的心理，担心埋下隐患。

（1）“畏难情绪”本质就是一种恐惧感，这个没什么值得批评的，它是自然的情绪。父母要清楚的是畏难情绪出现的当时，我们都做了什么，是怎么做的。

（2）因此，父母就要留意在孩子做任何事情的过程中，敏锐地去观察她的肢体动作、语言、表情，当其感到难受时，及时地站出来给予支持。

（3）这件事暴露父母需要抓紧学习聊天的技术，否则将来还会有更多的麻烦。

比如：孩子说“不想做，因为好麻烦”，妈妈居然问“什么不麻烦”。妈妈这是准备和孩子进行“辩论赛”吗？问这些话有什么意义呢？孩子回答一句“啥都不做就不麻烦”，孩子的回答完全正确啊，那么说明妈妈那句问话有问题。所以父母必须接受训练了。

（4）当孩子说“这些东西好麻烦”时，父母正确的回答应该是“说说看怎样麻烦呢”。使用正确的问话方式，引导孩子把那些具体的麻烦点说出来。假如孩子说不清时，父母可以考虑提供“参考答案”。比如：“宝贝，你是不是觉得做这个会花好长时间，把其他你想做的事情给耽误了，所以嫌它麻烦啊？”

麻烦有很多类：时间长短的麻烦、半天做不出来的麻烦、枯燥显得麻烦、做不是自己喜欢的事情感到麻烦、很可能做错带来的麻烦……父母需要和孩子去理清“我到底怕的是什么”。这就是在帮助孩子成长。

问题111　幼儿园孩子打架，还手还是不还手，到底应该怎么教孩子？

案例：

丙女士：儿子4岁半，最近在幼儿园跟其他小男孩打架，有时候动手，被抓伤。我想教育他打架不对，但又不想他被欺负，很矛盾。到底挨打时该不该还手，不知道该怎样沟通。这让我有点不知所措，要怎么引导孩子呢？

首先，我们要注意案例里孩子的年龄是4岁，又是个男孩。因此，父母的处理方式和小学生之间的打架处理，略微有些不同。原因是，4岁孩子的认知水平和小学生的认知水平不同。

（1）父母处理打架行为的要点：不仅要探索打架为的是什么，是在捍卫什么、保卫什么，更重要的是，利用这些事件的处理经过，帮助孩子了解“规则”和“纪律”，建立孩子的道德感。

（2）那么怎么探究打架行为的动机呢？

一方面，如果父母很了解孩子，就应该知道孩子都在捍卫什么、保卫什么。

另一方面，如果父母不了解自己的孩子，就只有借助聊天去探索了。

（3）打架是一种极端暴力行为，行为源于背后的“感受”和“需求”。比如：因为同学骂自己蠢而打架，感受——愤怒、委屈；需求——我需要被尊重！

（4）父母第一步处理的方向是探索“感受”和“需求”，把这两个东西找出来之后，使用共情承认这两样东西；第二步才是解决“用暴力满足合理需求”的后果——接受处罚；第三步寻找其他文明的方式来满足需求、表达感受。

综上所述：问题发生不能说是父母的责任，问题一直存在，父母就要负责。

一直以来，我认为父母遇到这种棘手问题，感觉矛盾困扰，是必然的事情，毕竟父母不是专业人士，多数没有经过专门的培训。

父母遇到问题，不能说明父母做错什么，问题的存在只是在提醒父母——他们有些能力的缺失。（父母往往不仅仅缺少方法，更多的是缺少使用这些方法的能力！）

从这个妈妈的提问里，我们发现了以下几个能力的缺失：

（1）多数父母非常欠缺深度聊天能力。父母普遍以为聊天就是做思想工作、辩论……聊天过程呈现抽象化色彩。

（2）对人类行为的动机理论了解少，造成父母分不清楚孩子的行为到底在满足什么。

（3）自省不足，造成分不清事件中自己的心理活动占有多大份额。

（4）情绪管理能力欠缺，造成自己容易产生各种情绪，使事情的处理朝着不利的方向发展。

问题112　孩子遇到大人故意挑逗他生气，怎么办？

案例：

有家长问：我想请教一下如何引导孩子正确面对故意挑逗孩子生气，发火，接着大家一起嘲笑孩子，让他特别狂躁的行为。

我们夫妻想和这些“开玩笑”的大人沟通，但有些大人不接受，我们不知道怎么办。

有时我不在场，这些大人乱开孩子玩笑。等我过去时，孩子已经很生气了，我希望有办法让他理解大人的玩笑，谢谢您！

我现在是这样操作的，您也帮我看看，是否合适。如果我在场，我也会对那些大人表达抗议，但有些时候他们逗小孩是在我不在的情况下，这时小孩独立面对总是势单力薄，无助到哭，事后对大人的行为产生很多很多的疑问和厌恶，感觉他们幼小的心灵实在无法承受这些，请郝老师帮我指点迷津。

（1）这里牵扯的实际上是3个问题：第一个是如何保护孩子不受此刺激，第二个是孩子受到刺激后怎么善后，第三个是如何与那些大人协商减少这些刺激。

（2）我先说说这第一个问题：假设我们的孩子已经历过类似的情

境，那么我们父母可以在孩子面对这些“开玩笑大人”时，提前做好准备。当我们又带孩子去同样的场合时，我们可以预测可能又有人开孩子玩笑，那么我们出门前就可以和孩子聊聊在家里商量过的应对策略。比如：当某某又要逗你开心，你又不舒服时，你赶紧离开那里，可以来找我，我会帮你的。

假如在那些场合，我们担心的事情又出现了，那么我们的策略就是及时干预，一般采取的策略就是“隔离技术”，立刻把孩子支走。比如：宝贝，跟我出来一下，我有话说。孩子离开现场后，父母再解释“我不想让你不舒服”。其实，孩子是知道对方在开玩笑，只是知道事实不代表孩子就会开心。这是人性的规律，不是道德的问题。

这里要注意一点，可能有时孩子情绪已经上来了，我们要想带孩子离开现场，会遇到一定的阻力。（因为离开会让孩子感到挫败，所以孩子会固执不愿意离开。）此时，父母的耐心和镇定很关键，一定注意适度的身体抚摸，帮助孩子稳定情绪。不要替开玩笑的大人们解释，我们心里要清楚，让孩子离开现场的确是让他很委屈，因为照理说，我们是应该让大人们离开。可是为了保留大人们的面子，我们很多时候不得不委屈自己孩子，让孩子离开现场。

当您想通这个时，您就不应该发脾气，表情会显得温柔、关切。

（3）现在我再说说第二个问题：如果很不幸，父母没有及时、提前保护到孩子，致使他感觉很不好。那么父母怎么善后呢？这么多年的研究证明，最佳的方式大概就是倾听+共情，没有其他更好的方式了。

只是父母要牢记——不能替开玩笑的大人们解释！

父母需要保持绝对的中立——不去充当裁判、不去扮演法官，不去说谁对谁错，只是单纯地共情。

等孩子情绪稳定下来之后，才讨论“下一次再遇到这种情况时，我们能做些什么、不能做什么”讨论的方案必须是具体化的行动指南，严禁抽象的鸡汤建议。

（4）我最后再来说说这第三个问题：要从根本上解决此事，父母还需要谨慎、小心地和那些大人交涉，请他们配合，减少这样的刺激。怎么做呢？

首先，父母要知道大人们拿孩子开玩笑，目的可能有三种情况。

第一种情况，他们是向孩子父母表示——我喜欢您的孩子。

第二种情况，想和孩子的父母套近乎，又怕太突兀尴尬，于是就拿对方孩子来逗，想凭借这一步来和孩子父母表示亲近。

第三种情况，这也是比较少见的，但是不排除有这种可能性。就是双方大人之间关系不怎么样，于是不好直接拿大人开玩笑，就拿对方孩子开玩笑，而且这些玩笑里，多多少少有一定的轻视成分。

所以，父母与其他大人交涉之前，请务必审时度势，揣摩对方的动机是哪一种，然后再说怎么处理，比较通用的处理步骤是这样的：

第一步：表达对方的目的；（如：我知道您一直很喜欢我的孩子，喜欢逗逗他，并希望孩子开心。）

第二步：表明自己的顾虑；（如：现在我很想和您说说这事，但是我担心您误会我的意思，我不想因为这些事情失去您这位朋友。）

第三步：具体描述现在孩子的情况；（如：现在孩子还不能完全理解您的真正目的，虽然我尽力在使他理解，但是这需要时间。现在孩子在您开的玩笑之后，感觉不开心，他感觉被人嘲笑。这不是说您有意伤害他，只是他现在还不能完全理解这些。）

第四步：发出明确请求。（如：现在我给您提一个小小要求，这会对我的孩子意义重大！希望您今后直接跟孩子握握手，或者和他玩玩游戏，让他感觉到您是爱他的。）

问题113 怎么判断孩子情况属于“老问题新症状”呢？

案例：

最近有多位父母问到我一些关于孩子的“问题”，希望我能给予指导和帮助，在这些提问中，暴露一个共同点——还有改善的机会吗？还有多大的机会挽救、帮助孩子，或者说挽救这个家庭？

问题一：

“事情是这样的，我大儿子刚上高一，他现在在学校经常不把学习和纪律当一回事，在宿舍睡觉不肯起床去上课，舍友叫醒他还反被他责怪；上课睡觉被老师批评，要他在全班面前罚站他也无所谓，考试成绩也比以往差。然后我丈夫批评他或者和他谈话，他要不就你说一句、我顶一句，要不就从头到尾不出声，依然我行我素。所以我想问问您能不能帮忙分析一下这孩子为什么那么叛逆，变化那么大？看看能不能给他做一下心理辅导之类。”

问题二：

“郝老师你好，我是××的妈妈，他在国庆之后就突然抗拒上学，也不和我们沟通，我们夫妻俩不得已，就请他哥哥和他谈谈，通过跟他哥哥聊天，他说压力很大，他很想提升成绩，可是怎么也提升不了，在学校无法集中注意力，一直脑袋空白。接了他回家，他自己提出说要去见学校心理老师，我想看看您什么时候方便，带他去找您，聊一下看看他自己心情会不会好一点，看着他现在这个样子很担心。真的太麻烦您了，谢谢。”

在这些问题中，都有一个共同点就是“孩子都比较大了”。大家都知道一个规律：年龄越大的孩子，改变难度越大。

于是我们家庭教育指导师们在面对年龄大的孩子的问题时，就需要投入更大的精力，做更多的准备，时间也会耗费很多，遗憾的是，往往父母等不了那么长时间，他们希望一夜之间回到以前。

这时我们往往首先要判断的是：这是一个新鲜问题吗，还是某个老问题出现了新情况？

对于年龄大的孩子，我们认为新鲜问题出现的可能性小很多，基本上都属于“老问题新状况”！

父母如何去判断它们呢？下面就提供几个思路，供父母们参考：

（1）看数据。

这点主要用于判断和学习有关的问题行为，成绩、排名属于学习的“报酬系统”，实验研究证明，孩子的学习成绩直接影响孩子的学习兴趣、学习态度。成绩越好的孩子越容易保持旺盛的学习兴趣和积极的学习态度，成绩越差的孩子学习态度越消极、学习兴趣也越低。这点正好和父母的认知是相反的，父母普遍以为是“学习态度不好导致成绩下降”，而科学家们证实事实正好相反，是“成绩不好造成学习态度消极”。

另外，科学家们做实验证明——连续思考一个棘手问题，得不到答案时，抵制诱惑力的能力也跟着下降。

如果孩子成绩一直不怎么好，会形成一种问题棘手的感觉，让人感到厌烦、焦虑，此时外界的诱惑很容易拉人下水。所以，关于学习的“问题行为”大多是“挫败感”或者“无趣或没成就感”造成的。

在案例中的那个高一学生，很可能在初中时期，成绩就已经不是很好了，也许初中时的反应是上课纪律不好，到了高中就变成赖床不起来……这就是“老问题新状况”。

（2）看程度。

一般情况下，真正的新问题表现程度都不会太大，因为它们的能量还小。

但是只要那个核心的问题没有解决，由它引发出来的各种症状、各种行为方式只会越来越严重，而不会越来越轻微，除非是问题在不知不觉中被解决了。

（3）看表现。

这是指凡是能通过行为做出来的，具有行为特征的基本上都属于“症状”，不属于“问题”。

而问题往往不是行为做出来的，而是跟“感受、情绪、需求”有关。比如：生活孤独——这不是凭借某个行为做出来的，它是一种感受，那么它是问题的可能性比较高。上课睡觉——这是可以用行为做出来，那么它属于症状的可能性大很多。

比如：在问题二里，“想提升成绩，可是怎么也提升不了”是具有行为性的，属于症状。“无法集中注意力，一直脑袋空白”，这也是行为信息，属于症状而非问题。真正的问题很可能是害怕、自卑。

父母学会判断孩子的表现属于症状，还是属于问题之后，接下来做什么呢？

这个要结合具体例子来讨论，但是我们父母可以记住基本原则：

（1）对于感受、情绪来说，解决的方式是：深度聊天+改善关系+共情。

（2）对于需求来说，解决的方式是：寻找好的行为方式满足（替代原则）。

这里又一次出现了深度聊天、改善关系、共情等技术，这些技术都属于沟通领域里的基本技术，所以，可以看得出一切都是从沟通开始！希望父母们多学习科学沟通的技术。

问题114　如何引导孩子支配自己的零花钱？

案例：

近来在小学讲座的最后答疑时，常有家长有这样的困惑“孩子现在上学后，他的同学都有零花钱了，父母想过这个问题，不给孩子零花钱呢，感觉不合适。可是给呢，又怕他乱花钱，主要是担心他买学校周围那些小店里不健康的零食，吃坏肚子。请问老师，到底该不该给零花钱？如果给，要给多少呢？”

我当时问了一下这位家长孩子的年纪，为什么先了解这个呢？

因为，这里包含几个任务——

（1）零花钱的管理属于“财商教育”的重要板块；（包含财务管理、创收管理）

（2）零花钱的消费属于家庭教育里“欲望教育”板块的内容；

（3）如果孩子是高年龄段的，还需要把它和“生涯规划”结合起来考虑。

前两个任务是低龄段孩子面临的，第三个任务是中学阶段的孩子面临的，因此我需要询问对方孩子的年纪。那位家长告诉我，孩子是小学三年级（9岁）。

这个年龄段的孩子是应该有零花钱的，因为从3岁开始，孩子就可以“认知钱币”，只是由于孩子不识字，没有数字意识，从3岁开始，孩子只需要认知钱币外形、颜色、纸张大小。比如：他分得出硬币、纸币，结合父母的发音，孩子可能会区分一元钱硬币和五毛钱硬币。

孩子进了幼儿园之后，可以通过游戏认知钱币的基本用途——购买商品。

孩子进了小学，开始识字、接触社会了，而社会属于市场经济管辖范围的，处处都需要使用钱币，那么我们就主张——孩子可以拥有零花钱了。

只是父母不能简单地把这件事当作“零花钱”来看，父母心里要清楚，表面看是一个零花钱问题，背后隐藏着艰巨的任务——欲望管理+生涯规划。它们甚至影响着孩子未来的学习动力和学习兴趣。

现在我们再说说这个案例的情况，根据家长反映，这个孩子暂时还没有零花钱，而周围的现实是——同学都有了。那么怎么办呢？

第一，父母达成共识，主要讨论的目标是：孩子是否需要零花钱？如果不给，孩子面临的压力是什么？如果给，有哪些风险？这些风险怎么规避？（父母就这4个问题仔细讨论，不要急于下结论，如果不能达成共识，就带着疑问看书、请教专业人士）

第二，父母达成共识后，进行摸底。就是找时间，全家坐下来闲聊关于零花钱的5个话题。主要目的是了解孩子：想不想要零花钱？需求是多少？打算怎么保管？怎么使用？以及最后一点就是，让孩子评估可能会遇到什么意外情况？在这一步里，父母要注意的是——不要急着表达自己的观点，多做记录工作，多做询问工作，通过询问来帮助孩子把情况想得尽量周全。然后告诉孩子“这件事关系重大，需要爸爸妈妈仔细斟酌，几天后我们再聚会讨论一次”。

第三，根据孩子的观点，父母开始研究风险和缺失的部分。如果父母无法评估孩子想法的风险，可以把记录的内容交给我，我会帮您做进一步分析。

举个例子，一个小学二年级孩子的零花钱计划是这样的：

（1）每天希望零花钱10元，理由是班上同学都是10—20元之间，自己取了最低要求。

（2）零花钱主要买水喝，买零食。

（3）如果得到老师表扬、成绩进步还要另外加10元（每次表扬）。

（4）父母不能拖欠零花钱，可以一周给一次，一次给50元。

这份计划里有了具体数额、消费方向、支付方式、奖励方式，那么计划里缺什么呢？

（1）这10元数额能持续多久呢？

（2）购买的水、零食还缺少具体的品牌、种类、健康标准。

（3）学习、家务是孩子“分内之事”，是不应该得到金钱奖励的，只能得到精神奖励、机会奖励，这里缺少讨论，哪些行为是可以得到经济奖励的呢？

（4）计划里还缺少零花钱的记账方案，同时也缺少关于零花钱使用的监察机制。

（5）在这个计划的最开始，应该是对于零花钱的“性质”进行描述，拥有零花钱是否属于孩子应有的权利？是天经地义的权利呢，还是家庭变化的福利？或是伴随着自制力的能力大小换取的“权利”呢？

（6）计划里，零花钱是一周一次支付，一次支付就50元，这里缺少对应的风险评估；因为有了钱，就可能面临着诱惑。

（7）缺少使用规则。比如：10元以内由孩子自由支配，只做记账。10—20元由孩子自由支配，但是必须提前告知父母细则。20—50元必须经父母同意才能一次性支配。（这就是使用细则）

（8）计划里有了对父母的要求，但是缺少对应的对孩子的要求，也就是说，假如孩子使用中“违规”了该怎么处理？

依据这8条，父母非常配合，连夜又和孩子进行了愉快的交流，最终把计划补充完整了。

使用零花钱是孩子的权利，零花钱的管理是帮助孩子形成正确金钱观和培养理财能力的大好机会。

第四，根据最终的方案，父母和孩子最好还是使用家庭会议的方式，轻松、愉快、民主地讨论，并最终实施。

问题115　带5岁孩子去朋友家做客，孩子到处乱翻，怎么处理？

这个孩子在读幼儿园大班，这意味着他即将离开幼儿园，开始踏入校园，那么这个年龄有什么特别之处呢？

因为，相比之下，小学的要求会高于幼儿园、严于幼儿园，所以在孩子即将进入小学校园之时，父母需要帮助孩子建立“界限感”，能够遵守必要的纪律和规范，否则这个孩子将在小学面临很大的压力。

第一，建立“地域界限”。首先父母需要让孩子明确知道，朋友家不是自己家，也不同于公共场合。一般要在每次出门之前，不断地强化这个“概念”。同时在朋友家管教自己孩子的时候，也要明确地指出这点。比如：这是小明家的遥控器，把它放下。这里就是在明确指出“小明家”这个地域概念。

第二，管理孩子行为时，以“地域名义”管理，不能使用“父母身份名义”来管理。更加不能以别人的名义来管自己的孩子。这样有三个危害，第一个危害就是降低了自己应有的权威；第二个危害是，制造自己孩子和别人之间的矛盾；第三个危害是，让对方处于尴尬的地步，等于逼对方碍于情面而妥协。

比如：宝贝，这是小明的房间，进屋要敲门。（ ）

宝贝，我希望你敲门再进去。（×）

宝贝，你给我出来。（×）

宝贝，阿姨不高兴了。（×）

第三，当孩子正在实施“违规行为”时，及时叫停是首选。比如：孩子正在翻小明的衣柜时，父母发现了他的举动，此时父母的第一句话应该是“某某，请把门关上”，接着才是第二句“这是小明家，你需要问问小明，是否同意打开柜子”。

第四，假如孩子还是不愿意停下来，那么父母需要迅速达成共识，可能就要改变行程，带孩子离开朋友家。

假如是在外地的朋友家（比如：春节在老家拜访朋友）不能立刻回家，那么就要把孩子带离那个房间，在朋友家借一间相对独立（没有其他人）的空间，陪伴孩子单独待一会，此时父母可以重申、强调“地域界限”。

问题116　孩子不好好吃饭，怎么做?

这是一位家长的留言——孩子不好好吃饭怎么办?

请问，您觉得这个提问详细吗?

很明显，这位家长的留言，很模糊、很抽象，所以不好回答，容易带来“泛泛的回答”。这里缺少很多关键信息：

（1）孩子多大？

（2）吃饭的环境是怎样的？周围是什么人在场？

（3）不好好吃饭具体是指什么？孩子具体都做了什么？周围人又对孩子做了什么？

（4）这种情况出现多久了？是偶然出现呢，还是经常出现？

（5）一般是吃什么饭时，会出现这种情况？

由于缺少详细信息，这个问题回答起来就要复杂很多了。

首先，我们假设这个孩子在3—6岁之间，这是建立“行为模式”最佳的时间。

那么，3—6岁的孩子怎么建立吃饭的习惯？

第一，吃饭习惯是一种家庭文化。父母在行动之前，相互检查一下，自己的吃饭习惯是怎样的，自己的原生家庭在吃饭这件事上的礼仪要求怎样，比如：端碗的姿势、吧唧嘴有限制吗？

第二，父母就“吃饭礼节”这件事，需要首先达成共识。建议父母先拿出白纸、笔，记录对于吃饭这件事有哪些具体的礼节要求。

记录的顺序参照吃饭流程来设计，比如：

（1）在做饭这件事上，全家的分工如何？（家族成员参与做饭，付出了劳动，就容易珍惜成果，这对培养吃饭好习惯有帮助。）

（2）饭前半小时，咱们家要开始做什么？（布置餐桌、餐具等事务）

（3）入座的顺序。

（4）盛饭、上菜的要求。（建议最佳方案是：分餐制）

（5）吃饭、夹菜、喝汤的礼节。

（6）收拾饭桌的分工。

（7）打扫卫生的分工。

第三，达成共识后就是家庭会议阶段，注意的是，这个家庭会议不能是针对某位家庭成员，而是针对全体成员。

比如："宝贝，你吃饭的时候，不能吧唧嘴发出声音。"（×）

"我们家吃饭，都采用闭嘴咀嚼。"（ ）

第四，执行过程最关键，因为习惯都是从强制开始的，所以，父母要带头做到，并坚持要求所有成员保持。在执行的过程中，需要做到：不解释、不妥协、不商量、不中断、不发火。

假如孩子已经是小学生了，吃饭习惯仍然没有培养好，那么父母要怎么办呢？

第一，父母依然是检查自己的吃饭习惯怎么样。因为它属于一种家庭文化，所以需先检查整个家庭吃饭的状态是怎么样的。

第二，记录孩子的吃饭习惯，具体是做了什么。比如：孩子吃饭时，总是喜欢翻菜；孩子吃饭要大人喂饭，否则不吃。

第三，分析造成这些现象的缘由，一般分析的顺序是：

（1）吃饭的动机是不是出于饥饿？

（2）环境里是否存在诱惑物？

（3）周围管理者是否存在干扰？（妥协者）

（4）家里其他事情上有无规律？特别是有无时间规律？

（5）当出现问题行为时，是否及时地管理干预？还是有时管，有时又不管？

（6）当孩子被要求整改时，他的反应怎么样？是否有情绪？这些情绪是怎么处理的？

第四，根据前文的记录、分析，父母召开家庭会议，公布接下来的新要求，注意不要针对某位成员，而是面向全家。

第五，全家开始有针对性地整改，并且坚持执行。做到了，就要表扬、肯定付出，做不到的还是继续要求。

问题117　孩子私下拿同学的文具、课外书回家，父母怎么处理？

案例：

我发现自己孩子（三年级）经常拿一些别人的书、文具回家，我们开始也没有太在意这件事。后来在家长群里，看见很多家长抱怨自己孩子的课外书、文具不见了，问是哪位同学给拿回家了。于是我们就问自己孩子，他没有撒谎，很快就承认了。我们问他为什么拿别人的东西，他说喜欢就拿回来了。现在我们夫妻很着急，觉得这件事不能不管，但是又不知道怎么跟孩子说，怕做不好让孩子从此抬不起头来。而且怎么跟那些家长说这事呢？传出去也不好啊，请您帮帮我们吧！

根据这位家长的描述，考虑到孩子的实际年龄，我是这样建议的。

首先，这事总计出现过多少次。家长告诉我，据他们询问，孩子承认总计拿了6次，2次是文具（漂亮的自动铅笔），3次是课外书、1次是精美的记事本。这就提醒家长，第一步就是询问清楚细节，包括拿的这些东西是什么，有什么特点（吸引人的地方）。这是为了帮助家长了解、分析孩子的动机。

第二步，因为这件事关系到“道德感”，它的发展方向很重要，所以紧接着的一步是“承担后果”，也就是这件事的善后工作。至于分析孩子拿别人东西的动机，那就放在下一步了。

孩子自身承受自己行为的一切后果。比如：道歉，这个属于后果之一，那么就要孩子亲自去道歉，不能父母代劳。父母如果想道歉，只能基于“父母失职”的角度向对方道歉，不能替孩子道歉。再比如：赔偿，也是属于后果之一，那么就要孩子拿出自己的零花钱、压岁钱（甚至向父母借钱）来赔偿，不能由父母出钱赔偿。

另外，不能出现额外、无关的处罚。比如：拿了别人东西，造成他人难过伤心，道歉就是自然出现的一个后果。但是，让孩子打扫房间就不合适了，房间卫生情况与拿别人东西没有丝毫关系，这就是无关的处罚。

第三步，分析拿人东西的动机和目的。这一步，需要父母使用“科学聊天”的技术了，也就是等孩子善后了之后，父母需要处理孩子沮丧的情绪。注意的是，不能过度关心孩子的情绪了，也不能过快原谅孩子。因为毕竟是他做了一件愚蠢的事情，不是什么光彩的事情，要让孩子的大脑牢牢记住教训。如果关心过了头，很快就原谅了孩子，可能让孩子感到一种“满足”。

了解孩子动机时，父母可以采用这样的问话方式开始。

比如：“跟我说说这几支笔，你分别喜欢它们什么？”

“你拿小明的这本书，讲的是什么？”

这样做的要求就是从“物件”开始聊起，再聊到物件带来的价值、作用，这里就隐藏着孩子的动机。注意的是，在聊天过程中，不要轻易地表态，即使您觉得那些作用、意义不值得一提。即使您觉得孩子说得不对，也先请保持中立，不要把自己的观点、态度表明太早，否则会堵塞聊天。

第四步，了解完孩子拿东西的动机之后，就要颁布“行为指令”了。（注意，指令不等于命令哦。）

这时候，父母可以给孩子提出明确、具体、可操作的要求，而且最好是针对行为上的要求。比如：

“下次，你看上什么自动铅笔，你可以先借回来给我们看看，然后我们再说需不需要买。”（√）

“下次，你喜欢什么书，可以在我去接你放学时，借来给我看一下，然后我们回家就商量这事。”（√）

“下次，你喜欢什么，可以和我们商量啊。”（×）

这句话，没有说清楚对象是什么，也没有说清楚怎么跟父母说，万一孩子觉得“我说不清楚它哪里好啊”，这就可能造成孩子干脆不说。

最后，还要提醒父母，孩子毕竟是孩子，自控力不如成年人，他们容易被自己的欲望驱使，做出一些错事，甚至可能在一段时间里，一错再错。假如，孩子犯了“老毛病”，父母注意不要翻旧账，就解决当下这件事，别耿耿于怀这件事以前出现过。这对孩子不公平，也容易伤害孩子自尊。

问题118　物品归属的教育从几岁开始?

这是一位很有心的家长的提问，从这个提问看得出，这位爸爸的家庭教育属于“培优”级别了，他不仅仅是为了“解决问题”，而是在培养孩子的真正素养。

物品的归属问题属于家庭教育里“界限教育之物品归属界限”这个板块的内容。

要想知道孩子从几岁开始，适合进行物品归属界限的教育呢？我们就要先聊聊“自我界限”这个概念。

当我问你：“你是谁？”

你会怎么考虑这个问题，这不只是一个哲学问题，实际上它也是一个心理学问题。“我是什么？”这个命题一直是人类历史中的重要命题，我们总是在认知自己、认知周遭世界的过程里成长起来的。

大概人类在1岁左右就开始出现“我”这个概念，对于1岁左右的孩子来说，“我”这个概念指“我这个躯体”，包括头部、四肢、皮肤等。随着人类大脑的发育，活动范围的增加，人类出现了领地意识、物品意识。比如：我的房间、我的玩具。它们其实是我们的身外之物，但是我们会把它等同于“我”的一部分。

换句话讲，你把我的玩具拿走了，等同于伤害了我，玩具成了我的一部分了。这个就是自我的延伸现象。自我从最开始的身体，一直延伸到身边之物上了。

那么，孩子就会开始区分——哪些是我的东西，哪些是小明的东西，这时也就需要开始物品归属界限的教育了。及时地帮助孩子正确认知自己的物品，才能很好地控制自己的行为。

一般而言，一岁左右开始明确自己的身体；1—3岁开始认知自己的物品、他人物品；3岁以后，孩子开始走出家门，进入幼儿园（社会）生活了，这时他对物品的认知就增加了“权利”概念。

对物品的权利包括三种：

（1）所有权；（同时拥有了处分权+使用权）

（2）处分权；（同时拥有了使用权）

（3）使用权。（只有使用权，不能处置物品，更加不能拥有物品）

比如：幼儿园的玩具，所有小朋友都拥有使用权。假设班级里有一个孩子，负责管理这些玩具，那么他在一定程度上拥有了处分权。而幼儿园的老师对幼儿园的玩具拥有处分权、使用权，但是这些玩具不属于老师。他不能将其卖掉，只能借给他人使用。

假设，一个孩子把幼儿园的玩具当成自己的玩具，不仅是玩，还不准其他小朋友玩，甚至还把玩具拿回家据为己有，那么我们就认为这个孩子物品归属界限不清晰。

综上所述，孩子一般从3岁开始，父母就要利用各种事件、各种机会，帮助孩子了解物品的三个权限问题。

问题119　家有二宝，每天争抢玩具，父母怎么办?

我先分析一下家长提问的内容里包含的重要信息，家长是在公众号里留言的，留言就一句话："家有二宝，每天争抢玩具，宝妈表示很头疼，请问怎么办？"

这里值得我们留意的信息有：

（1）家里有两个孩子，估计年纪相差不大，才会为玩具发生冲突。年纪相差太远，一般是玩不到一起的，矛盾出现概率低。

（2）争抢玩具的事是自然的，但是每天都出现，意味着父母前面的处理方式可能是失效，甚至是无效，那么从过往处理方式里去找寻失败原因是必要的一步。

（3）母亲很头疼，意味着母亲为此事感到沮丧。那么这里是否还有父母处理情绪的事情呢？

根据这 3 点重要的信息，我们才能给出切合实际情况的方案。

第一步，夫妻沟通，达成共识。

为什么把这个放在第一步呢？因为很多家庭教育策略之所以失败，其中一个重要原因就是管理者没有达成共识。

很多夫妻看到这一条时，估计又在抱怨“哎呀，他都不听我的，怎么沟通啊，没用的”。其实这一步不仅是必要的一步，同时它也锻炼成年父母，真正意义上作为成年人去处理问题，去谈判、去协商、去沟通。当然我们都承认，改变一个人的认知是非常艰难的事，但是这不能成为我们拒绝沟通、拒绝合作的理由。如果沟通不了，那就一起心平气和地向专业人士请教。

第二步，夫妻双方要改善自己以往处理这些矛盾的方式。

由于我们无法和这对夫妻面对面地交流分析，所以在这里只能做假设性的分析。根据我的经验，父母在遇到这种因孩子争抢玩具引发的矛盾时，最习惯于扮演“裁判”和“法官”。他们比较习惯遇到此事，第一反应就是教育孩子“大孩子让小孩子”。

那么，最佳的方案是什么呢？

孩子争抢玩具是人性中的占有欲使然，加上孩子想得到更多的快乐，同时他们缺失等待的耐心和合作的经验，最终无法协调解决此事，导致冲突出现。

那么，这就是父母处理此事的目标，帮助孩子控制欲望、学会等待、明确规则、掌握合作。

（1）专门找时间，父母带领孩子对玩具进行清理。明确每一个玩具的归属权，明确借用玩具的流程，并划分好玩玩具的地点，保存玩具的地点。遇到有争议的玩具、贵重的玩具，其所有权收回父母手中，任何孩子想玩，必须到父母这里借用，借用时要说明使用的方式和时间，以及不遵守承诺的后果。

（2）在两个孩子玩玩具开始前，父母可以采用口头提醒、留言提醒等方式，并确定孩子都收到信息之后，才让他们开始玩玩具。

（3）假如两个孩子又发生争抢，父母的第一反应是，分开两人，没收玩具，让两人各自回房间冷静。然后夫妻俩分头调查事件经过，调查完以后，夫妻交换信息，并根据综合信息作出判断。

（4）把两个孩子集中起来，集中的目的不是调查，而是公布调查的结果，以及父母的决定。当然，这时孩子有补充信息的权利和机会。

（5）处理完这次事件之后，夫妻俩复盘这次事件暴露的问题，特别是在管理上、玩具划分上是否存在不妥之处，然后及时进行调整。

（6）在处理的过程中，不能完全不顾孩子的情绪，也不能过度关心。同时，假如某次孩子玩玩具没有发生冲突，或者父母观察到他俩进步的地方，需要专门明确地描述出来，并进行表扬。

至于“别人借用我玩具的条件”，一般我们建议父母不要直接规定，而是先交给两个孩子自己去策划，然后父母可以考虑协助完善它，或者给孩子一个试用的机会，让孩子自己体验一下，自己定下的制度是否对自己有利。

问题120　如何培养孩子成为一个时间管理者?

时间管理需要解决三个阶段性任务。第一阶段，物理时间的认知；第二阶段，时间意义的认知（也称为心理时间、时间感知）；第三阶段，生活时间规律化。

（1）物理时间的认知：大概在2岁，父母可以通过让孩子认识钟表刻度。具体方式可以是玩钟表游戏、认识钟表游戏。

2. 时间意义的认知：分两部分——心理时间的感知阶段（抽象时间的感知阶段）、时间长短与快慢的感知。

您在看这本书上花了多少时间，您如果能较准确地估计，那么您就具备了心理时间的感知能力。

到了这个阶段，人对时间的感知已经不再依赖于外界的钟表，人类的意识里仿佛有一个钟表在运行。假如您熬了一个通宵之后，一觉睡到了下午，也能感觉到“这已经是下午了，而非上午”。当然，心理时间的准确度不如钟表。

（1）心理时间的感知就是感知时间的划分。

晚上，一家人看完电视，妈妈站起身对宝宝说：“宝贝，现在是妈妈洗澡的时间，是爸爸工作时间，是你收玩具的时间了。”如果家里还有一个孩子，也需要一起说。为什么呢？

因为，这样的表述才能充分显示“时间管全家”“时间在划分全家事务”，这样才是最公平的做法。

妈妈通过这句话强调“时间在划分着家里的事务”，目的是让孩子感知到家里任何事情都随着一个时间表在运行，并且不是针对我，而是针对全家每个人。

这样做的目的还有一个隐藏的好处，仔细看看妈妈那句话“现在是你收玩具的时间”，这里暗示着不是我叫你收玩具，是时间在要求你收玩具。妈妈在淡化自己的管理者的形象，强化时间就是一个管理者，父母只是一个执行者。而且，这个时间管理者连父母都一起管理。

把“管理者”外化、物化为外界某个制度、某个规则，可以减少孩子对父母的负面情绪，减少了负面情绪的最大好处就是使执行更顺利。

比如：

早上叫孩子起床时，爸爸说，“宝贝，八点了该起床了”，或者“天亮了，该起床了”，这句话就是对的。

相反，“起床了，该上学了”“起床了，要吃早餐了”“起床了，穿衣服，洗脸刷牙，吃完早餐还要上学”等都是错误的说话方式。

晚上做作业时，爸爸说：“按照学校规定，小学生必须写完作业才能睡觉。”也是为了外化、物化管理者。

（2）时间快慢和长短的感知——就是感知到时间流逝的速度快慢，以及对两段时间的长短比较的感知。

晚上，爸爸准备洗澡了，他回过头微笑着对4岁的儿子说：“宝贝，现在是爸爸洗澡的时间，我洗20分钟就该轮到你了哦。”然后，爸爸在第19分59秒的时候，开门走出卫生间，抱起儿子说：“20分钟到了，现在该宝贝你洗澡了。”有时，父亲会用手指着表针的方式，辅助孩子建立感知。

在这个简单互动的过程里，爸爸一直在对“20分钟是多久”进行着教育，这个父亲通过生活体验，使孩子渐渐地对20分钟的长度有了真实的感知。

当一个儿童渐渐建立了时间感后，就更容易遵守时间。时间感的建立也是“自我管理”能力的保障，当孩子处于高年级的时候，学习的效果依赖于计划的执行，成人之后的事业也依赖于计划的执行。

3. 生活时间规律化：是指父母让孩子感知到，家庭任何事情背后都有时间在规划、管理，使孩子适应时间管理生活的习惯。

全家生活规律化，就是这个家庭里，不论做什么事，什么事需要做多久，都有明显的规律性。而且这个规律是孩子能明确感知到的规律，这就意味着父母需要按照这个“时间表”来生活。

时间感的建立，影响着孩子未来的事业成就。

问题121　制定时间表能培养出一个执行力强的孩子吗？

案例：

有一位家长在讲座的提问环节里问了我这个问题："我们也想跟孩子制定时间表，可是又担心孩子将来因此太死板，请问老师，时间表真的能培养孩子的执行力吗？会不会适得其反呢？"

时间的把控能力是我们的重要社会生活能力之一，从学习到工作，再到生活上无一例外地需要它。

我们重点聊聊，制定时间表是否能提升孩子的执行力？会不会适得其反？

我们可以肯定地说，利用时间表能够提升执行力，但是就要看怎么制定这个时间表了，不是所有的时间表都能提升执行力。

第一，短周期的时间表利于持续执行。

制定时间表这件事，我们首先要把它看成"制订某个计划"，这里就牵涉到计划的执行。

科学家发现，执行庞大的计划（如30天的计划书）的失败率高于短周期的计划书。因为周期越长，中间被干扰、被打断、出现意外的概率越高，于是很容易出现半途而废的现象。这主要源于"破罐子破摔"的心态。

第二，制定具体任务的时间表利于持续执行。

很多人制定的时间表内容显得"空洞""抽象"，比如：看一小时课外读物、复习数学、少吃多餐……面对抽象类的任务，人的大脑接收到的信息比较宽泛，有很多的选择空间，于是大脑会浪费宝贵的时间、精力在做选择上。比如：看一小时课外读物，容易造成花费一定的时间在选择看什么上。于是，执行力下降了，执行效果打了折扣。

相比之下，假如你制订的计划内容是看一小时《告别无效的家庭教育：200问》，那么您的大脑发出的指令会十分清晰，执行起来阻力会减少，更有可能执行这个计划内容。

同样，“复习数学1小时”改成“复习数学书28页至30页”。

“每天少吃多餐”改成“早餐牛奶100毫升和鸡蛋1个，午餐米饭50克和瘦肉50克，下午坚果20克，晚餐水果300克和牛奶100毫升”。

这样的时间表目标才是科学的目标，时间表执行起来才更容易，对孩子的执行力建设才有帮助。

第三，时间表会制造一种执行的压力。

人类的执行力不是天生的能力，是后天养成的一种能力。它多多少少和人的本性有些矛盾。

我们最开始的执行的确是需要外加推动力、压力，这样才能抗衡阻力，最终执行到底。随着人的执行力越来越强，外在的推动力、压力会逐渐内化为内部动力。

问题122　如何让孩子收拾房间?

这是一个在幼儿园、小学，甚至中学家长经常问到的话题。那么，怎么解决这个问题呢?

其实，孩子“不会收拾屋子”不能算作问题，充其量算作生活质量问题。这个问题将来也不一定对孩子有多大负面影响，主要看他的另一半接受不接受。

那么，我们在这件事上，父母应该考虑的是什么呢？父母应该考虑的是我们要用收拾屋子这件事训练孩子什么能力。

如果这样想，就能明白接下来我要表述的内容。

收拾房间这件事，牵扯到收拾屋子的过程——“内容”和“形式”；还牵扯到收拾屋子的结果——“收拾屋子本身的结果”和“收拾屋子连带的结果”。

一、收拾屋子的过程

1. 收拾的内容方面

父母带领孩子提前明确需要收拾的范围、物品，以及需要达到的状态。要注意的是，需要明确而具体，尽量不要模糊、抽象地表述。比如：不要的书可以捐给××幼儿园，别再放在书架上。（√）把书架收拾整齐。（×）

2. 收拾的形式方面

（1）收拾屋子的计划是针对某人呢，还是针对全家的？

（2）收拾屋子前的具体计划是什么？比如：什么时间？从哪里开始？到哪里结束？谁负责什么区域？谁负责什么事情？

（3）收拾屋子的过程中每个人应以怎样的状态进行。比如：大家都是一小时休息一次，还是按照各自的节奏？

二、收拾屋子的结果

1. 收拾屋子本身的结果

（1）清理出不用的东西。

（2）东西摆放合理。

（3）收拾后的房间应该更加敞亮，找东西更加方便快速。

2. 收拾屋子连带的结果

（1）收拾好了的屋子，全家人应感觉心情愉快。

（2）收拾屋子的过程里，全家一起参与，增进了彼此关系。

（3）收拾屋子的过程锻炼了——计划能力、统筹时间能力、分析能力（怎么处置物品）、执行能力（是否一气呵成？是否有始有终？是否达到自己预设目标？）

当你明白收拾屋子背后的基本要求之后，我再来说说具体的操作流程。（假设孩子是3岁左右的儿童）

第一，父母对培养收拾屋子习惯的计划达成共识，如果有不同意见最好找专业人士请教。

第二，从收拾玩具这件事上开始培养。因此，可以买一个专用的“玩具箱”，先帮助孩子建立一个意识，即玩具都有固定的位置存放。

第三，父母每天晚上都和孩子一起玩“让玩具回家”的游戏。

第四，帮助孩子了解摆放玩具、收拾玩具的一些基本动作。父母需要注意的是，不要代劳、发火，而是多做示范和允许孩子一时半会做不好。

第五，孩子到了中班以后，父母需要帮助孩子自己穿衣服、叠被子、收拾床上用品。因为这个时间段，孩子去幼儿园是允许迟到的，即使迟到了，父母的压力也不会太大，所以这个时间段实际上很宝贵。

在以上步骤中，父母要留心孩子的具体操作情况，提供必要的指导，但是不要轻易表现出情绪，切忌出现“嫌弃”情绪，收拾完毕后，还要通过描述细节来表扬孩子的努力付出，这样来培养孩子的好习惯。

假如孩子是比较大的孩子，比如：初中生。那么该如何帮助孩子收拾屋子呢？

这件事做起来就比较难了，主要是因为年龄大的孩子如果没有收拾屋子的习惯，而此时父母才开始考虑让孩子收拾屋子，就要面临巨大的挑战和阻力。

第一步：父母分析孩子没有收拾屋子的原因是什么。特别注意谁在妥协、善后，怎么妥协的。

第二步：找到原因之后，父母开始达成共识。

第三步：找一个孩子心情稳定，没有要紧事情的时候，提前跟孩子说“某一天，我们全家都一起收拾屋子，要收拾自己的房间以及公共区域”，并征求孩子的意见。最坏的情况就是，孩子说“自己的房间不用收拾，我住着很舒服，习惯了，没必要收拾”。遇到这种情况时，父母要注意自己的情绪，允许孩子充分表达他的观点。等他表达完毕之后，再说明这个家是共有的家，因此请他配合大家把房间收拾了，并且说出具体的任务是什么。（注意还要估算这些任务完成的时间是否合理，尽量不要给孩子造成任务太艰巨的感觉，允许分批完成。）父母的法宝就是两个：情绪稳定+坚持。

第四步：到了实施计划的那一天，全家投入收拾屋子这件事。父母注意随时调节气氛，使这个过程轻松、愉快地完成，即使没有完成，也要做好接受正常意外的准备，而不要随意发脾气。最忌讳说斗气的狠话、威胁类的话、讽刺类的话。

第五步：很多孩子会利用收拾屋子这件事来和父母“讲条件”，特别是讲关于金钱、电子产品使用方面的条件。父母需要顶住压力，坚持原则——家务活是每个家庭成员的义务和责任，是无条件可讲的。

第六步：在收拾完毕之后，父母注意强化它的效果——整洁、方便、找东西方便等优点。

总之，收拾屋子不是一个“问题”，父母在这件事上尽量控制好自己的脾气，对于年龄大的孩子要有足够的耐心，坚定的原则，杜绝一切妥协和代劳。

问题123　孩子总是把事情想得悲观，不敢尝试，怎么办？

案例：

有个家长问：“我儿子小学五年级了，什么都好，成绩也不错，就是胆子小，不敢表达，一说他就哭，他总是把事情想得很悲观，于是干脆放弃不做。比如，老师叫他当小组长，他就是不敢，觉得自己做不好，老师和我们都在鼓励他，可是没用，请问这个怎么办？需不需要强迫他当小组长呢？”

这个家长以为的问题是——孩子胆子小，总是把事情想得悲观，对自己没有信心，所以会轻易放弃机会。

实际上，父母不清楚的地方是，人对于自己恐惧、紧张的感受往往是比较模糊的，很难侦测、对比，也就很难验证自己预料的事情是否真的出现。

比如：一个人说“我怕一个人走黑暗的胡同”，这种感受就是模糊的感觉，怕黑暗的胡同里的什么没有表述清楚，那么大脑很难分清——自己害怕的东西有没有出现？假如一个人说“我怕一个人走黑暗的胡同时，忽然窜出一个人”，那么这种感觉是具体的、可以观测的、可以对比的，那么走完这个胡同后，假如没有窜出人来，那么我们的大脑才会认识到“我的担心是多余的”。

因此，这件事的处理方案是：

第一步：父母邀约孩子正式谈谈“当小组长”这件事。

第二步：帮助孩子把模糊的恐惧感变成具体的信息。（需要采用耐心的询问）

第三步：当孩子表述的恐惧感是属于可以观测、对比的信息后就可以停止询问了。

第四步：鼓励孩子大胆试一下，看看自己担心的事情是否出现。

第五步：假如没有出现，就证明担忧可能是多余的；假如出现了担心的事情，那么我们就帮助孩子摆脱“受害者心理”。（孩子会把别人的不良表现当成是自己搞砸了，这是受害者心理造成的。）

问题124　父母夸孩子“你真聪明”好不好呢?

我们身边总是有父母习惯于夸奖低龄段孩子——你很聪明!

这样做的风险，多数人并不知道。科学家的实验研究发现：

父母一开始的夸奖，等于把孩子塑造成了“智力实体论者”，就是相信智力是固定不变的东西，这样的人容易在今后的日子里做一件事——找寻证据证明自己聪明!

他们不会享受学习的过程，不太在乎学到的东西，他们在乎的是“用结果来证明自己”。于是，不敢挑战自己，遇到挫败就会伤心、失望、沮丧……

心理学家德韦克和她的同事们在一所大学的学生中做了一项实验。在这所大学里，所有课程都是用英文进行的，尽管有些学生刚进校时英文还不过关。

心理学家德韦克问那些英文还可以提高的学生是否感兴趣参加一个英文补习课程。

只有那些相信自己能变得更聪明的学生（渐进论者）表现出对参与课程的兴趣——他们中73%的学生愿意参加。

那些相信聪明度是固定的学生（实体论者）不想跟这课程有任何瓜葛——他们中只有13%的学生表示愿意上这堂课。这些学生大多数都不相信补课真能帮助他们进步。同样重要的是，他们觉得上补习班意味着公开暴露自己能力的缺乏。

因此，告诫父母——不要总是夸奖小朋友“你真聪明”。

问题125 当孩子遇到困扰逃避问题的时候，父母“鼓励的语言”反而成了“毒药”

案例：

高一学生，因为没有考上向往的重点高中，去了一所普通高中。他感觉自己没什么前途，未来也没有希望，就躲在家里，整天打游戏、玩手机……此时，他需要父母帮他站起来。

此时，父母怎样鼓励孩子呢？父母不知道的是，自己想当然的鼓励不仅可能无效，甚至对孩子还有害。

很多父母在孩子遇到困扰或逃避问题的时候，一味地说“鼓励的语言”，以为这是在拯救自己的孩子。其实，他们不知道，自己的“美言”有可能让孩子活得更加“自以为是”，甚至更加看不清自己，看不清事实。

这不是在拯救孩子，是在给孩子灌“迷魂汤”。

那么，背景故事里的父母该怎么鼓励孩子呢？

A妈妈：“你一直是妈妈心目中最懂事的孩子，你聪明，有追求，是个追求梦想的人，爸爸妈妈相信你是一个勇敢的孩子，是一个敢于承担责任的孩子……”

这就是典型的迷魂汤，扰乱孩子的自我认知，也不会带来任何成长，远离事实，迷惑孩子无法认清自己。

B妈妈：“如果你希望自己的生活变得更好，那么它应该是怎样的呢？请你好好想想：①到底什么在困扰我？是外界环境无望了，还是不能面对自己的懦弱？②我有去改变现状吗？③我真的愿意去改变它吗？面对真实的自己是改善现状的第一步。”

最遗憾的就是，父母比较擅长“迷魂汤式”的鼓励方式，因为他们接受的“讲座”也是这样教的。真正的鼓励不是灌迷魂汤，而是帮助孩子探索自己的认知。

那些温柔的语气、和蔼的表情等，仅仅是为了使“探索自己的认知”任务进行得顺利一点，并非是技术核心。

问题126 注意孩子的三个危险阶段！

有些孩子，在小学阶段就开始出现一种问题，但由于隐蔽性极高，到了中学发作出来的时候，给自己、父母、整个家庭带来巨大压力。

孩子成长中的三个危险阶段：

第一阶段：失去对父母的信任。（源于父母简单粗暴的教育模式）

此时往往以拖延、轻微顶嘴、轻微不合作、不服气的情绪来呈现问题。容易委屈，生气，不过还会用吐槽、投诉的方式表达。

由于孩子的反应不算激烈，父母往往麻痹大意，并没有察觉——我们之间的信任可能有问题。这个信任一旦受损，后面的事情里，孩子会扭曲地理解。

第二阶段：对自己开始失去信心。（感觉自己是被人嫌弃、讨厌的，不招父母喜欢的。）

此时的表现往往是：情绪低落、话语减少、关闭与外界的交流，对周围事物开始反应减弱。对自己的学业开始有抵触情绪，很容易发脾气。（看不到那种幸福、知足、满意的精神状态。）

从“关系受损”已经发展到“生活态度受损”了，这其实已经敲响第二次警钟了。生活态度的变化，意味着接下来的“工作状态”准备遭殃了，那么孩子的“主要工作”是什么呢？

第三阶段：失去对未来的信心。（除了娱乐，再没有什么值得开心的事情，即使不上学睡懒觉也不觉得幸福满足。）

此时的表现往往是：对周围事物基本上没有任何兴趣，除了自己在娱乐中还能看到一些开心。对学业开始强烈抵触，不那么爱发脾气了，但是更加沉寂。他们的本质就是——迷失了自我。

此时最容易让父母误以为手机、游戏是罪魁祸首，其实这仅仅是后果，从某种角度看，这些娱乐、追求快乐的方式，保住了孩子不走极端。

有些孩子，这3个阶段的特征在小学就已经显现，不过由于他们还“不太敢放弃自己”，所以还基本都去上学。

最可悲的恰恰就是这点——因为他们还在上学，父母以为“一切没事”！

一旦他们进入初中，胆量大了，他们会做出大胆的决定——放弃自己（不再上学），此时才会引起父母的焦急！

很可惜的是，走到了第三阶段再重新找回自我，需要一段时间，可父母等不了这个时间了，有一些家庭就“病急乱投医”，有一些家庭就“战火纷飞”，其结局是：孩子的问题依然没有发现，都盯着那个“回学校”的事情，导致孩子对自己更加失望。

看不到问题真相，就别想解决问题。

问题127　当孩子迷茫时，该怎么鼓励他呢？

案例：

在咨询中，我辅导一对夫妻学习“青春期教育”，我们讨论了很多场景，夫妻俩都一一记下来。这种学习方式其实是最有效的方式之一。

比如：当孩子迷茫时，需要父母给予鼓励的时候，该怎么鼓励更好呢？每一种鼓励的“优劣势”是什么呢？

孩子一直在补习基础英语，由于以前基础太薄弱，孩子补了两个月，为进入国际班学习打基础。老师反馈其上课做笔记、完成作业十分认真。

按照老师的评价“完成了既定的目标任务”，孩子应该是很有信心了呀，可是他最近总跟父母说：“我要是考不上这个学校怎么办？”（表情沮丧、情绪低落）

此时，父母应该怎样鼓励孩子呢？你知道吗？

第一步：担忧具体化。

（1）需要明确孩子担心、害怕的具体内容，可以问孩子：“你说的‘考不好’具体指哪些情况？”

①别人考太好。

②自己发挥失常。

③运气不好，出题太难。

④自己粗心大意。

…………

接着询问：“你担心上不了这个学校，具体担心的是什么？”

①上不了这个学校，其他学校也上不了。

②上不了，父母会怎么对我。

③上不了，老师怎么看我。

④上不了这个学校，我自己可能就不想上学了。

…………

（2）如果孩子有情绪，先安抚孩子的情绪，再帮助孩子去思考具体是什么。如："别着急，我们慢慢想。"把重点转移到事件上，让孩子思考。（注意语气、表情、心情）

（3）如果孩子不懂得表达，可以举例让孩子选择，最在乎的是哪一项。当孩子说出了具体的担忧之事后，接下来怎么办？

第二步：了解依据。

问孩子的依据。如："跟我说你的依据。"孩子说出依据，父母在依据上进行分析、交流。如果孩子说不出依据，说明这是莫名的担忧。

第三步：陈述事实依据。

陈述我们看到的事实数据，为后面的观点做好铺垫。

如：孩子大概记得800多个单词，占了常用词汇量的50%。如果孩子担忧自己的英语成绩，家长就可以告诉孩子："孩子，我问过你的英语老师了，你的词汇量占常用词汇量的50%，如果你想提高英语成绩，不妨多背背单词，达到更高的层次，这样对提升英语成绩有很大帮助。"（这样孩子也能了解到他的水平在哪里，具体应该怎么做。）

第四步：询问孩子看法。

如："我讲的这些数据，你怎么看？"如果孩子说出自己的想法，就看是否需要修正他的观点。

如果孩子说不出来自己的想法，可以告诉他父母的观点，比如："孩子，我是这么看的……"

第五步：分享其他出路。

综合上述，这是一种启发孩子自我怀疑的鼓励方式。（自己去质疑自己的恐惧，自己推翻自己的恐惧是最有效的）

因此，家长给孩子最好的鼓励就是：帮助孩子启发自我怀疑。

常见的鼓励误区：

很多家长错误地把“安慰”当成了“鼓励”，直接给了孩子一个建议，而且这些建议往往很抽象。比如：“没事的，你会交到朋友的。”

即使有些家长给的建议是具体的，比如：

孩子问：“如果考不上这个学校怎么办？”

家长直接回答说：“考不上这个学校的话，我们就换另一所学校，没事的。”

家长自以为这样能够减轻小孩子的压力，但其实这样就没办法让孩子更好地了解自己，没办法引导孩子去质疑自己的恐惧，因此在家长与孩子沟通的过程中，方向很重要，应该引导孩子去发现问题、解决问题，让孩子自己质疑自己的恐惧，这才是家长给予的最有效的鼓励。

问题128　孩子为什么会拿家里的钱？

为了便于理解，我们看看当时的一段对话；

我：“您儿子，拿钱干吗了？”

爸爸：“买一种卡片送同学们。老师，关键是他还说谎，他拿钱说是给婆婆买东西，实际上就给婆婆买了10元的东西，多拿了45元买自己的东西，问他还不承认……”

我：“您儿子就坐在这里，您问问他，送同学卡片是想干吗？”

爸爸没好气地转身问：“老师问你啊，送卡片干什么？”

我：“停一下，不是我要问，是您要问，您是他父亲，答案对我没意义，是您需要知道这些。”

爸爸：“好的，我来问你哈，你要说实话，给同学卡片干什么？”

孩子不说话，眼睛湿润。父母开始着急了，准备催促。

（中间对话略）

我：“您给朋友送礼物，为的是什么呢？”

妈妈：“交朋友。”

我：“对啊，你们先控制好自己的情绪，了解他的动机。”

接着就又有一个疑问了。为何这个孩子接二连三地冒险拿家里钱买东西送人？

其实，孩子行为的背后可能存在这样的“心理过程”。

某种原因造成孩子孤单—想得到大家的喜爱—送东西的念头出现—评估父母平时的态度（不信任父母）—觉得此事没戏—发现钱财管理漏洞—决定铤而走险（自己解决问题）—拿钱买卡片—送同学得到其喜爱—父母发现了—再次冒险欺骗父母。

我：“你们看这里的核心问题是什么？”

妈妈：“孤独？”

我：“不是孤独。”

爸爸：“说谎？”

我：“不是。是对你们的恐惧。”孩子父母傻眼了。

我：“最核心的问题是，孩子不信任父母了，以致正当需求不敢表达，才决定铤而走险，后面也是出于对父母的不信任，进而说谎保护自己。”

孩子父母这才发现自己和孩子的关系早就出了问题。解决的方向变成恢复亲子间的信任关系。

问题129　暑假了，父母要上班，孩子的管理怎么办？

案例：

很多双职工家庭都无法做到对孩子的有效管理，这不，暑假到了，父母都要去上班，孩子在家怎么办？

那么，父母还能怎么办？

解决方法：父母应该做的，也是必须做的是“建立规则系统”。

示例：

小莫，三年级男生，父母都要上班，小莫只能自己在家管理自己。一放假，全家就开了家庭会议，共同讨论了暑假活动计划，有作业时间、运动时间、游戏时间、劳动时间。

小莫表达了自己的诉求，父母同意他的修改意见。

第二天，父母正常出门，父亲慈祥又认真地告诉小莫：“我们上班了，你在家按照共同拟定的计划做事。有什么事情，我们晚上回来交流。”

小莫答应得非常爽快，夫妻俩下楼了，他们知道第一天肯定不会一帆风顺的。（这个心理准备才是重点）

果然，晚上下班回家，小莫告诉父母：“任务没完成。”

父母十分镇定地看着小莫：“怎么回事？”

小莫：“玩游戏没注意时间。”

父母：“嗯，知道了，你的补救方案是什么？”

小莫：“今天就算了，明天我一定做到。”

爸爸微笑着不说话，妈妈也是不说话。小莫有点生气说：“那我不吃饭了，去做作业。”

爸爸："我同意，而且我也拿出行动支持你，我们等你。"

妈妈微笑点头……小莫带着委屈去做作业了，妈妈悄悄跟进房间去善后情绪。

这就是：即使我们无法管理到位，也要树立规则！孩子才会具备自我管理的能力。而配套的技术就是父母对孩子的预期既不盲目乐观，也有很高的容错度。

第七章　家庭关系

问题130　父母对孩子的信任怎样才算合适?

很多父母都能意识到和孩子建立关系需要先建立信任感，但是具体怎样的信任才算合适呢?

关于亲子关系中的信任关系，总原则是：没有无缘无故的信任，任何信任关系都是建立在一定“条件”之下的。

上品的信任：

基于孩子的所作所为中积极部分，基于孩子年龄很小尚不具备独立成熟言行，基于孩子认知中成熟正确的部分，基于孩子的需求，基于孩子合理的动机，基于孩子拥有的权利而产生的信任。

中品的信任：

基于孩子的想法，基于孩子的所作所为且不加区分，基于孩子的身份，基于父母自己某种信仰而产生的信任（不信任），它们往往带有盲目性，具有一定的风险，也会对孩子的成长不利。

下品的信任（不信任）：

（1）基于自己的个性、偏见而产生的信任（不信任），属于不合理的信任（不信任）；

（2）基于自己的不健康认知、负面情绪、对某人的报复惩罚、对自身生活的不满而产生的信任（不信任），属于病态的信任（不信任）；

（3）基于自己某种目的，为了控制对方而产生的信任（不信任）属于不合理信任（不信任）；

（4）基于孩子不合理的动机产生的信任，属于不合理的信任。

问题131　父母望子成龙、望女成凤的心态真的错了吗?

案例：

前几天在一次网课结束后，有位家长在留言区问我：“以前听家庭教育讲座时，专家说‘父母望子成龙、望女成凤的心态是错误的’，可是自己总觉得有点别扭，又说不出哪里别扭。哪个父母不会这样想呢？”

这个话题在家庭教育领域里是经常被提到，很多专家也讲过，很多父母也听过——父母望子成龙、望女成凤的心态是错的。

那么，“父母望子成龙、望女成凤”真的错了吗？

第一，愿望、理想本身就与现实有一定距离。

切合实际的是“计划”“想法”，不能称为“愿望”“理想”。

我们不会说：“我的愿望是明早买到包子。”

我们会说：“我的愿望是当一位科学家。”

那么，父母对孩子的“望子成龙、望女成凤”这个愿望，说它不切实际，岂不是荒唐？愿望就是有这个特点啊！

第二，哪一个父母没有这个愿望。

不管是从进化论的角度看，还是从人性的角度看，父母对孩子抱有这个愿望都是合理的？即使从社会发展的角度看，上一代也肯定会期待下一代超越自己，这才有利于社会的发展与进步。

第三，再说说这个愿望的作用。

人类树立遥远的目标，其作用就是确立一个方向，如同大海航行需要一个灯塔指路。人在成长过程里，没有一个方向性目标，那么成长就可能出现弯路、绕路，甚至倒退。

那么，为什么这么多专家要告诉家长不要抱有望子成龙、望女成凤的心态？

我个人觉得，是说这话的专家没有把话说完整。

父母抱有望子成龙、望女成凤的心态，是没有错的，相反还是必须的。但是，父母只是明确一个遥远目标、树立一个愿望，这是不够的。

父母望子成龙的愿望（心态）完全正确，而且是必需的，这只是长征的第一步。

第二步就是父母必须制订“成才计划”，并且保证这个“成才计划”是可行的、科学的，还要保证这个计划是孩子能做到的。

第三步，父母还要带领孩子把这个计划变成一个个可实现的“任务清单”，并且这个清单里的任务是孩子能实现的。

第四步，父母还要知道这份“任务清单”所需要付出的代价是什么，监控孩子履行计划、完成任务的情况，并做好随时调整目标、改变计划、重置任务的准备。

父母望子成龙、望女成凤的心态完全没有错！只是，别忘了，还有后面三个步骤，它们缺一不可！

问题132　家庭里出现多个管理者，怎么办？

从接触的很多家庭教育个案中，可以发现不少夫妻在沟通方面陷入了这种模式：不善于沟通—懒得沟通—拒绝沟通。

这样发展的方向具有很高的风险！

有这样一个案例：一个初中生不愿意接受父母管理，表现出极大的对抗、不合作。当整个家庭出现在咨询室里时，我们清楚看到一个“错位的家庭系统”出现了。

这个家庭的成员有：外公、外婆、父亲、母亲、哥哥、妹妹。

外公、外婆和女儿、女婿的教育管理权限没有理清楚，领导者身份也没有划分清晰，造成一个孩子有三个大人管理（外公、外婆和妈妈），而且这三个人观念还不统一，不知不觉中爸爸就被“排除在外”。

夫妻系统（是一个子系统）边界模糊，夫妻作为孩子教育的领导者功能无法正常行使，于是爸爸演变成“软抵抗”，在外公外婆看来就是“不管事”。于是这个男孩也开始“软抵抗”，你们大人爱说就说，我也不吭声，该打游戏打游戏，该玩手机玩手机。使用电子产品越来越失控，行为举止也不服管束。

经过一个小时咨询（第三次咨询），我们才让夫妻俩从对抗走向合作。

只有小家庭——夫妻俩，通力合作，这个孩子才会往好的方向发展！否则，妈妈听再多讲座，学再多技术，都是白费劲！白花钱！还徒增自己的挫败感。

最后，我问了这对夫妻3个问题，请他们回家后各自想清楚再来找我。

（1）你们是想减轻争执，还是想挽救婚姻？

（2）在你们的小家庭中，你的第一身份是对方的老婆/老公，还是父母的女儿/儿子？

（3）你们都结婚了，为何还像在自己的父母家一样，你们的“小家”何在？

这对夫妻的小家如果不能顺利成长，孩子必将受到影响，这取决于小两口的人格到底有多么独立、自我有多强大。

问题133　孩子提出要求时，你的第一反应是“泼冷水”吗？

在青春期，父母是如何失去孩子的信任的呢？其中重要一点是，经常给孩子“泼冷水”。

比如：

孩子：“爸爸，你帮我跟老师说一下，叫他别让我当班长，我不想当了。”

爸爸：“好好的班长为什么不当啊，你们老师我也不熟，叫我怎么跟他说？而且老师叫你当班长，肯定是喜欢你、信任你，你怎么能不当呢？”

这个父亲的做法，可能导致他失去儿子的信任。他一没调研事件细节，二没表现出帮忙的意愿。孩子会怎么理解这件事呢？他怎么相信自己的父亲是自己坚强的后盾呢？

有家长说：“如果父亲总是帮助这个孩子，这个孩子会不会越来越懦弱，依赖父母呢？”

赢得孩子的信任，不是指真的替孩子做事！

赢得孩子的信任，是指显示自己积极的态度！

刚才那个爸爸这样回应才对：“出什么事了，你要先跟我具体讲一讲，我才知道怎么帮你。”

再举一个例子吧。

儿子：“妈，你能不能跟班主任说一声，我想转美术高考，因为我现在的成绩也就那样了，报美术专业还能考上好一点的大学，不然只能读一个普通大专了。”

妈妈：“你不要这么快就放弃自己啊，你如果把花在游戏上的时间用在学习上，怎么可能只考大专呢？而且你现在转美术专业，时间根本来不及了，到时候你美术也不行，文化课也耽误了，那不就更糟了？”

这个妈妈的回应就是在“泼冷水”，它给孩子留下的认知很可能是这样的——

（1）我妈不想帮忙；

（2）我妈压根不信任我的美术能力；

（3）我妈根本不懂，文化课的学习有多难；

（4）我妈只知道让我按照她的意愿来，从来不会听我想要什么。

如果经历很多次这样的事件，这4种认知很有可能会越来越强烈，那么孩子还怎么可能信任父母呢？

当孩子向父母提出某一个要求、想法、建议、需求时，父母的第一反应是拒绝呢，还是积极关注？

问题134 父母教育不统一会给孩子带来哪些影响？

我在同一天接待了2位高三学生，巧合的是，他们压力源极其类似。

学生自述的情况是：

（1）一模考试，题目不难时，自己感到放松，但是考得的确很不好。

（2）晚修复习时，控制不住自己，容易受到周围环境的干扰。比如：周围有人走动，会控制不住抬头看看。周围有人说话，总是想去听听说的是啥。

（3）人际交往也是如此，明明遇到一件不好的事情，当时毫无反应，事后想找同学理论，又会显得自己小气，时过境迁，再说之前的事也没意义，于是总是在纠结中循环，进而影响学习生活。

我们先从这个“无意注意”开始聊起吧，一起探索“我为什么如此敏感周遭？我为什么这么压抑自己的反应？”

学生自己探索到，父亲对自己的影响很大。不知什么原因，父亲从来不相信老师（估计和他自己学生时代被冷落有关），从来不参加女儿的家长会。从一年级开始，父亲就按照自己的方式、方法教女儿学习。她至今记得，一年级时，父亲居然教她用方程来解应用题。一年级的孩子哪里懂什么叫方程式？压根听不懂，父亲就大发脾气，怪女儿笨！从此女儿变得压抑，和父亲在一起时就紧张兮兮。

妈妈觉得学习的事情应该交给老师去做，但是父亲不这样认为。他偏偏要用自己的方式去教孩子，但这些方法根本不适合孩子！学生还提到，父亲可以从任何事情上扯到学习，比如：买洗衣粉都能扯到学习！于是女儿从小练就的本事——尽量在任何事情上都不要让爸爸联想到学习。于是她变得敏感，会关注任何与自己有关的话题、周围发生的事情，这就是她“无意注意”如此强大的原因之一。

后来我们聊到她的弟弟现在上小学，父亲又开始在弟弟身上故技重施，说到这里，女生哭得稀里哗啦，她不想看到弟弟重蹈覆辙。（这是她学习生活的一个精神负担，整天想起在家里的弟弟。）

她还提到，母亲从小逼自己学习钢琴和古筝，而不去考虑她是否适合学习这两种乐器，是否有必要学习两种乐器。女生觉得自己可以接受钢琴，但是对古筝一点兴趣都没有，但是母亲逼自己学习，也使她变得压抑。（她从来不敢反抗）

最后，我们又聊到了学习效率这个事情，她一直想提高效率。我们讨论了应对策略：

（1）区分目标、计划、任务；

（2）明确如何制定任务会更加有行动力；

（3）任务的数量和执行力的关系；

（4）明确眼前任务和遥远任务的执行力。

问题135　将留守儿童接回身边前，父母需要做什么准备呢？

案例：

孩子现在高二，在小学五年级的时候，从老家回到父母身边，属于留守儿童回到父母身边。孩子在六年级的时候就在父母身处的县区读书，初中在一所民办学校读书，成绩不错，被学校动员留校直升高中。孩子现在不上学，也不想回家，要父母在学校对面租一套房子，她住在里面。

这到底是怎么回事呢？父母怎么处理此事呢？留守儿童回到父母身边需要注意些什么？

经过仔细询问，我们得知真正的问题是什么。

孩子从小在老家读书，成绩不错。突然被父母接到身边，出现了各种不适应。

在小学六年级的时候，孩子和父母发生很多摩擦，心里感觉很烦。由于当时成绩优异，这算是生活的意义，于是能相对平稳地度过。

孩子进入初中，开始住校，和父母矛盾减少了，但这不代表情感升温了。还是因为成绩优秀，生活依然存在“意义”。

进入高中，对于这个孩子来说，一切都变了！成绩下降使掩盖已久的问题暴露出来——生活除了学习之外，什么都没意思。所以，她做出了一个举动——住在学校附近，坚决不回家——这并不是要奋起追赶，而是因为没有了信心和动力追赶。

夫妻俩按照咨询师的建议，悄悄赶回老家，去走访女儿的小学同学、小学班主任、邻居等，希望通过他们来重新了解女儿都经历了什么，理解她内心的感受和苦楚。

从老家回来后，父母按照咨询师的建议：不动声色、不求回报地每天关心孩子，如送饭、收拾房间、打扫卫生。开始的时候，女儿只是躺在被窝里装睡。父母通过多次观察发现，父母一来，她就躲进被窝，父母一走，她就起床活动，听歌、打游戏、聊天、网购。这说明孩子不是抑郁症，只是不敢面对父母。

又经历了半年，孩子开始和妈妈对话、聊天，记得第一次和女儿重新对话后，妈妈激动得连夜给我打电话，毕竟她坚持了许久来修复母女关系，付出的心血和承受的压力可想而知。

两年后，孩子回到父母的家里，重新回到了学校，因为她找到了生活的意义。

这个故事给我们的教训就是留守儿童回到父母身边时，父母需要做好准备。

第一，提前预热，不能随意接走孩子。预热的过程中，传递“我们对和你一起生活很期待和向往”这类信号。

第二，了解孩子在老家的生活习惯、饮食习惯、学习习惯等信息，并针对这些信息，父母做好准备。

第三，孩子接到身边后，做好“容错”方面的准备，避免伤害亲子关系。

第四，留意、关注学业成绩变化，及时和孩子交流，避免孩子把成绩等同于自我价值。因为留守儿童回到父母身边，成绩可能会波动大，如果他们把成绩好坏等同于自我价值，他们容易感觉无望，出现自暴自弃。

问题136　重组家庭，各自带有一个孩子，双方教育方式差异很大，结婚后怎么办?

案例：

有一个重组家庭前来咨询求助，女方带着2个儿子，男方带有1个女儿。

在结婚前，夫妻俩已经做了一些准备，对未来的生活进行了预测，他们预感到：未来最大的麻烦可能还是来自孩子们的教育问题。

女方的教育原则性强。对儿子的早期教育比较严格，比如：作业管理、电子产品使用、生活起居管理都比较到位。

男方的教育倾向于自由化。父亲对女儿宠爱有加，在学业管理、电子产品使用、生活起居管理上都比较宽松，没有太多讲究和要求。

这样的重组家庭必然会遭遇各种冲突，夫妻需要做哪些准备呢？

第一关：身份认同。

重组家庭中新父母的身份认同是指对于继父（继母）的自我认可。

很多重组家庭中的夫妻，自认为身份认同没问题，事实上这事不像他们想得那么容易，怎么判断呢？就在于他们管理非亲生孩子时的状态，敢不敢出手？有没有情绪？是否容易气馁？

如果孩子年龄很小（3岁以下），他们对于亲生父母的记忆还很单薄，也容易对继父（继母）产生情感链接，那么继父（继母）的身份认同也相对容易。

如果孩子年纪偏大（6岁以上），他们对于亲生父母的记忆深刻，情感链接稳固，于是接纳继父（继母）时就难说了。同样，继父（继母）面对大龄的非亲生孩子恐惧感也强，他们害怕对方不接纳自己、担心对方不尊重自己。

第二关：教育方式的磨合。

重组家庭的继父（继母）面临的第二关就是，新的家庭采用怎样的教育模式？

大多数夫妻采取的策略就是：你管你的孩子，我管我的孩子。

说实话，这看起来是个办法，但是后患更大！这不是在解决问题，而是逃避了问题。这反而易使自己的新家庭变成“合租户”。同时，两方孩子会有一方觉得不公平、不公正，会自动参照另一方孩子的待遇，争取自己的新权益，发生冲突是迟早的事情。

正确的处理方式是：

（1）夫妻达成管理原则的共识；

（2）夫妻把全家人召集在一起，面对孩子们宣布新家规。

如果夫妻无法达成共识呢？那就尽快找双方都认同的专业人士，一起讨论新的家庭管理模式。

问题137　夫妻关系在家庭中应该是怎样的？

这个话题看似和家庭教育关联不大，其实不然。

家庭关系排序有两类，一类是强调孩子为大，一切都是以孩子为中心、重心，比较在乎孩子的感受，关注孩子的想法，凡事习惯与孩子协商。

另一类则是强调夫妻为大，在乎夫妻自己的感受，夫妻是家庭结构的中心和重心。尊重孩子的意愿，但是是在夫妻的决策框架里，让孩子去做选择。

第一类排序的家庭比较多，是因为很多父母会过多担心，担心亲子关系不亲密，给孩子造成伤害，使家庭教育出现阻力。

实际上，父母的职责不是把孩子留在身边，成为亲密的朋友，而是培养孩子成为合格的成年人。

所以，在亲子关系中，什么才是父母最需要看重的呢？很多父母走入误区，以为亲子的亲密关系就是一切。

相反，夫妻之间的关系是否亲密、是否信任、是否合作是家庭教育最重要的因素，亲子关系远远不如夫妻关系重要，关于这个结论，很多父母都不清楚。

夫妻之间的亲密关系，是父母面对孩子时情绪稳定的基石，而这个稳定的情绪才会保障家庭教育的理性、有效发展。夫妻之间的信任，决定了管理能否顺利。

问题138　自我价值感低的父母在家庭教育上会有什么麻烦?

生活中，最困扰父母的可能就是孩子的教育问题了。在帮助他们解决这些问题时，最让咨询师困扰的就是他们的自我价值感很低。

自我价值感低的人往往在遇到挫折时说这样的话：

“好吧，又是我做错了？”

“我做什么都不对，我都不知道怎么办了。”

“我管他也不对，不管也不对，我做什么都不行！”

“难道我管他都不对吗？”

“这个家就我像是罪人一样。”

“你们都觉得是我的问题，对吧！”

什么叫自我价值感呢？

它是一个人对自己的信任。

自我价值感高的父母，面对孩子的问题时，知道自己需要努力改变自己，但不会动摇自我价值。这不是盲目自大，而是平静地接受自己不足，没有抱怨自己，没有抱怨现状。

他们会充满信心地面对家庭教育中遇到的麻烦，关键点就看情绪、对自己的看法。

盲目自大则不同，它是压根不觉得自己有什么不对劲，盲目自大所持有的观点——就是对方的问题，自己什么都做对了。

自我价值感低的父母，相处起来会有两个麻烦。

（1）即使咨询师很中肯地建议，他的大脑依然加工理解为——你们在说是我错了！甚至你告诉他“你的自我价值感需要提升，别嫌弃自己”，这句话都可能被理解为“你们都认为是我的错”。这就势必造成说话的人小心翼翼，不知道哪句话会引来麻烦，相处成本增大。

相处成本的增加，对于彼此关系来说，是一个危险的信号。

（2）他们往往会表现出旺盛的求知欲、学习欲望。但是这个学习动机不纯，往往越学习，自我价值感越低，他们越焦虑。

所以，很多父母面对孩子的问题时，总是焦虑不已、不停抱怨，抱怨对方同时也抱怨自己，他们以为情绪来自外界，实际上情绪来自他们的内心世界过低的自我价值感。

在成长过程中，他们很可能遭遇了很多的指责、谴责，让他们不自信，而且自己还意识不到这点。

问题139　期待与掌控的区别在哪儿?

我们每个人都对自己和他人抱有期待，这是人之常情。不过，把期待兑现，就是掌控。自己兑现自己的期待，就是掌控自我。要求别人兑现自己的期待，就是在掌控他人。

文明一点的掌控就是所谓的“安排”，野蛮的掌控就是强迫。

其实，很多父母分辨不清，自己和孩子相处时，是合作呢，还是安排呢，或者是控制？这点值得父母们思考。

实际上，对于青春期的孩子，父母还是走“控制路线”的话，基本上都会以失败告终。不过，每当建议父母放弃控制，采用尊重与合作时，有些父母会容易把放弃控制理解为“是不是叫他们不要管孩子”。

比如：

高考结束后的假期，学生早上睡懒觉的时候，从对学生的不同处理方式就可以看出父母的差距。如下面四种情况：

A 爸爸：“九点了，还不起来？早餐都做好了。听见没有，快点起来！”

儿子：“我又没事做，高考都结束了。我再睡一会儿，不用管我，你们自己吃吧。”

A 爸爸：“年纪轻轻的不要整天睡懒觉，不吃早餐对身体不好，你起来出去活动一下也好啊，你昨晚肯定又打游戏到很晚吧，早上就起不来，快点起床了！”——这就是“掌控”。

B 爸爸：“九点了，起来吧，好吗？希望你晚上别玩太晚，早上可以早点起床，好吗？”

儿子：“放假没事做，我想多睡会儿。”

B 爸爸：“我也没说不能多睡会儿，只是希望你能早点睡觉，早点起床。你要是不起来，就没早餐吃了，一会儿你自己起来做饭吃，记得把厨房收拾一下，做做家务，免得整天浑浑噩噩的。”——这是“安排”，本质上还是“控制”。

C爸爸：“九点了。”

儿子：“暑假了，又没事做，我再睡会儿。”

C爸爸坐了下来，询问：“怎么了？很累吗？”

儿子点头，C爸爸：“需要我做点什么，能帮你不那么累吗？”

儿子摇头，C爸爸：“那你自己看着办，我希望你能起来吃早餐，我先上班了，晚上有机会咱们聊聊这起不来的事。”——这是合作管理。

D爸爸：“九点了，快点起床吧。”

儿子：“暑假没事做，我再睡一会儿，你们别管我。”

D爸爸：“你起来吃早餐啊，早餐最重要了，快点起床吧。”

儿子：“不想吃。”

D爸爸很生气：“你不起来，就别起来，你就继续睡吧。”然后重重地摔门走了。——这是在“斗气”。

结论：其实，父母对孩子有期待，是非常正常的事情，也是很合理的情感需求。但是情感是相互的，想要对方接受并且接纳这种期待，就要转变对话的方式。这样既不会影响彼此之间的感情，还能达成目的，何乐而不为呢？

问题140　丢失自我认同感的父母与下一代的惰性

案例：

孩子初一，成绩属于中等水平，父母以为孩子的问题就是：学习动力不强，喜欢打游戏。孩子总觉得父母在说教，为此双方冲突很大，造成孩子出现“为了反抗而反抗”，甚至莫名地烦躁和焦虑。

以下是父子的一段对话。

父亲：“小明，爸爸妈妈不是不准你玩游戏，我们只是希望你控制好自己，不要只想着玩游戏。”

小明：“我作业都写完了，怎么不能玩？我又不是一直在玩，玩一会儿我就会睡觉，你们好烦啊。”

父亲：“你每天晚上都在玩，你可以出去运动一下，不要总是玩这个啊。”

小明：“我不喜欢运动嘛。”

父亲：“你再过两年就中考了，现在还不努力，我怕你到时候来不及，考不上好高中，将来怎么办？”

小明：“我将来不用你担心。”

母亲：“做父母的哪有不担心的啊，现在这个社会要是没有大学文凭，你能干什么呢？”

小明：“我们家又不缺钱，而且我自己将来会挣钱，不用你管。”

父亲：“我们家经济还可以，那是我们辛辛苦苦挣来的。我们就是吃书读少了的亏，才这么辛苦工作。我们不希望你还像我们这样辛苦，知道吗？孩子，我们这都是为你考虑。”……“要是你多读点书，就不用这样辛苦了。”

这位父亲对自己生活的不满，传递给下一代，这样做看似激励孩子，实际可能给他们的生活注入沉重的包袱，仿佛他们必须超越父母的收入、超越父母的职业，他们才算合格！

很多父母错误地以为“我的情绪烦躁是孩子玩手机造成的”，这多多少少有些冤枉孩子，因为父母的焦虑背后隐藏着一个凶手——自我认同感低。

一旦丢失“自我认同感”，人就陷入焦虑，看不起自己的生活，看不起自己的职业，变得浮躁不安。

不知不觉中，就把枷锁套在下一代的脖子上，催促他们去完成使命，造成孩子迷失了自我，甚至没有自我。

父母有自我认同感，接纳自我，才会赢得孩子的尊重，才会让孩子活出真正的自己！

问题141　如何理解孩子的语言和行为呢?

案例：

孩子最近几年（青春期）经常情绪激动。最严重一次，出现拿着刀想攻击妹妹的极端行为。突发性严重行为再加上青春期，很容易让人怀疑是否由病理性因素导致。

通过咨询，可以判断这并不是病理性问题。在咨询室里孩子可以正常讨论自己当时的感受，也能认知到自己情绪的性质是生气、愤怒。另外，孩子自述也有自己控制住情绪的时候。

那么，情绪失控都出现在什么背景之下呢？我们开始寻找背景信息。（寻找情绪的规律往往是重要的思考方向）

经过详细交谈，发现孩子情绪严重失控发生于和母亲相处时。

比如：母亲责怪孩子煮凤爪弄脏了厨房，孩子感觉母亲的语气很凶，这引起了孩子的反感情绪，于是孩子拿着刀对着妹妹说要砍她，并说父母偏心妹妹。

父母当时以为孩子表达出来的内容就是引发情绪的原因。

孩子那句话（说父母偏心妹妹）的确很容易理解为他讨厌妹妹、嫌妈妈偏心！

于是父母处理方向就成了，劝说哥哥不要伤害妹妹。

其实这并不是孩子激动的真正意思，孩子表达母亲对自己与对妹妹的感情不一样，翻译过来就是“我感觉你爱妹妹胜过于爱我，感觉我不被母亲爱”。这句话传递的主要意思是确定父母是否爱自己。

这时候母亲应该怎样处理呢？

（1）承诺“我依然爱你”来帮助孩子稳定情绪。

（2）承诺自己会尽力控制语气，如：“好的，我会尽量温柔地说话。”

（3）明确告知孩子可以用语言交流的方式表达不满情绪。如：“你其实可以直接告诉我你的担忧，怕我不够爱你。”

所以，整件事情都和妹妹毫无关系，父母需要准确地把握孩子过激行为的真正含义。

对于孩子的语言以及行为，很多父母都缺少理解能力，无法看到孩子行为背后特殊的表达方式，从而很难给予孩子有效的帮助。

关于这个能力，的确是需要练习和提升。

问题142　孩子在学校被人打了，父母该怎么处理？

当孩子在学校受到委屈或者遭遇矛盾时，由于受到孩子主观视角的影响，父母容易在了解事件原委的过程中出现信息误差，这使得父母在错误判断下难以将问题妥善处理，甚至将问题推向更难以解决的困境。

有一对夫妻为此事来找我咨询，我们的对话如下：

家长：孩子回来说，在学校被老师打了，我们父母该怎么办？

我："您知道的信息是什么？"

家长："孩子早操集合时，好像没有站在指定位置，老师就打了她的左边耳朵部位，叫她站在位置上。"

我："这信息仅仅是来源于孩子一方吗？"

家长："是的。"

我："您知道这事处理不妥的风险吗？"

家长："知道，如果冤枉了老师，会造成师生关系恶劣，对孩子来说不是好事。"

我："嗯，那就好，您首要任务是什么呢？"

家长："不知道该怎么办。"

遇到此事，父母该怎么处理更好呢？

家长首先应该思考一个问题：这个事情对孩子来讲最好的结局是什么？然后再实施以下步骤。

第一步：关注诉说时的情绪。

如果情绪强烈就要先处理心情，如果不强烈就进入下一步。

第二步：还原事件，判断孩子提供的单向信息的可靠度。

父母情绪稳定地和孩子聊天、询问，比如：时间、地点、周围什么情况……询问出具体场景，就完成了任务。

第三步：了解孩子对此事的认知。

问孩子认为老师打他的动机是什么。无论孩子的回答是正面动机还是负面动机，家长都表示出中立的态度。

第四步：参与试验。

如果在上一步的讨论阶段，孩子对于老师打他的动机是负面的猜测，家长可以邀请孩子参与实验：你明天站在指定位置，没有任何违规行为，如果老师还打你，我们会找老师沟通。

第五步：父母备注这次事件。

家长可以找个本子把本次事件记录下来，看以后是否还会发生类似的事件。如果再也没有发生此类事情，说明这是偶然事件，不需要太多关注。

第六步：约谈老师。

如果真的并非偶然事件，老师确实对孩子有偏见，那就有必要单独约老师谈一谈了。

问题143　父母怎么开导孩子呢？比如，孩子不知道选文科还是选理科

案例：

小明因为疾病，耽误了初二学习，到了初三有点跟不上，于是他打算寒假后复读初三，他和父母有这么一段对话。

小明：“等到高中选文理，我不知道应该选文科，还是选理科。”

父亲：“你喜欢什么呢？”

小明：“我觉得自己还是喜欢理科。”

父亲：“既然你喜欢理科，那你就选理科吧。”

小明：“可我现在文科好些，数学和物理弱。”

父亲：“那你选文科呗。”

小明：“可我不喜欢文科。”

父亲：“那你想怎样呢？”

小明：“我不知道啊。”

于是，他们的对话就这样草草结束，孩子没有被开解，父母也很

沮丧。

父母首要的任务就是正确解读这件事。

（1）小明初二学业不顺利，信心受损，他打算复读初三。这件事父母可以看到什么积极因素呢？

这说明孩子想振作起来，想追求进步，获得成功，这是好事。

（2）小明忽然对3年后的文理分科感到困惑，这又说明什么呢？

小明的反应恰恰说明，对于当下的事情，他感到安全，并不感到焦虑，于是才开始做长远规划。

那么，父母应该怎么开解孩子呢？

小明："等到高中选文理科，不知道应该选文科，还是选理科。"

父亲："你担心什么呢？"（探索背后的认知）

小明："我觉得自己还是喜欢理科，因为就业率高。"

父亲："既然你喜欢理科，那你到底担心什么呢？"（继续探索背后认知）

小明："我现在文科好些，数学和物理弱。"

父亲："选文科可能成绩好，后续学习可能不会太开心。选理科，有挑战有难度，你会比较开心，这两条路都可以试试，你倾向于选什么呢？"（呈现事实引发思考）

小明："我还是选理科吧，因为我喜欢科技类工作。"

父亲："你觉得自己想成为哪方面的工程师呢？"（言语跟踪，继续探索认知）

小明："我偏向于软件研发方向。"

…………

父亲与小明就这个方向继续深入探讨，直至规划出相对清晰的路径。

8

第八章　青春期教育

问题144　青春期教育的重心是什么？

案例：

初二男生小明新买的手机在游乐场丢了，他当时没表现出伤心，并且积极地查监控、想解决办法，还安抚了两个妹妹。

但是孩子晚上回家后哭了，跟妈妈说："你没骂我，也没鼓励我，也不安慰我，根本不懂我、不在意我。"

妈妈："别哭了，对不起，是妈妈不对，没在意你感受。"经过妈妈的道歉，孩子的情绪迅速稳定了下来，停止了哭泣。

请问，您怎么看这段对话？

关于这个案例，我在很多场合都问过家长，答复如下。

大部分家长认为——妈妈处理孩子情绪及时，帮助孩子稳定情绪。

部分家长认为——妈妈勇于承担责任是好的表现。

部分家长认为——妈妈的语言略显敷衍。

部分家长认为——妈妈虽然"亡羊补牢"，但还是不如在游乐园的时候去共情。

没有一个家长发现妈妈随意道歉的危害。

随意道歉可能扭曲孩子认知，不能促使孩子思考成长。

我们来看看正确版本的对话是怎样的。

小明："你没骂我，也没鼓励我，也不安慰我，根本不懂我、不在意我。"

妈妈抱抱小明："妈妈在意你，相信我。"（直接改写认知）

小明："我不相信！"

妈妈可以继续坚持自己的观点："我明白你的感受，我只是没满足你的要求，我在乎你。"（改写认知概念）

小明：“你都不能满足我，怎么证明在乎我呢？”

妈妈：“我想知道，你在乎自己的表现吗？”（转向讨论重要认知）

因此，青春期教育重要的任务之一就是认知建设。

问题145　对于青春期孩子的认知建设，父母需要做什么？

很多父母都关注孩子的认知建设，他们或多或少都知道认知的重要性，是它决定了孩子的言行和情绪。

当孩子面临一个实际困难、出现一些实际的错误言行时，父母常用的方式为启发式聊天。

比如：

孩子：“我不喜欢宠物店这样做，总是不问我就直接增加服务项目，结果每次都要多花钱。”

父母：“那你觉得他们这种行为属于什么行为？”——父母在帮助孩子归纳认知（观点）。

孩子：“他们这种应该是强迫消费吧？”——孩子说出了自己的观点（不一定正确）。

父母：“他们怎么强迫消费呢？”——父母继续帮助孩子归纳认知，使其正确客观。

孩子：“他们不经过我同意，也不事先告知我，就直接提供服务，等于逼我买单，逼我消费。”——孩子把自己的观点解释得更清晰了。

父母：“明白了，我也觉得是强迫消费，还有点欺骗消费者，你觉得呢？”——父母在和孩子进行认知交流。

孩子：“是的！”——认知交流达成共识。

认知的交流是：双方就核心观点进行交流。

认知交流的目标是：双方达成共识、达成相互理解。（理解对方的观点，不等于就要同意对方的观点）

核心观点往往是关于这几个方面：

——看事物的新角度；

——揭示事情的本质；

——对人的新看法；（包括对自己的新看法）

——对言行的科学解读。

也就是说，父母要想帮助孩子认知建设，自己必先有思想（有观点）！

问题146　青春期孩子不喜欢被管，总是和我抬杠、顶嘴，怎么处理?

我们来看一段青春期父母和孩子的对话，看看到底哪里出了问题。

妈妈："有时间吗？想和你聊聊。"

儿子："有什么好聊的，我有事。"

妈妈："你能有什么事，不就是玩手机吗？我想和你开诚布公地聊聊。"

儿子："没什么好聊的，又是那些人生大道理，不想听。"

妈妈："你现在这个样子，打算怎么办？"

儿子："什么怎么办？"（然后身子翻过来，趴在床上，戴上耳机听音乐）

妈妈开始生气，但忍住没发火，继续说："我知道你烦，可是你再烦，我们父母也要和你好好聊聊，你能不能坐起来听我说？你把耳机先放下，好吧？”

妈妈：“你今年初二，下学期初三，你到底怎么打算啊？”

儿子：“不知道。”（继续趴着）

妈妈：“什么叫不知道呢？学习是你的事情啊。”

儿子：“烦死了，就知道说学习、学习，我现在不想说！”

妈妈：“有什么不想说的，你是怎么想的，你说给爸爸妈妈听啊，我们能理解你的。”

儿子：“我不想说，你们出去吧。”儿子捂上耳朵，这时妈妈、爸爸实在忍不住了，爸爸抢上一步：“你这是什么态度？我们尽量客客气气和你聊，不要给脸不要脸！”

儿子再也没有说话，夫妻俩站了一会儿，觉得没趣，只好退出房间，儿子站起身，重重地关上门。

那么，聊天该如何进行？

第一，父母的聊天逻辑、话术应出乎孩子意料。如果孩子都能猜中父母接下来要说什么话，那么此时的聊天、交流已经失去意义了，父母最好另找时间、另找话题聊。

因为，孩子已经在“轻视”父母了。

第二，和青春期的孩子相处，父母要做管理，不要做控制（管你）。

那么，管理和控制有什么不同吗？

管理的核心——制度管全家，父母只是制度的执行者。

控制的核心是——你要听我的。

青春期，父母依然控制孩子，会让孩了感觉生活没情趣、没意思，这是很危险的。

第三，孩子进入青春期，和父母的交流、沟通的质量要求变高。

（1）交流的形式质量高。

立场中立——父母的立场保持中立，对于孩子的观点，不轻易说它对，也不轻易说它错。

最后表态——父母尽量询问事件、孩子对其看法，直到了解的信息足够了，才在最后表明自己的观点、看法。

询问细节——父母从询问事件信息开始，尽量收集信息，什么时间、什么地点、什么人、发生何事。

（2）交流的内容质量高。

内容科学、客观、有启发、可操作。

第四，孩子到了青春期，他们的“顶嘴”“抬杠”往往具有特殊的意义，需要父母准确解读。

（1）表明我有主见，不再是小孩子随便可以被糊弄。

（2）请你们相信我的判断，即使我不那么准确。

（3）证明我的存在是有意义的事情，希望得到尊重。

那么，案例中父母正确的回应是怎样的呢？

妈妈：“在打游戏？”（父母要沉住气，不要被眼前的事情吓倒，也不要因为恐惧而放弃管理。重要的是，父母对自己、对孩子有信心，才会真正沉住气。）

儿子：“嗯。”

妈妈：“打完游戏，请来我房间。”

妈妈的反应很镇定，这点出乎孩子意料。因为妈妈没有表现出生气，那么孩子也没有表现出对抗。孩子玩完游戏，走进妈妈房间的概率增加了。

假设，孩子真的走进妈妈的房间。

妈妈：“宝贝，请坐下聊聊。你今年初二，明年初三，我想知道你对于学习怎么打算。”

儿子：“有什么好说的？”

妈妈：“我的问题让你烦了？”（跟着情绪反馈）

儿子：“当然。”

妈妈：“我一提学习，你就感到烦？”

儿子：“是啊。”

妈妈：“怎么了？学习让你这么烦。”（探索孩子的认知）

儿子：“不知道。”

妈妈：“我明白你的感受，成绩不稳定，你心里也烦这事，但是不确定自己能否改变现状，我想你对自己的信心动摇了，才会这样烦躁。”（用观点交流，代替指责）

妈妈这段对话的目的就是——让孩子看到自己的真相，用问话去促使孩子思考。

妈妈要的不是操纵孩子，而是推动孩子去思考。

问题147　孩子大了，假如父母需要给孩子道歉，怎么做才合适呢?

案例1：

初一的小明经常在平板电脑上登录自己的聊天软件，并且和同学们聊天、传照片、看视频。因为经常看见小明躲在自己房间里用聊天软件，还不准父母进来，父母很想知道他都聊些什么。

父母曾经故作轻松地想试探一下，小明很敏锐地发觉了。终于有一次，父母趁小明洗澡的时候，悄悄溜进房间，打开小明的聊天软件，看了他和同学的聊天记录。小明洗澡出来后，发现父母打开了自己的聊天软件，于是他十分生气，认为父母侵犯隐私、不尊重他。夫妻俩只好道歉。

案例2：

初二学生小明很想要一部自己的手机，不想再用父母淘汰的旧手机，配置太低，很多游戏都玩不了。父母不想给他买，担心他上瘾，因为最近小明的成绩发生了下滑。

但是，小明不依不饶，全家为此召开家庭会议，商量能否买手机。

结果，事与愿违，会议进行得非常不顺利，父子俩吵了起来。

后来，父亲一气之下，就把小明推出家门，不准他进屋，叫他“不上学就离开这个家”。小明离家出走。最后，爸爸无奈给小明道歉，双方重新约定——只要上学，并保证好好使用手机，就给他买一个最新的手机，这件事就暂告一段落了。

就这两个案例，我经常拿来问一些参加培训的学员和家长，看看他们是怎么向孩子道歉的。

A类道歉：对不起，我知道自己做得不对，那你知不知道，你又错在哪儿？

这类回应不在少数，回应这类话术的人往往都带有情绪，听的人也感觉不到真诚，人们凭借经验也知道，这后半句话才是真话。也就是这类道歉属于“假道歉”，后半句给人感觉——还是在找碴儿，于是新一轮的争执又要开始了。

B类道歉：对不起，都是爸爸妈妈不好，我不该偷看你手机的聊天记录，我们以后再也不会这样做了。

这类道歉者也不在少数，很多家长表示使用的是这类。这类道歉的错误在哪儿呢？

错误在那句话“都是爸爸妈妈不好”，这种笼统、模糊的观点容易扭曲孩子的认知。我们建议为行为道歉、为情绪道歉。同时，这类道歉的结尾，只是承诺将来的行为，并没给孩子带来建设性的思考。

C类道歉：对不起，我没有控制好情绪，不该把你推出门，不让你进来让你很委屈。

这类道歉往往得到很多人的支持和赞同，觉得父母的道歉不仅有共情，而且为行为和情绪进行道歉，没有错误的认知。

不过，这类道歉仅仅是让孩子感觉到被理解了，心情会好，仅此而已。同样没有建设性的思考，也就是孩子听完这类道歉后不会成长。

D类道歉：昨晚我把你推出门，不让你进门。我被自己的愤怒控制了，因为我想得到你的尊重。讨论买手机这件事搞砸了，我并不想要这样的结果。如果咱们重新讨论这事，怎么做，才能避免昨晚那种情况呢？

这个道歉才是合格的道歉，因为具有建设性，孩子可以了解到和父母冲突背后的真相，父亲想得到尊重，而且结局并非父亲希望的那样。同时，孩子也知道了，这个结果是双方共同促成的结果。

问题148　孩子即将进入青春期，怎么预防“早恋”呢？

这个问题恐怕是所有即将进入青春期孩子的父母最焦虑的事情之一，在很多讲座之后，都有父母问到这个问题。万一孩子恋爱了，怎么办？这会严重影响学习的。

在解答父母这个疑问之前，首先父母要知道人性问题（生存本能）。人到了青春期对异性产生好感、性冲动、恋爱意愿都是人类的自然现象。从这个角度来看，所谓“早恋”是个假命题。

因此，父母想要杜绝此事，是不太可能的，但是父母能预防早恋走向危险的境地。

那么怎么预防呢？我们首先要谈的就是时机问题。

第一，父母要在孩子进入青春期前，专门讨论此事，对此事的态度要达成共识。（不达成共识的话，未来风险太大）

第二，预测孩子未来假如恋爱了，他做此事的风险会怎样？预测可以从以下5个角度思考。

1. 欲望管理水平高低

父母回顾孩子的过去，其对于欲望的满足是怎样的。风险最低的情况是，孩子在欲望满足上不固执，会等待；风险高的情况是，孩子总是想立刻得到满足，得不到满足时，他会很生气、焦虑，很少克制住自己当下的欲望，暂缓满足。

2. 财务管理水平高低

父母回顾孩子的过去，孩子的零花钱管理有计划吗？特别是得到钱、使用钱这两项，在家庭里是否有明确的要求与规则？比如：小明每天的零花钱只有20元，5元以下的消费他完全自由支配；5—10元之间，孩子自由支配，但是要告知父母买了什么；10元以上的消费，必须是父母同意才能使用。这就是有明确的要求，这是低风险的财务管理。

假如孩子在得到钱、使用钱上，没有计划、没有原则、父母也不过问，那么这是高风险的财务管理。

3. 父母感情怎样

父母间感情如何？经常在孩子面前争执吗？其中危害最大的是“在

孩子面前流露对于配偶的嫌弃、轻视”，这种夫妻情感会给孩子带来极大的焦虑情绪，会让孩子大概率“早恋”。

换句话讲，假设两个孩子恋爱了，假如他们其他情况都一样，但是其中一个孩子的父母感情不好，总是吵架、不归家，于是这个孩子的恋爱行为里可能会出现一个隐藏的动机——我要找到爱来慰藉孤独的心。这一方面增加了他恋爱的可能性，另一方面也会使他在恋爱这件事上，情绪变化大，失败的风险很高，对学习的干扰同样也大。

低风险的情况是，夫妻恩爱、尊重，家庭的气氛就更加温馨、安静，孩子“早恋”的概率都会降低，即使他恋爱了，情绪不稳定的概率也会降低，恋爱的负面影响也减小了。

4. 学业压力如何

学习永远是孩子的一项重要任务，即使成绩暂时不理想的孩子，其内心深处也是想要好成绩的，只是往往不能说出来，说出来容易被人嘲笑。

因此，父母根据孩子的学业成绩如何，就可以简单地预料孩子在学校里的压力值。成绩好的孩子压力小很多，老师喜爱，同学也欢迎，待在学校是一件美事。调查数据显示，成绩好的孩子更容易吸引异性的关注。其实，真正的原因是，成绩好的孩子会得到普遍的关注，由于班级人数多了，关注孩子的异性也变多了。

不过，成绩好的孩子得到异性的关注、崇拜，不一定会演变成恋爱，他们在恋爱这件事上，反而有了顾虑——怕影响成绩。这样会造成恋爱的可能性下降。成绩不好的孩子呢？他们情况就不一样了，他们得不到关注，在学校往往也不开心，寻找恋爱慰藉的可能性还可能多了。既然成绩不好，那就不用担心恋爱会影响成绩了，早恋还会产生一种“成就感”。

5. 异性父母与孩子的关系如何

关于这一点，父母往往忽视了。因为恋爱多数情况下是“异性恋”，因此和异性父母的关系会影响到恋爱的动机。换句话讲，假如一个女生和父亲关系不好，她更有可能被身边的男生吸引，这背后实际上是一种“补偿机制”在运作。

因此，父母在孩子即将进入青春期之前，与其在那里担心，不如一起回顾孩子的情况，预测孩子在此事上的风险如何。当代中学生的恋爱已经是无法杜绝的事情，不管父母在情感上多么不接受这个事实，可是它毕竟是现实。所以，如果杜绝它不可能的话，防患于未然才是关键。

问题149　孩子谈恋爱，父母怕影响学习成绩，这个怎么办?

关于“早恋”的话题很多，我印象最深的是一个高二的男生与他妈妈之间的一段对话，这孩子说得真好。妈妈和儿子就“爱情”这个话题聊不下去了，于是双方一致同意找我继续讨论。

妈妈寄希望于我，希望我说服孩子，放弃那些不现实的爱情观。

儿子寄希望于我，希望我支持他的观点。

男生说了很多，大致观点是：（我替他总结的，他说的基本上是事情，不是在说观点）

（1）爱情不一定影响学习；

（2）爱情不是成年人的特权；

（3）爱情就是双方有好感；

（4）爱情不一定要有结果。

在孩子说自己观点时，妈妈几次欲打断，都被我示意制止了。看得出妈妈很焦虑，好像准备好一大堆证据要反驳她儿子。

她用期盼的眼神望着我，没想到我第一句是："您听完儿子的说法，好像很着急，你担心什么呢？"

首先，父母要知道处理这类事件的可能后果有哪些。

（1）证据不足的怀疑，会让孩子产生不被信任的感觉，对亲子关系是有影响的，同时也有打草惊蛇的可能性。

（2）外力逼迫太紧、太急，会造成当事人双方更亲密，从而一致对外；

（3）情绪波动大，会严重干扰学习动力和学习情绪；

（4）放任不管，未成年人处理情感、行为不够成熟，的确是有一定风险的。

（5）情感变化属于高刺激，容易激发过激行为。

那么，我们应该怎么处理这种事情呢？

第一种情况：假设父母信息来源于外界，比如：老师、其他孩子的父母，建议父母按照下列流程操作。

（1）收集背景资料，避免无中生有的怀疑。

采用"4W"的方式询问——什么时间？什么地点？什么人？做了什么事？

没有了解实情、背景的情况下，直接批评孩子的行为，容易让孩子产生反抗情绪、抵触心理。父母可以先从信息来源处开始了解。

（2）根据收集到的详细事件信息，结合孩子的成绩变化，父母尝试寻找——早恋行为的动机是什么？

以夫妻互问互答的方式进行讨论、分析。青春期孩子常见的早恋动机包含：孤独找人慰藉、无聊打发时间、单纯喜欢对方、获取价值补偿、盲目跟风、游戏心态、报复（惩罚）其他家庭成员等。

（3）确认事实后，父母分工合作，在观点层面尽快达成共识。

①假如父母对孩子的恋爱动机观点不一致，又要怎么做呢？

第一步：一方表达支持自己观点的理由是什么。

第二步：根据自己的观点，处理的方案是什么。

第三步：说说这个方案有哪些执行上的难处，风险是什么，如何降低风险。

第四步：另一方开始表达自己的观点和支持该观点的理由。

第五步：继续表达根据自己的观点，处理的方案是什么。

第六步：表达这个方案有哪些执行上的难处，风险是什么，如何降低风险。

第七步：大家开始讨论是否同意对方观点，以及其理由。

第八步：最后双方商量“两全其美”的方案，以及怎么执行。

（4）假如需要和孩子谈话，要进行预约。

因为和孩子聊“早恋”类话题，属于严肃谈话类，而严肃谈话不能随意开始，它是有条件的、需要铺垫的：

①需要孩子最信任的人去谈。

②不能有第三人在场，即使第三人年龄很小。

③给对方三天左右的准备时间。比如：妈妈知道你最近在谈恋爱，两天后我们聊聊这事。

④严肃谈话前确保对方心情稳定。

⑤对方正在做事时，最好不要进行。

⑥严肃谈话在私密空间进行，避免在公共场合进行。比如：卧室。

（5）和孩子正式进行交流。

①夫妻分工。一般情况下，父亲适合与儿子聊，母亲适合与女儿聊。

②提前分析出孩子的感受。比如：估计孩子喜欢对方身上温柔的感觉。

③描述您知道的具体事件信息，也就是说出孩子具体的一些行为，并请孩子补充。

④根据事件信息，说出孩子的需求。比如：我知道对方成绩很好，我想你可能也是希望成绩变好，所以和他走得近。孩子的积极需求是成绩变好，这时候家长可以肯定孩子想成绩变好的需求。

⑤申明此类事情的行为原则。

需要注意的是：原则必须是针对行为提出的具体要求，避免空洞的要求。比如：你现在还未成年，不能和异性发生性行为。

⑥当第一次谈话，假如和孩子出现严重分歧时，可另找时间交流。

⑦在交谈过程中，父母可能会因为孩子的反应而有压力，父母要谨记不要被孩子的情绪所影响。

接下来，我再说说第二类情况：假如是父母自己发现孩子的“早恋行为”的，比如：逛街时当场碰见。建议父母参考以下流程处理。

（1）紧急处理当下事件。父母的情绪反应必须与孩子行为的性质相对应，可以使用表情、适度的语言表现情绪，但是控制住行为，严禁出现攻击性动作、人格侮辱性语言等。在没了解清楚背景信息之前，尽量不要得出“结论”，避免说出的话，将来收不回去。比如：这个暑假，你别想再出门了！可以请孩子先回家。

（2）立刻通过短信、电话等安全的方式询问老师，孩子在学校最近的表现，注意是否有特殊事件发生。比如：和宿舍同学闹矛盾、学习一直努力却没有出现效果……

（3）结合多方信息，试着对孩子这个行为背后的“动机”去分析和理解，并得出自己的观点。

（4）拿着这个观点和夫妻另一方进行交流，寻求补充意见。并讨论处理此事的方案，以及方案的风险是什么，怎么执行。

（5）反思这件事暴露出家庭及学校管理方面存在的漏洞是什么。

（6）夫妻分工，讨论如何与孩子聊聊此事。

（7）参照前文“严肃谈话的前期准备”，开始准备。

（8）和孩子正式进行交流。（流程同第一类情况）

问题150　你和青春期的孩子没话聊了，怎么办?

和青春期的孩子没话聊的家长可能分为三种：

（1）没能力，也没方法。比如：语言表达能力、观察能力、耐力、事情分析能力等。家长在描述负面情绪时就只是“不开心”三个字，没有更多的词语可调用。

（2）没能力，但学习了各种方法的家长。这类家长的方法在使用上经不起考验，显得较生硬和僵化。比如：缺少忍耐的家长，就算知道处理孩子情绪的方法，也发挥不出效果，很容易被孩子的情绪打回原形。

（3）有能力，方法用错了的家长。这类家长调整起来是很快的，他们能举一反三，这是因为他们事先已经具备很多能力了，只要方法对了，他们很快就能上手。

针对第一种情况举个例子。

比如：一个家长提到自己和孩子聊天聊不下去，孩子只是沉默不说话。

我："您说了什么，孩子沉默不语呢？"

男士："我问他在学校习惯不习惯啊。"

我："您的问题既简单，又很抽象。孩子只能回答习惯啊，就没什么可说的了，他当然会沉默。"

接着我问："您了解孩子在学校的一切生活吗？比如他的老师们性格如何？他的课表您知道吗？他们的饭堂怎么样？您知道吗？"男士一脸茫然地摇头……

产生这个问题的原因不在于孩子，而在于他对于孩子的生活一无所知！当然没有内容可聊了。

接着，我教家长——利用开家长会、进校接孩子等机会，收集信息，做好后台分析，和孩子聊天才有共同话题。

比如：假如家长发现孩子的教室风扇坏了，并从这个信息中分析出"孩子上课时可能会觉得热和闷"。带着这个假设去和孩子聊天，才能聊起来。这里父母的观察能力、分析能力起了关键作用。

问题151　孩子回家抱怨在学校总得不到理解，怎么办?

案例：

有一个中学生，自述自己在学校的一些生活习惯，总是不被理解、不被接受。比如：他喜欢用冷水洗澡、用冷水洗脸、吃有葱的菜、吃馒头……特别是他说话的方言和口音，经常被同学拿来开玩笑，甚至有时老师上课也会用他来举例。比如：地理老师讲到地域文化时，就拿他举例，他感觉非常尴尬，因为全班都在笑。孩子感觉很痛苦，甚至不愿意回学校上课。

从这个故事里，我们看到了什么？

父母看到事情的真相十分重要，如果父母看不到真相，就无法捕捉到问题所在，于是孩子自己也不知道问题所在。

那么，这些事反映的问题到底是什么呢？

A. 父母认为的真相是——孩子太矫情，小题大做；

B. 父母认为的真相是——孩子遇到冷暴力了；

C. 父母认为的真相是——孩子想得到关注；

D. 父母认为的真相是——这是自然现象，是文化差异造成的。

这个孩子真正的错误——太依赖于外界的尊重和理解，自己对自己的理解与尊重太弱小了。

最重要的“理解和接纳”是——我理解自己、我接纳自己。

被错误的“理解和接纳教育”培养起来的孩子，会显得矫情，总是渴望被别人接受和理解。假如别人不能理解时，他们会感到沮丧，甚至愤怒。

问题是——凭什么别人一定、必须要理解我呢？

我们不能用“理解”去绑架他人，因为这是一种“需求绑架”，就是拿着自己的合理需求去绑架别人的自由，要求对方必须满足自己的需求。

这一点，需要我们很多年轻父母及时反思，避免重蹈覆辙。

问题152　青春期孩子过度追求品牌，父母怎样看待这事，如何处理？

上一个问题中我们介绍了孩子过于依赖被理解的现象，加上前面介绍的自我价值认同低的现象。这两种现象从本质来看，属于一种“需求中毒”现象。

它们带来的后果都是孩子的矫情现象、脆弱现象，抗打击能力减弱。

比如：

有一个高中生，父母反映他太追求品牌，同学在朋友圈晒出“一万元的消费”（买鞋、买衣服）深深地刺激了他。这个孩子十分聪明，他居然上网找到很多非专业的文章来说服父母，这些文章打着心理学的幌子，表达的观点十分肤浅。

文章核心观点就是，如果孩子小时候不被父母满足，长大后可能会“过度满足”，反而养成铺张浪费的习惯。

这样的文章摆在父母面前，说实话，也真难为父母了，他们不是心理学专业毕业，也没学过专业的家庭教育，所以几乎是毫无招架之力！

父母感觉没法说服孩子，孩子已经找到了“理论依据”，要求自己给他买名贵的服饰，真的是愁死了。

要怎么解决这件事呢？

第一步：父母必须看清孩子买品牌服饰背后的真相。

父母需要询问：“你买了这款鞋，能给你带来什么呢？”

孩子：“这鞋不仅让我有面子，而且真的好看。”

父/母：“的确好看，一分钱一分货嘛。你的意思是，这鞋给你带来了面子，然后呢？又对你怎样呢？”

孩子：“让人看得起啊。”

父/母：“如果没有这鞋呢？会怎样？”

孩子：“估计没人看得起。”

父/母：“那么，如果没有这鞋，你看得起自己吗？”

父/母："那么，别人是尊重你的鞋，还是你这个人？"

孩子："我也看不起自己，穿这么差的鞋。"

父/母："我很遗憾，你用鞋来获得别人尊重。没有这双鞋，你凭什么就看不起自己呢？宝贝。"

孩子："我成绩又差，也没什么朋友，也没什么特长，我怎么看得起自己。"

父/母："听起来，你好像对自己没信心了。宝贝，别这样看自己，我知道你独特的地方。如果有时间，我很愿意和你聊聊，你值得自己尊重的地方在哪儿，我们今天先聊到这吧。这双鞋的价格超出我们能承受的范围了，需要再讨论一下。你记住，别因为外在的东西，如分数、他人的评价，就失去对自己的信心。"

一个人拥有真正的自信之后，表现出来的就是抗打击能力。

问题153　如何引导孩子应对青春期的情感波动?

孩子进入青春期，萌生情感需求，这是很常见的事情。所以学校的心理老师（或者父母）需要提前做好准备，主动与孩子讨论、传授相关知识，这样才能让孩子健康成长。

首先，孩子进入青春期之后，父母关注的重心在两方面：一是情感方面的认知；二是具体的行为方式。

父母尽量不要评论情感的真假、优劣、发展结局，说实话这些预测、评论没什么说服力，孩子估计也不会轻易相信。即使他相信父母说得有道理，但是好奇心依然会推动他"试一试"，谁不是这样呢?

其次，父母关注孩子是否"打破界限"，使友情升温。（好友之间表白）

假如孩子打破界限，试图把与异性的友情变成爱情时候，他可能面临一个“高落差”的结局。

因为，由暗恋转入表白，人容易接受失败结果。（低期待失落不大）

对“异性哥们”表白的时候，当事人容易觉得成功率高，就会乐观地高估结果，这样一来，失败造成的落差会更大，从而导致心情低落甚至会出现一些过激行为。

所以，如果我们能够让孩子提前知道可能会出现的情况，相对而言，他们就比较容易面对结果。

问题154　我们无意中发现孩子上网浏览色情网站，孩子不知情，该怎么处理？

案例：

初三孩子在学校住宿，一周回来一次。这周日下午，孩子回学校了。也许是走得太匆忙，孩子忘记退出自己的网络账号。于是，妈妈看到了孩子平板里的上网痕迹。

发现孩子上网浏览色情网站，夫妻俩不知道怎么处理。孩子成绩很好，一直以来都给人“阳光男孩、很放心”的感觉，父母担心处理不当，惹出事来就不好了。不处理，又担心孩子控制不住自己，影响第二年的中考。中考可是一件大事，夫妻俩陷入焦虑之中，最后想到找人求助。

这件事的确需要谨慎处理，夫妻俩的态度非常正确，不懂就问专业人士。

第一步：调查此事的背景信息。

此事已经多久了？频率怎样？浏览深度到哪里了？内容涉及哪些？

第二步：了解孩子生活状况信息。

学业怎样？在校师生关系怎样？同学关系怎样？有无特殊事情发生？和异性关系怎样？和父母关系怎样？

第三步：根据前两步的信息，分析动机。

如果分析不出来，就拿着手头的信息找专业人士帮助分析。（这一步非常重要）

情况A：如果浏览次数不多、每次时间短，学业成绩没有下降，在校生活没有特殊事情发生，很可能这仅仅是好奇心驱使，正常的性好奇而已。

情况B：浏览次数多，每次时间长，成绩没有下降，在校生活也没有特殊事情发生，很可能是压力导致的。压力会导致性需求增加，通过浏览网站来释放压力。

情况C：浏览次数不多，每次时间短，学业成绩没有下降，但是学校生活有些不顺心的事，那么可能就是一种转移注意力、自我安慰的方式。

情况D：不管浏览次数长短，学业成绩下降了，那么可能是心理出现强烈的挫败感，通过浏览色情网站来平衡挫败感带来的烦躁情绪。

当然，实际情况可能不止这几种，这里我们无法逐一讨论，重点是父母学会一种处理的逻辑，看到背后的原因冷静思考分析。（这才是重点）

第四步：夫妻分工，父亲负责和孩子聊相关话题，母亲负责关注两人聊天的过程，照顾双方的情绪，避免过激反应出现。如果有必要，母亲可以和孩子聊聊关于异性的话题。

需要注意的是：

（1）父亲去聊，建议“单刀直入”，忌讳拐弯抹角兜圈子，那样等于低估孩子的智力，是一种冒犯。

父亲需要表明自己的立场和观点，平静地看着孩子的眼睛，用温柔、轻松的方式表达核心观点：“我不是怀疑你什么，更不是指责你什么，我只是告诉你，这很正常，没什么好担心的，往往和压力有关。性没什么对和错，实施的方式需要文明、健康，保持克制和适度就行。”

（2）谈这种“尴尬话题”需要注意场合，不能有第三者在场，即使是母亲。

（3）交流不能只说事情，交流需要有观点。

问题155　离异家庭孩子“早恋”的动机最有可能是什么?

案例：

有一个高中女生，父母离异后各自成家，也都有了新的孩子。现在所谓的“问题”是女生“早恋”了，爱上了一个网友，很想去见他。父母、老师、身边的朋友知道此事后，都在试图保护她，告知她、提醒她——这段感情不靠谱；每一个人都在搬出“证据”证实一件事——你错了。试图从这样的角度帮助孩子，是很难成功的。因为大家的举动表明我们不是“一条船上的人”，传递出来的信息是“我们不信任你”。

在这些看似荒诞的行为背后，孩子只是想“追求幸福、拯救自己”，她在用她的方式去追求某种幸福。大家看到了这个幸福不靠谱，但是没看到，她追求这个不靠谱幸福的动机。

而她内心的孤独感、被抛弃的感觉才是真正的问题，父母和老师需要从这个角度切入，帮助孩子追求真实可得的幸福。

今天咨询时，听她讲述完故事，我第一句话就是：“我能理解，你想拯救自己，追求自己的幸福。”

女生点头：“没人相信我，也没人相信那个男生真的是爱我的。”

我：“信任一段感情是有冒险成分，也许你身边的人只是怕你受伤，跟我讲讲你的生活吧。”

从这个女生描述中，发现一个问题——她的自我价值感很低。

比如：她说到母亲再婚后时说“他们才是真正的一家人，我妈妈、继父和弟弟，他们是一家人，我是一个多余的人”。

这句话翻译过来就是——我被抛弃了，我是没人爱的人，我是一个不值得爱的人，他是唯一爱我的人。（导致早恋的动机出现）

当我反馈：“你觉得自己是一个没人爱的人，是吗？”

女生点头哭了，我：“你会爱自己，觉得自己有自己的价值和尊严吗？”

女生摇头，我：“如果你不觉得自己有价值，那么你在爱情里会显得卑微，你会变得敏感、依赖对方，我担心你很可能因此而受伤。”

女生：“为什么会受伤呢？”

我们一起交流了“平等尊严的爱是怎么回事”，以及“不对等的爱是如何危险的”。

最终，我们锁定了咨询的目标——让自己真正摆脱原生家庭的“阴影”，不是躲出去、嫁出去、找个港湾，而是转回头去和父母交流，看看真相是什么。

我们决定，下一次，她和妈妈一起来咨询，女生开心地走了。

9

第九章　科学求助

问题156　如果孩子出现心理问题、教育问题，父母怎么操作才稳妥？

案例：

初二学生小明，到学校就会莫名低烧，自述无法入睡，希望父母办理走读，父母经过鼓励、安抚之后，依然带孩子去学校。孩子开始出现过激反应，症状越来越频繁。父母只好带孩子住院检查，医生排除了身体疾病的原因。父母怀疑是孩子的心理问题导致的疾病，很想带着孩子去寻求心理上的帮助。

要想孩子得到真正帮助，父母需要控制住自己的焦虑心情，这事不能乱来，咨询求助的效果如何，取决于孩子是否做好准备，也就是他自己解决此事的意愿。

父母别急着带孩子求助，孩子如果还没有下决心，去了也是浪费时间和金钱，更麻烦的是，孩子还会觉得“自己没希望了”，那就更糟糕了。

那么怎么操作才合适呢？

第一步，承认问题方向。

由孩子最亲近信任的人（首选是父母）和孩子谈谈——“你遇到的问题属于心理层面的，不是生理性的。”孩子思考后承认就算过关，不说话或反对，意味着他还不承认。那就继续和孩子分析，提供依据。

第二步，提供多个帮助资源。

孩子承认问题方向后，继续交流——“你觉得咱们可以找谁求助？”孩子如果同意父母协助去找资源，就算过关。如果孩子沉默、表达不要父母管，那么就是还没过关。父母就继续鼓励，倾听其背后的顾虑。

第三步，了解做什么。

告知孩子找到的几个资源——他们都是谁。有什么优势。“你需要做什么？”（这一步需要父母事先和咨询师助理交流学习），孩子确定知道自己咨询时做什么之后，就算过关。

最后一步，父母开始预约咨询师或者鼓励孩子和咨询师交流、预约。

很多人以为这仅仅是一个“普通程序”，其实不然。这三步本身就是在帮助孩子解决问题，假设孩子过了这三关，从某种程度上讲，他的问题已经解决一半了。

问题157　孩子在学校出现呕吐、眩晕等身体反应，情绪低落，老师建议去医院检查，父母怎么办?

案例：

初一学生小明最近在学校出现呕吐现象，还时常感觉眩晕等身体不适。而且，他的情绪低落，说自己无法开心。老师知道此事后，建议父母带孩子去医院检查，父母没有经历过这类事情，不知道该怎么做。

青春期是孩子心理问题、精神问题暴发的高峰期，所以父母需要高度重视这个阶段孩子的行为表现。那么，父母需要注意哪些呢？

（1）“求助动机”不等于“解决问题动机”。

很多学生感觉到自己的情况不妙，他们会主动向老师、父母寻求帮助，最常见的诉求——我想回家、我想走读、我想离开这里、给我找心理医生……

从表面来看，这是一种“求助信号”，但是这实际上是压力下的暂缓方案，不代表孩子做好准备要处理自己的事情了。

我们经常在咨询室里遇到这样的孩子，他们会前来咨询，但是往往一言不发。这里有多重原因，包括还不信任咨询师、还没想好怎么表达、还没准备好。

如果孩子真的准备好的话，他会比较主动地倾诉自己的烦恼，会积极地探索自己的心事，交流自己的认知和感受。因为，敢于对一个陌生人分享自己的感受，才能证明——他准备好了。

因此，父母要小心这类“假求助”的现象。父母可以抛出话题，询问孩子——“你做好准备和咨询师聊聊自己的苦恼了吗？”

（2）机会只有三次。

孩子毕竟经历的事情还少，他们往往不像成年人那样有足够的耐心，对于解决自己的烦恼来说，他们依然缺乏耐心。

因此，他们遭遇挫折时，也容易表现出气馁和回避。这些都是缺少耐心导致的。在求助这件事上，孩子也缺少相应的资讯，他们并不清楚该怎么做，也不知道去哪里求助，甚至他们都不太会去思考——我需要分几步走。

那么，父母就要承担这部分工作，帮助孩子甄选适合的机构，寻找合适的专业人士。问题来了，父母就很懂行吗？

遗憾的是，父母也是一知半解，甚至是毫无头绪。这样造成很多父母也是道听途说地选择机构，草率地带孩子前去求助，结果必然是效果不好。然后父母又会去找另一家，又会去找另一人，结局很可能还是失败，连续三次之后，孩子得出一个经验——我没救了。

于是，孩子很可能会放弃求助，彻底退缩回自己的“壳”中，再也不相信有人能帮助到自己。

（3）正确的流程是什么呢？

第一步：稳住自己的情绪和孩子的情绪，鼓励孩子做好真正求助的心理准备。

第二步：父母寻找相应的三家机构，分别和它们取得联系，介绍自己孩子的情况，听听对方的解读和建议，并在三家机构中选择自己比较信服的一家机构或者咨询师。

第三步：询问父母需要做什么，孩子需要做什么，咨询师会怎么做。然后把了解到的情况回家和孩子分享，一起做最终选择。

第四步：鼓励孩子自己预约，也可以帮孩子预约。

第五步：开始咨询，咨询完主动索取“反馈表”，积极和咨询师沟通，了解接下来家庭需要作出什么调整。

问题158　孩子遇到事情、冲突后，父母该怎么办?

案例：

小明在学校和同学因为一个苹果发生矛盾。

他由于耽误了吃晚饭时间，临近上晚修时肚子饿，就擅自在宿舍吃了同学小花的一个苹果，当时小花不在宿舍。小明吃了后回到教室。

正赶上周测，小明没来得及告知小花，而小花的同桌（同一个宿舍的同学）悄悄把此事告诉了小花。小花很生气，觉得不被尊重，自己的苹果被小明“偷吃”了。

考试后，小明再去跟小花说此事，小花已经不愿意原谅小明的行为了，两人为这事在教室里吵了起来。

老师介入后，批评了双方，暂时按住了此事的发展态势。从那件事起，小明和小花就不再说话了。

那么，父母遇到这类事情，怎么处理呢?

父母的切入方案包含三条线路：

（1）塑造线。

指孩子在事件中需要吸取的教训、承担的责任、承受的处罚，比如：小明为自己的行为向同学道歉。

父母、老师需要用“界限教育”来分清是非，在这件事里，小明的错误是擅自拿小花的苹果。宿舍里当时还有另外2个人，他应该向他们表明自己目的——我肚子饿，想借用小花一个苹果，请大家帮助我作证。

小花的失误在于没有和当事人直接了解情况，草率得出结论可能会误会他人，也给自己平添烦恼。

（2）保护线。

父母需要考虑这件事里孩子应该受到保护的东西，尽力追求公平公正。包括私人物品、自尊心、合法合理权益、发言权、合法合理需求。

比如：小明给自己、老师、同学道歉后，其他散布谣言的人也要给小明道歉。

在保护的这条线里，注意不要“过度保护”，避免袒护、避免美化式溺爱。

（3）防止线。

父母关注孩子经历事件后形成的认知观点，特别是指向自己的认知，防止出现针对自我的消极认知。

①指向自我品质的消极认知。（高危害）

比如：我不好、我胆小、我调皮、我不听话……

②指向我处境的消极认知。（高危害）

比如：没人喜欢我、大家嫌我脏、他们都针对我、我没希望了……

③指向自我能力的消极认知。（中危害）

比如：我笨、我数学不好、我不会交朋友……

父母在介入事件处理时，小心自己很容易从“处理事件”角度思考，我们以为自己在保护孩子、帮助孩子，其实我们不知不觉中在“强化消极的自我认知”。

比如：帮助孩子减肥，等于在暗示孩子“你胖、你不美”。

父母帮助孩子争取机会，不一定就是好事，它等于强化孩子“我没用，需要父母帮忙”。

因此，当孩子陷入某些麻烦时，父母可以考虑这三条线去思考解决方案。

问题159　孩子遇到困境时，父母的态度应该是怎样的？

成长并非一帆风顺，人到中年回顾过去，就会发现人生有很多“拐点”。这些人生拐弯处，喜忧各半，每个人可能都会有感受到：假如时光倒流，我应该不止于此。

孩子的成长之路，依然充满很多的“拐点”，只是这些重大时刻，并非孩子一个人能够左右进程，往往受到父母、老师的很大影响。

当孩子顺顺利利，学业、社交、性格、情绪、言行都很合适的时候，父母也是最省心的时候，几乎不觉得有什么要担心的，也不会考验父母的水平高低。

一旦孩子在学业、社交、性格、情绪、言行上出现问题，就考验父母的水平了。当孩子遇到困境时，父母需要做到的态度就是——镇定地重视。

为什么呢？

（1）镇定的目的。

①父母的镇定是为了稳住孩子的情绪，帮助孩子保持理智。

②父母的镇定避免孩子出现罪恶感，（父母情绪化容易被孩子理解为“我让父母很失望”）适度的罪恶感是好事，过度的罪恶感会打击信心，降低改错的动力。

③父母的镇定是为后续恢复孩子信心作铺垫。因为父母的镇定传递出一个重要信息——咱们没有到山穷水尽的地步。这一点，有利于孩子后续恢复信心。

④父母的镇定体现了对孩子的信任，因为它等于在告诉孩子“我对你有信心”。这一点也有助于激发孩子“站起来”的信心。

（2）重视的目的。

①父母的重视是在制造一定的压力，促使孩子去改变。（重视的压力＜催促压力＜督促执行的压力）

②父母的重视是在传递关心。关键在于重视带有怎样的情绪，焦虑的重视，传递的是“我对你感到失望”，镇定平静的重视传递的是“我对你很关心”。

③父母的重视也是为了调动双方的大脑资源去思考如何处理问题。重视需要动用人的意志力，而思考问题需要意志力的参与来保持思考进行到底。

（3）我们如何做到镇定地重视呢？

①情绪保持冷静、稳定。（底层逻辑是，父母对自己有信心、对孩子有信心）

②关注当下事情状态，收集必要的信息。（底层逻辑是，还原事件为主）

③关注当下孩子的精神状态，判断是否需要帮助。（底层逻辑是提供情感关注，比如：安静温柔地陪伴，并非直接干预情绪，除非情绪过激）

④稳住孩子情绪的同时，开始后台分析，并且形成观点。（底层逻辑是判断真问题是什么，判断此事说明了什么）

⑤鼓励孩子处理此事或者询问孩子怎么处理此事。（底层逻辑是，关心孩子，不等于介入他的生活去控制他）

⑥提供处理此事的方向和资源。（底层逻辑是，帮助是指提供思路、资源、观点交流，并非操纵对方行动）

⑦陪伴孩子经历处理此事的整个过程。（底层逻辑是，高质量的陪伴是在于认知的成长，而非仅仅是事情的解决）

孩子的成长总会遇到困扰，比如：小学升初中，初一的第一次数学考试，一些孩子会考得不尽如人意，和小学的成绩相比，看起来是“大跌眼镜”。从数据上看，父母和孩子都可能以为数学完蛋了。

于是，双方都可能产生焦虑，父母很可能责备孩子、质问孩子“为什么考成这样？”孩子也说不清自己为何考成这样，委屈无法说。最终的后果是学习数学的兴趣、信心受损!

这才是真正的危害。假如，父母此时做到镇定地重视呢？那么他更有可能显得镇定，并且不会盲目地安抚孩子，也不会不闻不问自欺欺人。他会对这件事持续关注，会鼓励孩子分析试卷，务必找出真正原因，同时整个过程是轻松愉快的，那么孩子学习数学的信心就不会受损，兴趣也不会受损，这件事就成了一次宝贵的成长经历。

问题160　咨询中，父母和孩子分别做什么？不能做什么？

教育咨询和心理咨询在具体操作上有很多不同，实践当中，教育咨询的需求量非常高，心理咨询的需求量也很大，但是付诸行动就少了一大截。

教育咨询一般需要全家参与，因为这样才能呈现真相。只是父母来或只是孩子来都不利。

只是父母来——父母会下意识地摆脱自己的责任，加重描述自己的无辜与无奈，加重描述孩子的不懂事和软弱。这并不是父母虚伪，这是人性的规律。

只是孩子来——等于在暗示“就是你的问题”，这相当于在告诉孩子——你看看，你惹的麻烦。于是孩子容易出现阻抗，也容易出现自暴自弃的反应。比如：人是来了，却一言不发。

一家人来之后，父母和孩子需要做些什么呢？

首先，各自从自己的角度陈述事件，即“我”觉得这事是什么。在陈述事件时，父母和孩子都可能出现指责对方、评价对方、揣摩对方的意图和行为，但这些都是不应出现的。

其次，父母和孩子需要摆脱一个“逻辑怪圈”。

大多数来访者都表示一种逻辑——如果对方做到什么，我就可以做到什么。

比如：“假如那个老师不威胁我，我就可以待在教室里。”

“假如孩子能够少玩手机，去上学，那么我就不会焦虑了。”

“都是因为弟弟在吵，烦死了，所以我才把门关起来。”

“你把门关起来，我叫也不应一声，我当然烦躁继续敲门了。”

我们仔细看看这些对话，当事人都把自己言行的责任丢给对方，实际上我们的言行是自己大脑在控制，我们也具备控制自己言行的能力。

人的这种反应，意味着心智不成熟，因为这是儿童的反应模式。这样的逻辑，永远也别想解决问题，双方都在等对方先改变，那么等到的结果就是双方都按兵不动。

有利于解决问题的逻辑应该是我要怎么做，能换取你的什么？

比如："我需要做什么，才不会导致那个老师威胁我。"

"我需要做什么，孩子才可能会少玩手机，去上学。"

"我要做些什么，才能使弟弟不再吵到我。"

"我需要做些什么，使你不关门，即使关门也会回应我。"

最后，咨询中父母和孩子需要努力做到坦诚。

坦诚包含以下几点：

（1）诚实表达自己心里真实的感受和想法，不用担心道德、情感的牵绊。（对自己坦诚）

（2）当对方发表想法、观点时，告诉对方自己当下的感觉。（对对方坦诚）

（3）不说自己都不信的话。（对良知坦诚）

（4）不故意删改、歪曲信息。（对事实坦诚）

（5）不故意遮盖情感表达和流露。（对情感坦诚）

（6）不压制、隐藏自己的情绪。（对情绪坦诚）

（7）不辩解自己的过错。（对过错坦诚）

问题161　父母可以从咨询中学习家庭教育吗？

父母学习家庭教育的途径有很多，各有优劣。

（1）自己买书看。

这种方式成本低，时间长。而买什么书，是否“对路”，却是个难题。另外，看书学习还考验父母的理解能力、考验对书的鉴别能力。

（2）听讲座学习。

这也是常用方法，如果系统地听，效果还可以。如果单次听讲座，能理解和记住的非常有限。另外，很多讲座利用其他手段（形式）吸引人的注意，甚至用一些技术性手段制造愉快的感受，其内容质量就不一定高。

（3）系统课程学习。

这种方式会耗时长，成本也不低，后期实践中需要继续指导，否则毫无意义，父母也面临“鉴别真伪”的困难。

（4）咨询中学习。

尽管咨询成本高，但从效果上讲，这种方式的效果最佳。一家人和咨询师一对一面谈的学习效果最好。感触深、记忆深、最贴近真实需求。

如何从咨询中学习，请参考下面这个例子：

有对夫妻利用咨询学习家庭教育，有一天他们全家又来到了咨询室。

父亲：“最近儿子想我们在暑假给他买手机，我们不知道该不该买。”

咨询师：“问问孩子的想法吧。”

父亲：“我们问了啊。”

咨询师：“他是什么想法？”

父亲：“他就想要一台手机。”

咨询师：“这是他的动机，不是他的认知。”

母亲："那认知是什么？"

咨询师："认知是指，人对某事、某物的看法、观点。动机是指，对方想要做什么、想要得到什么。"

父亲："那要是问他认知，怎么聊？"

咨询师："可以这样问，你对于手机怎么看？或者是，很多人有了手机后就难以控制住，你怎么看这种情况？"

母亲："我们当时问的是，你要是有了手机，你会怎么用？这个算吗？"

咨询师："这是在询问计划、询问规划，也不是询问认知。"

接下来，我们又聊到了解孩子的认知有什么意义，知道后又怎么处理。

从实用性、实效性来看，在咨询中学习往往是效率最高的学习途径，其关键在于找到优秀的咨询师。

问题162　什么是认识自我?

今天有学员问我：什么才是认识自我?

假如，你以为认识自我就像简历里写的那样，我是一个乐观的人，我喜欢思考……这叫"自我欺骗"，这是自己给自己贴上一些虚幻的标签，小学二年级的学生就会做这种事了。

假如，你以为认识自我就是坐在那里，回忆童年的遭遇，发现所谓的原生家庭的罪孽，那也是自我欺骗。因为所有的回忆都是大脑的选择性回忆。除非时光倒流，你能穿越到过去，才能看清真相。（即使真的回到过去，你也看不到完整的真相，只是站在你自己角度看到的真相。）

那么，什么是认识自我呢?

真正的认识自我不会把目光锁定在外界的人和事上，不会去总结别人对我做了什么、我遭遇了什么。思考这类问题，并非是在认识自我，仅仅是在回忆事件。

真正的认识自我只会思考——我对自己做了什么？我曾经在干什么？以至于我现在在干什么？思考观察的对象永远是自己，而非思考他人和事件。

一个人曾经初中辍学，若是自我欺骗，他会在那里思考："由于我的父母不懂教育，他们只会说教，让我心烦没心思学习，最后成绩不好辍学了。"

而正确的自我认知是这样的思路："我发现我当时感到恐惧，它们让我变得软弱，让我变得越来越嫌弃自己，以至于我把自己关在房间里，不敢去尝试相信自己，也不敢相信别人，最终我在游戏的世界里沉沦。"

问题163　你了解心理咨询的专业能力吗？这个简单测试能帮您了解

案例：

昨天培训时，我给学员举了一个例子，帮助他们简单了解自己的实力水平。例子来源于真实的个案咨询，只有在实践中才能获得真知。

有一个初一转学生，刚到新班级几天就被老师发现了"异样"。晚修时，老师把学生叫到了走廊，问他："你是怎么回事？怎么总是在笑？就连老师批评你的时候，你也是笑个不停。"

孩子一脸调皮的表情说："老师，我有严重的心理问题，我怕说出来了会吓到你。"（依然笑着说）

老师回答："我可是中小学心理咨询A级老师！"

您觉得这位老师的心理咨询水平达到A级了吗?

从“我可是中小学心理咨询A级老师”这句话，让人怀疑他未达到A级。从老师的语言中看出，他的关注点在自己，他在试图强调自己的专业能力。

首先，如果有实力，无须强调。

其次，关注点应该在对方，而非自己。

最后，这句回应也堵住了对方的倾诉。

从这三点看，这属于“门外汉”级别的回答。

学员们开始讨论正确回应应该是怎样。

经过小组讨论，大家想到了很多例句。（这仅仅是理论上的，在真实的咨询中，立刻正确地回应，需要多年的实践、旁听才能做到）

“说说看，什么会让我害怕？”（√）

“你担心我不能理解？”（√）

“嗯，然后呢？”　60分

“嗯，我想知道你说这个是要表达什么？”　80分

“你说的是什么意思？”　50分

“你没必要担心什么。”　70分

“你觉得自己很奇怪？”　80分

“你可以信任我。”　70分

“我想你是不是有压力，所以笑个不停？”　70分

“我感觉你其实有点不好意思。”　60分

“别担心，跟我说说你在班级里的感觉。”　80分

“人的行为动机五花八门，别怕自己。”　60分

“你可以控制自己别笑吗？”　40分

“你觉得自己有什么心理问题？” 50分

“别这么早下结论，说说看，怎么个可怕了？” 90分

问题164 大三学生实习期间辍学，他一定是出问题了吗？父母带他咨询行吗？

孩子大三（实习期）辍学，这个学生算“出问题”了吗？父母通过咨询来帮助孩子行吗？

最近，有几个都是“大学生辍学”的案例，我每次都会请他们全家考虑清楚下面三个问题之后，再来找我。

（1）孩子已经成年，要想通过咨询帮助他，必须他本人有意愿摆脱困境，我才能帮到他，否则会浪费双方时间。

（2）不回学校这件事，还不能判定属于“问题”（需要和孩子聊了以后才能判定），因为，这有可能只是人生的一个正常转折，这没有对错之分，孩子有选择自己生活方式的权利，父母需要牢记这点。

（3）至于孩子的问题，绝不仅仅是“不去上学”这个事情，不上学是他的决策，是什么导致他作出这个决策呢？需要和孩子聊了之后才知道。

所以我不会、也不应该帮他们解决“不上学”这件事，我要在他们的配合下，帮助他们看到真正的问题，再协助他们去解决问题。

最后，我总是提醒父母：不要急着到处找人（包括我在内），因为在孩子没有做好准备时，就去找人帮助，几乎不可能有好结果，最后孩子再次受挫。

甚至可能得出错误的结论——我没希望了！他们都帮不了我。那才麻烦了。